es 1656

edition suhrkamp

Neue Folge Band 656

In den letzten Jahren gingen in der Bundesrepublik Deutschland Hunderttausende auf die Straße. Sie protestierten gegen die Stationierung von Raketen, den Export von Waffen, gegen die industrielle Zerstörung der Umwelt, die Ausfuhr gefährlichen Mülls in andere Länder und die Verklappung in die Nordsee. Niemand kann bestreiten, daß es bei diesen Demonstrationen auch zu Ausschreitungen kam und Gewalttaten von einzelnen Personen verübt wurden. Vor diesem Hintergrund besteht ein enormes theoretisches wie praktisches Interesse zu erfahren, was Gewalt ist, welche Art von Gewalt uns bedroht, ob sie zunimmt, ob man ihr und mit welchen Mitteln vorbeugen kann, wie man sie bewältigen kann.

Eine von der Bundesregierung 1987 eingesetzte »Gewaltkommission« erhielt den Auftrag, Analysen über spezifische Gewaltursachen zu erstellen. Nach eingehender Sichtung dieser Vorschläge stellt die im vorliegenden Band versammelte Verfassergruppe fest: Die Kommission hat ihren Blick von vornherein auf individuelle Gewalt eingeengt. Wesentliche Zusammenhänge sind ihr damit verschlossen geblieben. Im einzelnen führen folgende Autorinnen und Autoren diese Argumente aus: Peter-Alexis Albrecht/Otto Backes; Jürgen Kocka/Ralph Jessen; Wolf-Dieter Narr; Hans-Peter Dürr; Horst-Eberhard Richter; Hakki Keskin; Isabel Basterra; Fritz Sack; Michael Voß; Wilhelm Heitmeyer; Reinhart Wolff; Jürgen Habermas; Winfried Hassemer; Hans Janknecht; Ulrich Baltzer; Rolf Lüdemann; Klaus Dörner; Dorothee Sölle.

Verdeckte Gewalt

Plädoyers für eine
»Innere Abrüstung«

Herausgegeben von
Peter-Alexis Albrecht
und Otto Backes

Suhrkamp

edition suhrkamp 1656
Neue Folge Band 656
Erste Auflage 1990

Erstausgabe

Satz: Gutfreund, Darmstadt
Druck: Nomos Verlagsgesellschaft, Baden-Baden
Umschlagentwurf: Willy Fleckhaus
Printed in Germany

1 2 3 4 5 6 - 95 94 93 92 91 90

Inhalt

Peter-Alexis Albrecht / Otto Backes
Verdeckte Gewalt
Prolegomena zu den Plädoyers für »Innere Abrüstung«

I

In den letzten Jahren gingen in der Bundesrepublik Deutschland Hunderttausende auf die Straße. Sie protestierten gegen die Stationierung von Raketen, den Export von Waffen, gegen die industrielle Zerstörung der Umwelt, die Ausfuhr gefährlichen Mülls in andere Länder und die Verklappung in die Nordsee; sie demonstrierten gegen Chemieunfälle und gegen den Bau von Atomkraftwerken, Autobahnen und Startbahnen. Die Demonstranten artikulierten ihre Angst- und Bedrohungsgefühle in einer zunehmend komplexer und komplizierter werdenden Welt, in der es niemanden mehr gleichgültig lassen kann, was in Seveso oder in Tschernobyl geschieht. Denn jeder ist betroffen von der gewaltsamen Zerstörung der ökologischen Grundlagen unseres Planeten, von den enormen Potentialen, die jeden Tag in Atom- und Chemiekatastrophen umschlagen können, von den gefährlichen Waffengeschäften, in die unser Land durch skrupellose Geschäftemacher verstrickt wird. Niemand kann bestreiten, daß es bei diesen Demonstrationen auch zu Ausschreitungen kam und Gewalttaten von einzelnen Personen verübt wurden. Niemand kann die folgenschweren Auswirkungen gutheißen, die durch den Einsatz von Gewalt, durch Anschläge auf Versorgungseinrichtungen, durch Flugzeugentführungen oder Geiselnahmen in einer sich mehr und mehr vernetzenden und durch hohe Technisierung äußerst verletzbar gewordenen Gesellschaft provoziert werden.

Vor diesem Hintergrund besteht ein enormes theoretisches wie praktisches Interesse zu erfahren, was Gewalt ist, welche Art von Gewalt uns bedroht, ob sie zunimmt, ob man ihr und mit welchen Mitteln vorbeugen, wie man sie bewältigen kann. Auch die Bundesregierung zeigte Aufklärungsinteresse und setzte 1987 eine aus 36 Wissenschaftlern, Polizei- und Justizpraktikern bestehende »Unabhängige Regierungskommission zur Verhinderung und Bekämpfung von Gewalt (Gewaltkommission)« ein. Diese Gewaltkommission erhielt den Auftrag, binnen zwei Jahren Sekundäranalysen über spezifische Gewaltursachen zu erstellen sowie »Konzepte zu entwickeln, die so praxisnah und handlungsorientiert gefaßt sein sollen, daß sie von Gesetzgebung, Verwaltung und Justiz auch möglichst kurzfristig umgesetzt werden können« (Schwind u. a. 1990, S. 28*).

Bereits Mitte 1989 verabschiedete die Gewaltkommission »entweder einstimmig oder mit großer Mehrheit im Plenum« – eingeleitet von 12 »Allgemeinen Empfehlungen« – insgesamt *158 Vorschläge* zur Verhinderung und Bekämpfung der

1.	Gewalt in der Familie	29 Vorschläge
2.	Gewalt in der Schule	14 Vorschläge
3.	Gewalt auf Straßen und Plätzen	14 Vorschläge
4.	Gewalt im Stadion	15 Vorschläge
5.	politisch motivierten Gewalt	66 Vorschläge
6.	Gewaltdarstellung in Massenmedien	8 Vorschläge
7.	Gewalt als länder- und ressortübergreifende Aufgabe	12 Vorschläge.

Die *Empfehlungen* und *Vorschläge* der Kommission sind explizit solche zur *»zukünftigen Kriminalpolitik«* (S. 178).

Hinsichtlich der wissenschaftlichen Ableitung der *Vorschläge* äußert sich die Kommission ausgesprochen vorsichtig: »Die Vorschläge der Kommission fest verankert in den Ursachen(-theorien) zur Gewalt zu sehen, wäre verfehlt« (S. 118). Das gilt selbst für die 66 Rahmenthesen, in die jene 158 kriminalpolitischen Vorschläge eingebettet sind. Diese Thesen seien nur im »Kontext« der Begründung zahlreicher (Erst-)Gutachten von Unterkommissionen zu sehen: »Daß letztlich nur ›Thesen‹ formuliert worden sind (und nicht mehr), hat mit der Zurückhaltung zu tun, die vor dem Hintergrund der grundsätzlich immer noch unbefriedigenden Situation der empirischen Forschung zur Gewaltfrage angezeigt schien« (S. 179). Dennoch ist auch das Endgutachten bis in die einzelnen Formulierungen hinein allen Mitgliedern der Gewaltkommission zur »Abstimmung« vorgelegt worden.

* Literaturhinweis am Schluß des Beitrags.

II

Nach eingehender Sichtung der von der Kommission vorgelegten Vorschläge ist festzustellen: Die Kommission hat ihren Blick von vornherein auf individuelle Gewalt eingeengt und den Gewaltbegriff nur aus der Sicht eines formalistisch abgeleiteten staatlichen Gewaltmonopols bestimmt (S. 49 ff.). Zwangsläufig sind ihr somit wesentliche Zusammenhänge verschlossen geblieben, fielen ihre Vorschläge fast ausschließlich *staatsorientiert* und kaum *bürgerorientiert* aus, verbessern sie auch nicht – wie behauptet – die Demonstrationskultur, sondern schränken Demonstrationsrechte ein und weiten polizeiliche Kontrollbefugnisse exzessiv aus. Im einzelnen:

1. Ausblendung staatlicher und gesellschaftlicher Gewaltpotentiale

Die Gutachter haben sich auf einen Gewaltterminus geeinigt, »der die zielgerichtete, direkte physische Schädigung von Menschen durch Menschen erfaßt« (S. 36). Eine Einbeziehung auch von »›Zwangsmerkmalen‹ in sozialen Systemen (sogenannte strukturelle Gewalt)« wird mit dem Hinweis auf die darin liegende »inflationäre Ausdehnung« des Begriffes abgelehnt. Aber hätte die Kommission nicht dieser Ausweitung dadurch begegnen können, daß sie – und sei es nur exemplarisch – gewichtige Gewaltfelder ausgesucht hätte, die in einem offenkundigen Zusammenhang mit politisch motivierter Gewalt stehen? Beispielsweise
– die drohende oder eingetretene Verletzung oder Tötung von Menschen durch die Zerstörung ihrer natürlichen Lebensgrundlagen mit den Mitteln des »technischen Fortschritts«;
– die drohende oder eingetretene Verletzung oder Tötung von Menschen durch die Bereitstellung und Erprobung von Massenvernichtungswaffen;
– die immer komplizierter werdenden, knebelnden Lebensräume einer Gesellschaft, die für viele Menschen eine undurchschaubare und ängstigende Gestalt annehmen;
– die Anwendung von Gewalt durch staatliche Organe.
Wie aber soll man die dagegen gerichtete politisch motivierte Gewalt des einzelnen auch nur annähernd begreifen, wenn die politischen Themen selbst tabu bleiben?

In den 12 »Allgemeinen Empfehlungen«, die die Kommissionen ihren Vorschlägen voranstellt, heißt es unter 9. »Abbau von Zukunftsängsten« (S. 181 f.):

»Eine zentrale Aufgabe ist es, die Ängste (z. B. im Zusammenhang mit Umweltbeeinträchtigung und Friedenssicherung) abzubauen, die in keinem anderen europäischen Land so vehement wie in der Bundesrepublik Deutschland auftreten und die die Motivation für Hoffnungslosigkeit, Rechtsbrüche und Terror liefern können. (...) Zu einem Teil ist Gewalttätigkeit Ausdruck einer Rebellion gegen eine perfektionistisch organisierte Gesellschaft. (...) Notwendig ist die Entwicklung von Zukunftsperspektiven; gefragt ist insoweit die Schaffung von Lebensbedingungen im politischen, wirtschaftlichen und gesellschaftlichen Bereich, die der nachwachsenden Generation ein attraktives Integrationsangebot machen, insbesondere durch Verbesserungen in der Sozialpolitik, Arbeitsmarktpolitik, Wirtschaftspolitik und Kulturpolitik, aber auch durch eine dauerhafte Politik zur Bewahrung der Umwelt und zur Sicherung des Friedens.«

Dem kann in der Sache durchaus gefolgt werden. Die »Allgemeinen Empfehlungen« geben indessen nur »die erwünschten Rahmenbedingungen wieder, die (nach Auffassung der Kommission) zu den Voraussetzungen gehören bzw. die Umsetzung erleichtern würden« (S. 179, Sperrung von uns). Würde man jene »Allgemeinen Empfehlungen« als umsetzbar einschätzen, wären im Grunde die meisten der instrumentell-repressiven Vorschläge gar nicht mehr nötig, da sich Prävention und Repression erübrigen würden. Davon abgesehen sind die »Allgemeinen Empfehlungen« entweder mangels entsprechender Vorschläge nicht umsetzbar oder verlieren sich wegen ihrer vagen Formulierung im Unverbindlichen.

Erstes Beispiel: Umwelt

Das Gutachten geht davon aus, daß die Akzeptanz des demokratischen Rechtsstaates und des von ihm beanspruchten Gewaltmonopols auch vom Inhalt und Verfahren der getroffenen Entscheidung abhängt, daß dementsprechend das Vertrauen in diesen Staat erhöht und damit politisch motivierter Gewalt entgegengewirkt werden könne, wenn folgende Vorschläge (Nr. 85 und 86) Berücksichtigung fänden:

1. »Der Umweltschutz soll als Staatsziel in das Grundgesetz eingeführt werden«;

2. »bei gegenwärtigen Entscheidungen (sind) die Lebensgrundlagen künftiger Generationen besonders zu gewichten.«

Mit diesen Proklamationen sind die Vorschläge zu den »politischen Entscheidungen, die die Lebensgrundlage künftiger Generationen betreffen« und eine »dauerhafte Politik zur Bewahrung der Umwelt« gewährleisten sollen, bereits erschöpft.

Zweites Beispiel: Behebung von Partizipationsdefiziten

Unter dieser Überschrift wird unter Nr. 10 der »Allgemeinen Empfehlungen« ausgeführt:

»Politisch motivierte Gewalttätigkeit außerhalb terroristischer Aktivitäten entsteht auch nach den Beobachtungen der Praxis vornehmlich im Zusammenhang mit Demonstrationen, bei denen sich politikbezogene und hedonistische, auf Randale und Krawall gerichtete Teilnahmemotive vermischen (»Randale macht Spaß«). Um den Graben zwischen legalen und illegalen Partizipationsformen nicht einzuebnen und problemorientierte Aktivitäten (z. B. Bürgerinitiativen, Demonstrationen) von illegalen Aktivitäten (z. B. ziviler Ungehorsam, Verkehrsbehinderungen) und politisch motivierter Gewalttätigkeit klar zu trennen, sollten neue Wege mit dem Ziel der Stärkung der Bürgerrechte beschritten werden.« (S. 182)

Und wie sehen nun diese »neuen Wege« im entsprechenden Kapitel der »Vorschläge« aus, die aus den für viele Menschen bedrohlich und bedrückend gewordenen Lebensräumen herausführen könnten? Gedacht wird an eine Stärkung der unmittelbaren Teilhabe des Volkes an Entscheidungsprozessen, an einer verstärkten Einübung demokratischer Verhaltensweisen, z. B. Einrichtung kommunaler »Planungszellen«, »Bürgergutachten als Entscheidungshilfen für den Rat der Stadt«, »Bürgerversammlungen und Ortsbeiräte«; selbst Volksbegehren werden begrüßt, und Bürgerinitiativen sollen stärker an Entscheidungen beteiligt werden. Aber welche durchsetzbaren Rechte haben die Bürger, wenn sie mit den getroffenen oder den zu treffenden grundlegenden Entscheidungen nicht einverstanden sind? Volksentscheid? Wird in der Kommission »nicht einheitlich beurteilt« (Vorschlag Nr. 79). Verbandsklage im Umweltschutzrecht? »Keine Einigung in der Kommission« (Vorschlag Nr. 81). Immerhin konnte die Kommission sich in Vorschlag Nr. 47 einigen: »Beteiligung von Jugendlichen an der Gestaltung der Umwelt, z. B. in eher unwesentlichen (!) Bereichen wie Bemalen von Wänden öffentlicher Einrichtungen oder in wichtigeren Bereichen wie Ausgestalten und Benutzen eigener (!) Räumlichkeiten.«

Obwohl wir uns nach unbestrittener Ansicht von Sozial- und Naturwissenschaftlern im gewaltträchtigsten Abschnitt der Gesellschaftsgeschichte befinden, was die oben exemplarisch genannten Gewaltverhältnisse betrifft, verdrängt das Gutachten diese Gewaltformen nahezu vollkommen bzw. unterbreitet es Vorschläge von extremer Unverbindlichkeit.

2. Fokussierung auf individuelle Gewalt und individuelle Gewaltursachen

Genau umgekehrt verhält sich das Gutachten zur individuellen Gewalt. Obwohl wir uns auf diesem Sektor nach Ansicht von Sozialhistorikern im gewaltärmsten Abschnitt der Geschichte unserer Gesellschaft befinden, rückt das Gutachten diese Form der Gewalt in den Vordergrund des Interesses und macht sich ihre Bekämpfung zur zentralen Aufgabe.

Indessen rechtfertigen die von der Kommission vorgelegten empirischen Daten eine derartige Dramatisierung nicht. Die Gutachter selber räumen ein, daß es unmöglich sei, das Ausmaß des als besonders wichtig herausgestellten Feldes der politisch motivierten Gewalt genau und sicher anhand der vorhandenen Statistiken zu erfassen. Das nicht oder kaum aussagekräftige Zahlenmaterial wird deshalb ergänzt bzw. ersetzt durch die »Erfahrungen der Polizei« (S. 60). Ohne die »Erfahrungen der Polizei« gering zu achten – sie zur entscheidenden Grundlage für die Bestimmung eines Gewaltfeldes zu machen, stellt eine gefährliche Vereinseitigung dar, da sie die (verständliche) Einschätzung einer in die Demonstrationsauseinandersetzungen involvierten Partei in den Rang objektiver Beurteilung hebt und überdies auch nicht von allen Polizeibeamten geteilt wird.

Gelingt aber auf diese Weise die öffentliche Dramatisierung individueller Gewaltzunahme, so erscheint die suggestible Erklärung plausibel, die Ursachen dafür seien im Individuum selbst zu suchen und folglich auch durch Maßnahmen zu beseitigen, die am Individuum ansetzen. Damit wird zweierlei erreicht: Die gesellschaftliche und staatliche Grundierung der Gewalt wird ausgeblendet und weiterhin tabuisiert, und das auf ein individuelles Gewaltphänomen reduzierte Problem kann als eine durch den Zugriff von Kontrollinstanzen scheinbar zu lösende Aufgabe ausgegeben werden.

Erstes Beispiel: Das falsche Bewußtsein

Das Gutachten führt unter den Bedingungen, die für die Bereitschaft zu politisch motivierter Gewalt förderlich sind, namentlich auch die berufliche und schulische Sozialisation auf. Es lenkt die Aufmerksamkeit auf jene Bewußtseinsveränderungen, »die sich unter Chiffren wie ›abnehmende Normakzeptanz‹, ›Erosion des Rechtsbewußtseins‹, ›selektiver Rechtsgehorsam‹ ankündigen« (S. 203).

Als Urheber dieser Bewußtseinsveränderung machen die Gutachter vor allem Schule und Hochschule als Sozialisationsagenturen bzw. als Erziehungsträger aus. »Ein Teil der Lehrkräfte – auch an Fachhochschulen und Universitäten – ist erschreckend unorientiert, wenn er sich nicht sogar destruktiv zu der Problematik staatlicher Kontrolle politisch motivierter Gewalt äußert und verhält« (S. 203). Deshalb unter anderem Vorschlag Nr. 75: »Bei der Genehmigung von Schulbüchern, bei den Vorgaben für Richtlinien, Lehrplänen und Lernzielen und letztlich auch bei der Auswahl der Lehrer muß darauf geachtet werden, daß die Verfassungs- und Rechtsordnung der Bundesrepublik ausgewogen und angemessen zur Darstellung gebracht wird.« Weitere Mittel gegen die Erosion des Rechtsbewußtseins (Vorschlag Nr. 73): »Vermittlung der verfassungspolitischen und -rechtlichen Grundlagen«, »Rechtserziehung« und »Stärkung des Rechtsbewußtseins«.

Vergegenwärtigt man sich für einen Augenblick einige Skandale, die in den letzten Jahren in der Bundesrepublik bekannt wurden, so erscheint diese Darstellung doch höchst fragwürdig. »Abnehmende Normakzeptanz«, »Erosion des Rechtsbewußtseins« – wurde das nicht in erschreckenderer Weise durch Handlungen von Politikern und anderen im öffentlichen Leben an herausgehobener Stelle postierten Menschen immer wieder vorgeführt? Wurden nicht Parteispenden wg. »politischer Landschaftspflege« gemacht? Anschließend Versuche gestartet, Strafnormen wie Schlußverkaufspreise herunterzusetzen? Gab es nicht flächendeckende Gewerkschaftsskandale? Keine Barschel-Affäre?

Der eigentliche Skandal sind diese Affären und die sie ermöglichenden Verhältnisse und Rahmenbedingungen, nicht aber die »destruktiv« kritisierenden Lehrkräfte, die auf sie hinweisen und die darin zum Ausdruck kommende öffentliche Relativierung des Rechts beklagen. Kann man im Ernst annehmen, daß durch eine andere »Auswahl der Lehrer« (Berufsverbot?) oder durch Kontrolle der Lehrbücher diese Erosion des Rechtsbewußtseins aufzuhalten ist? Oder durch Rechtserziehung der Schüler?

Zweites Beispiel: Kriminalisierung

In den letzten Jahren wurde in der öffentlichen und juristischen Diskussion vehement darüber gestritten, ob Sitzblockaden Gewaltanwendung im Sinne von § 240 StGB seien. Auch die Gutachter gehen auf diese Frage ein. Sie stellen klar, daß nach ihrer Auffassung Sitzblockaden keine Gewalt seien. Damit wird zwar der Widersinn beseitigt, daß »gewaltfreie« Aktionen weiterhin »Gewalt« genannt werden, doch die Strafbarkeit soll bestehen bleiben; denn Sitzblockaden möchte man künftig als »vergleichbar schweren psychischen Zwang« nach § 240 Abs. 1 erfassen. Ferner sollen Sitzblockaden auch rechtswidrig bleiben. »Politische, religiöse, weltanschauliche und wirtschaftliche Ziele des Täters (können) nicht zur Rechtfertigung für Eingriffe in die Freiheit anderer herangezogen werden« (Vorschläge Nr. 118, 119).

Mit diesem rechtspolitischen Vorschlag, der auch der jüngsten Rechtsprechung des BGH (BGHSt 35, 270) entspricht, fällt die Kommission allerdings hinter den Entscheidungsansatz zurück, den die vier unterlegenen Richter des Bundesverfassungsgerichtes im Urteil vom 11. 11. 1986 (BVerfGE 73, 206) herausgearbeitet hatten. Die vier Verfassungsrichter betonten unter Verweis auf die ähnlich gelagerte Problematik bei Auseinandersetzungen um die Verletzung der Meinungsfreiheit, daß die Verwerflichkeit von Nötigungshandlungen unterschiedlich zu beurteilen sei, je nachdem, ob sie der Verfolgung eigennütziger Zwecke dienen oder ob sie als ein Beitrag zum Meinungskampf in einer die Öffentlichkeit wesentlich berührenden Frage verstanden werden wollen. Ausdrücklich heißt es:

»Kennzeichnend ist ferner, daß die Aktionen Angelegenheiten von wesentlicher allgemeiner Bedeutung und nicht bloße gruppenspezifische oder finanzielle Interessen zum Gegenstand haben, daß sie sich nach vorheriger

Ankündigung in aller Öffentlichkeit abspielen, daß die Teilnehmer im Prozeß der öffentlichen Meinungsbildung durch symbolische Handlungen im eigentlichen Sinne des Wortes Stellung beziehen wollen und nicht – wie etwa bei Lkw-Blockaden an Grenzübergängen oder bei den Frankfurter Theaterbesetzungen – eine effektive Zwangswirkung auf einen Entscheidungsträger anstreben, und daß sie ein polizeiliches Eingreifen widerstandslos über sich ergehen lassen« (BVerfGE 73, 206, 259).

Der in diesem Votum zum Ausdruck gebrachten Bereitschaft, Aufklärungsprotest in demonstrativer Form bei den die Öffentlichkeit berührenden Fragen zuzulassen, weil diese Themen res publica sind, halten die Gutachter »erhebliche Rechtsunsicherheit« und »fehlende Rechtsklarheit« entgegen. Das darin aufscheinende Muster ist bekannt: Nicht die die Öffentlichkeit bewegenden politischen Fragen sind das Skandalon, sondern die sie demonstrativ skandalisierenden Individuen = Kriminellen.

3. Exzessiv vorgeschobene Präventionsmaßnahmen

Die Gutachter haben ihre Gesamtkonzeption an dem Gedanken ausgerichtet: »Vorbeugen und Helfen vor Strafen«; der Ansatz sei folglich präventiv-orientiert, ohne die Probleme der Strafverfolgung aus dem Blick zu verlieren (S. 178f.). So werden unter der Überschrift »Förderung einer gewaltfreien Demonstrationskultur« sowie »Transparenz und Kontrolle der Arbeit der Polizeibehörden« in Anlehnung an das Kooperationsgebot des Bundesverfassungsgerichts in der Brokdorf-Entscheidung (BVerfGE 69, 315) eine Fülle hilfreicher Vorschläge gemacht: Öffentlichkeitsarbeit der Polizei, Austausch von Informationen und Kooperation zwischen Polizei und Demonstranten, Schulung von Polizeibeamten zur Affektkontrolle, Strategien zum Abbau von Feindbildern, zur emotionalen Stabilisierung und so fort.

Wo aber Polizeiverhalten selber kritisch wird, wo der Eskalation der Gewalt »durch wenig sensibles oder unangemessenes Vorgehen einzelner Polizeivollzugsbeamter Vorschub geleistet« wird, kann in einer rechtsstaatlichen Demokratie die Antwort darauf nicht nur das Abtauchen in Streßbewältigungsprogramme oder Motivanalysen sein. Die Kommission will zwar verstärkt dafür sorgen, »daß die Bevölkerung weiß, daß Übergriffe einzelner Polizeibeamter strafrechtlich und disziplinarisch energisch verfolgt werden« (S. 210). Aber wie dies zu bewerkstelligen ist, wenn die Kommission sich nicht einmal darauf einigen konnte, »ob die Verfolgung einzelner strafrechtlich relevant handelnder Beamter durch Namensschilder oder Dienstnummern zu erleichtern sei« (S. 210), bleibt im dunkeln. Muß nicht sogar befürchtet werden, daß Anzeigeerstatter, denen aus diesem Grunde eine präzise Identifizierung von Polizeibeamten nicht möglich ist, Gefahr laufen, ihrerseits wegen falscher Anschuldigung verfolgt zu werden, weil ihnen vorgeworfen werden kann, solche Übergriffe nur behauptet zu haben, um die Arbeit der Polizei lahmzulegen? Die Kommission jedenfalls weist auf diese strafrechtliche Verfolgungsmöglichkeit von Anzeigeerstattern ausdrücklich hin. Das Strafrisiko für den Anzeigeerstatter ist damit ungleich größer als das Strafrisiko für einen »strafrechtlich relevant handelnden« Polizeibeamten.

Weiteres polizeizentriertes Denken der Kommission belegen auch die beiden nächsten Beispiele.

Erstes Beispiel: Die grundrechtsgefährdende Ausweitung des polizeilichen Präventiv-Instrumentariums

Das Bundesverfassungsgericht hat in dem schon erwähnten Brokdorf-Beschluß an die staatlichen Behörden die Forderung gestellt, nach dem Vorbild friedlich verlaufender Großdemonstrationen »versammlungsfreundlich« zu verfahren und nicht ohne zureichenden Grund hinter bewährten Erfahrungen zurückzubleiben. Es hat die Verpflichtung gegenüber den staatlichen Behörden ausgesprochen, diese Erfahrungen nicht nur in Erwägung zu ziehen, sondern auch tatsächlich zu erproben. Derartige Anforderungen dürfen zwar nicht die Anwendung flexibler Einzelstrategien unmöglich machen. Doch rückt die Schwelle für behördliches Eingreifen wegen Gefährdung der öffentlichen Sicherheit und Ordnung um so höher, »je mehr die Veranstalter anläßlich der Anmeldung einer Großdemonstration zu einseitigen vertrauensbildenden Maßnahmen oder sogar zu einer demonstrationsfreundlichen Kooperation bereit sind«. Nach Ansicht des Bundesverfassungsgerichts ermöglicht eine Kontaktaufnahme »über das gegenseitige Kennenlernen hinaus einen Dialog und eine Kooperation ... Dabei werden schon im Vorfeld kollidierende Interessen, etwaige Konfliktsituationen und wechselseitige Belastbarkeiten deutlich. Ferner erhöht sich die Prognosesicherheit und die Aktionsschwelle der zuständigen Behörden« (BVerfGE 69, 315, 356ff.).

Diesem vom Bundesverfassungsgericht geforderten und geförderten Dialog der Offenheit zwischen Demonstranten und staatlichen Behörden, auch wenn Ausschreitungen einzelner oder einer Minderheit von Demonstranten zu erwarten sind, setzt die Gewaltkommission, um an Gewalttätige heranzukommen, die Forderung nach einer Intensivierung des Einsatzes von V-Leuten und verdeckten Ermittlern entgegen. Um »den friedlichen Verlauf der Demonstration« zu gewährleisten, schlagen die Gutachter ferner generell und ohne Rücksicht auf etwaige zuvor von den Veranstaltern schon ergriffene einseitige vertrauensbildende Maßnahmen ein ganzes Arsenal von Kontrollmaßnahmen vor, um die nach polizeilichen Erkenntnissen als »reisende Gewalttäter« eingestuften Personen abfangen zu können:

a) Einrichtung beweglicher und stationärer Vor- sowie Abfahrtkontrollen;
b) offene Begleitung durch starke Polizeikräfte;
c) Ingewahrsamnahme potentieller Gewalttäter an Kontrollstellen (bis zu vier Tagen);
d) mobile und stationäre Einschließungen des sogenannten schwarzen Blocks, wobei anderen Demonstranten die Möglichkeit zur Entfernung gegeben werden muß (Vorschlag Nr. 99).

Überrascht schon dieser noch zu weiterer »Intensivierung« empfohlene Katalog dadurch, daß er die Einsatzvoraussetzungen lediglich von »polizeilichen Erkenntnissen« abhängig macht, die sich, wie das Bundesverfassungsgericht zu Recht annimmt, »nahezu immer« über unfriedliche Absichten eines Teiles der Teilnehmer beibringen lassen, so verwundert es doch sehr, daß »praxisnahe und kurzfristig umsetzbare« Vorschläge zur Bekämpfung politisch motivierter Gewalt gemacht werden, die ohne jeglichen Hinweis auf die zu beachtenden Eingriffsvoraussetzungen und -kriterien eine »praktikable« Rechtsgrundlage z.B. für »Fahndungsmethoden der polizeilichen Beobachtung« oder »den Einsatz technischer Mittel« zur Observation einfordern. Was hier als Prävention ausgegeben wird, ist in Wirklichkeit eine Intervention in grundrechtlich geschützte Positionen der Bürger. Denn es ist, wie die Gutachter selber einräumen, schwer, an die Gewalttäter heranzukommen, so daß das Fahndungsnetz weitgreifend ausgelegt und selbstverständlich auch friedliche Demonstranten erfaßt werden müssen. Der behutsame, differenzierende und die verfassungsrechtlich verbürgten Grundrechte beachtende Ansatz des Bundesverfassungsgerichtes zur Verbesserung der Demonstrationskultur wird in diesem Teil des Gutachtens durch einen repressiven, weit ins Vorfeld von Straftaten ausgreifenden und ausschließlich von polizeilichen Interessen diktierten Maßnahmenkatalog konterkariert.

Zweites Beispiel: Der Abbau von Kontrollrechten und Kontrollmöglichkeiten

Nicht nur gegen Strafanzeigen immunisiert sich die Polizei durch die Weigerung, Dienstnummern oder Namensschilder zu tragen, auch die Kontrolle durch die Staatsanwaltschaft könnte faktisch schwer werden, wenn die Vorschläge der Gutachter umgesetzt würden. Danach sollen sich Staatsanwälte »unbeschadet des Legalitätsprinzips« stärker dem Gedanken operativer Planung öffnen, um die Wirksamkeit ihrer Arbeit zu erhalten (S. 212). Sie sollen sich auch kontinuierlich in bezug auf die Verhinderung und Kontrolle politisch motivierter Gewalt durch »Informationsaufenthalte bei der Polizei« fortbilden (warum nicht auch bei den Veranstaltern von Demonstrationen?).

Die Tendenz des Gutachtens, Strafanzeigen gegen Polizeibeamte zu erschweren, den auch das Verhalten von Polizeibeamten kontrollierenden Staatsanwalt in polizeiliche Operationen einzubeziehen und die Konfliktstrategie des Verteidigers zu unterbinden (S. 214), läßt darauf schließen, daß die Polizei gerade auf dem Felde politisch motivierter Gewalt sich ungern kontrollieren läßt. Dagegen sind »für die Akzeptanz von Demokratie, Rechtsstaat und staatlichem Gewaltmonopol (...) vermutlich weniger (die in der Kommission ausführlich thematisierten) Sozialisationsleistungen von Familie, Schule und Medien, als vielmehr die konkreten Erfahrungen mit den Repräsentanten des staatlichen Gewaltmonopols entscheidend« – so Roland Eckert, selbst Mitglied der Gewaltkommission, in seiner veröffentlichten »Stellungnahme zu dem Bericht der Gewaltkommission« vom 16. 1. 1990.

Der das Gutachten beherrschende Grundgedanke läßt sich auf

die Formel bringen: Straftäter ist das Individuum, Opfer ist der Staat; es geht bei der politisch motivierten Gewalt um Staatsschutz, nicht um Schutz der Bürgerfreiheit.

III

Zur kritischen Diskussion stehen mithin kriminal*politische Vorschläge*, die laut Kommissionsbericht eine klare Richtung haben: Sie »zielen auf Kurskorrekturen« (S. 26), sind von der Gewaltkommission mehrheitlich politisch verabschiedet worden und stehen mithin ihrerseits für eine politische Einschätzung zur Disposition. Vor dem Hintergrund dieser expliziten *politischen* Intentionen und Strategien der Regierungskommission erheben im vorliegenden Band 20 Wissenschaftler/innen und Praktiker/innen ihre Stimme, weil sie den *kriminalpolitischen Vorschlägen* der Kommission ganz überwiegend nicht folgen wollen bzw. können. Die Gruppe will weder ein »Gegengutachten« erstellen, noch ist beabsichtigt, wissenschaftliche Expertisen, die im Rahmen der zweijährigen Kommissionsarbeit erstellt wurden, zu bewerten. Es geht vielmehr darum, das Gewaltthema in einen alternativen Diskurs zu überführen, der sich mit politischer Kultur und dem Staatsverständnis befassen soll. Es gilt, republikanische Akzente zu setzen, für ein pluralistisches, individuumbezogenes Politikverständnis zu votieren, gegen eine autoritäre Staatsgesinnung anzutreten. Mit dieser Intention und diesem Anspruch haben wir die in diesem Band publizierenden Autorinnen und Autoren angesprochen und um ihre Einschätzung gebeten. Dabei geht es vorerst nicht so sehr um einen wissenschaftlichen, sondern um einen (kriminal-)politischen Diskurs, teils heftig, teils weniger heftig, je nach Temperament, aber gleichermaßen engagiert in der Sache: bemüht um die Kultur eines demokratischen, sozialen, republikanischen und freien Rechtsstaates. Dabei spricht ein jeder – eigentlich eine pure Selbstverständlichkeit – für sich.

Mit einem dreifachen Ansatz wird auf den Kommissionsbericht Bezug genommen. Einleitend geht es um das Ausfüllen jener *analytischen Leerfelder* (Teil 1), die aufgrund des extrem eingeschränkten Gewaltbegriffs entstanden sind. Hier gilt es grundlegend anzusetzen. Einige Autoren bestellen *allgemeine sozialwissenschaftliche Kritikfelder,* die sich in der Auseinandersetzung mit dem Gewaltgutachten aufdrängen (Teil 2). Schließlich sind Autoren gefordert, die die Implikationen des Gewaltberichts für das *Kriminaljustizsystem,* d. h. für das Strafrecht und für die damit befaßten Institutionen, in den Blick nehmen (Teil 3).

1. Analytische Leerfelder vor dem Hintergrund des Gewaltgutachtens

Gibt eine Regierung den Auftrag, individuumzentrierte Vorschläge zur »Verhinderung und Bekämpfung von Gewalt« zu erarbeiten, sollte man meinen, daß die Sicherheitslage dafür Anlaß gibt. Dem ist indes nicht so. Die Kommission müht sich sehr, individual begründete Gewaltfelder aufzutun, d. h., deren Sozialbedrohlichkeit empirisch zu belegen, um ihre Arbeit überhaupt politisch legitimieren zu können. Aus der Sicht der Sozialhistoriker *Jürgen Kocka* und *Ralph Jessen* kann ein derartiger Versuch auch nicht gelingen, da eine historische Langzeitanalyse zeige, daß sich im Gegensatz zum 18. und 19. Jahrhundert soziale und politische Konflikte, denen das primäre Augenmerk der Kommission galt, bislang durch ein geringes Maß an Gewaltsamkeit auszeichnen. Für einen besonderen Handlungsbedarf einer in dieser Richtung recherchierenden Kommission melden die beiden Historiker Fehlanzeige. Behutsam verweisen sie darauf, daß nicht der Bürger, sondern der Staat bislang die Gewaltsamkeit sozialer Proteste eher gesteigert habe.

So ist es konsequent, wenn der Politologe *Wolf-Dieter Narr* das Verhältnis von Staatsgewalt und friedsamer Gesellschaft an dessen Wurzel angeht: am staatlichen Gewaltmonopol. Die zivilisatorische und friedenserhaltende Funktion dieses Monopols ist für Narr unbestritten. Die Frage, »wie hältst du's mit dem Gewaltmonopol?«, sei falsch gestellt: Auf das Wie, auf die Eigenart seiner Organisation, auf seine Form komme alles an. Am Beispiel dreier – von der Kommission ausgeblendeter – Gewaltfelder plädiert Narr für einen geänderten politischen Umgang mit dem Gewaltmonopol, wonach dessen Organisation demokratisch-friedsamen Anforderungen zu entsprechen habe: Der demokratische Rechtsstaat müsse »selbstreflexiv« ins Monopol eindringen und dessen Kern ändern. Plastische Belege sind: Terrorismus und Anti-Terrorismus, Regelverletzungen und verletzende Regeln, Männergewalt angesichts der Monopolgewalt.

Sind hiermit bereits jene strukturellen Gewaltverhältnisse thematisiert, zeigt der Atomphysiker *Hans-Peter Dürr* ein weiteres Gewaltverhältnis auf: die gewalttätige Wissenschaft. Vor dem Hintergrund der Gefahren der Atomenergie warnt der Atomphysiker vor der ständigen Mißhandlung der Natur. Staat und Gesellschaft laufen Gefahr, die Evolution der Natur einige Jahrmillionen oder Jahrhundertmillionen zurückfallen zu lassen, wohl mit der Folge, bei einem erneuten Versuch mit einem vielleicht vernünftigeren Geschöpf als dem Menschen aufs neue zu starten. Aus ethischen Gründen und aus Gründen der Achtung vor der Würde des Menschen dürfe ein verantwortungsbewußter Wissenschaftler keine Technik betreiben, die bei Störfällen zu längerfristigen ökologischen Schäden führen könne. Bei der Verantwortungsfrage gehe es nicht um ein legalistisches, sondern um ein moralisches und ethisches Problem.

Die psychische Rückkoppelung jener Dauerbedrohungen des Lebens durch Industriepolitiken, die mit unverantwortlichen chemischen, atomaren, ökologischen, gentechnischen Risiken hantieren, analysiert *Horst-Eberhard Richter.* Die dadurch erzeugten »defensiven Aggressionen« lassen seiner Prognose zufolge ein gewaltträchtiges Protestpotential heranreifen, was kaum noch zu übersehen sei. Würden die politisch Verantwortlichen damit fortfahren, trotz der Mahnungen von Tschernobyl und Sandoz die Bevölkerung lebensbedrohlichen Techniken auszusetzen, drohe Gewalt bis hin zum Bürgerkrieg. Entsprechend sei es falsch, den Schwerpunkt präventiver Strategien auf die Förderung von Anpassung und Disziplinierung der Jugend zu legen. Die dringendste Mahnung habe der Politik selbst zu gelten. Nicht Überzeugungsfestigkeit und individuelle Widerstandskraft seien pädagogisch einzugrenzen, vielmehr seien anerzogene Unterwerfung und Ohnmacht jene Gefahren, die irgendwann explosiv ins Gegenteil umschlügen und in Gewalt mündenden politischen Fanatismus produzierten.

Ein weiteres durch den individualzentrierten Gewaltbegriff ausgeblendetes analytisches Leerfeld stellen der Politkwissenschaftler *Hakki Keskin* und die Kommunalpolitikerin *Isabel Basterra* in den Vordergrund ihrer Beiträge: Ausländerfeindlichkeit, Rassismus und staatliche (Des-)Information repräsentierten bzw. förderten Gewaltverhältnisse, die als Bedrohung des sozialen Friedens von niemandem übersehen werden können. Die Analysen und historischen Erfahrungen zeigen uns – so Hakki Keskin – einige wesentliche Charakteristika für die Entstehung und das Erstarken rassistisch-faschistischer Ideologien. Diese entstünden und könnten Zulauf bekommen, wenn ökonomische, soziale und politische Konflikte sich zuspitzen und dafür Sündenböcke gefunden werden sollen. Im Gutachten der Gewaltkommission erscheinen – so Isabel Basterra – die Ausländer nur als Subjekte der Gewalt, nicht als Opfer. Die vom Kommissionsbericht vorgeschlagenen Maßnahmen hätten einen eindeutig repressiven Charakter, berücksichtige man, daß von Integrationsbereitschaft und Akzeptanz durch die Mehrheitsbevölkerung keine Rede sein könne, und vom Gutachten die Problemregulierung durch kontinuierliche Präsenz der Polizei in Problemgebieten gesehen werde. Nicht Repression könne die Antwort in diesem Gewaltverhältnis sein, sondern eine sachliche und aufklärerische Informationspolitik des Staates, die zu Angstfreiheit von Bürgern führen könne, sowie eine Ausländerpolitik, welche die nichtdeutschen Bevölkerungsgruppen als gleichwertige Bestandteile der bundesrepublikanischen Gesellschaft anerkenne.

2. *Übergreifende sozialwissenschaftliche Kritikfelder vor dem Hintergrund des Gewaltgutachtens*

Den im zweiten Abschnitt vorzustellenden Autoren ist eines gemeinsam: Sie rücken aus einer sozialwissenschaftlichen Perspektive sehr konkret *analytische Fehlansätze* (Begriffe, Strukturen, Schlüsse) des Endgutachtens in den Vordergrund.

Der Kriminalsoziologe *Fritz Sack* kritisiert das aus seiner Sicht falsch gewählte »Akteur-Modell« politischer und sozialer Konflikte. Handlungen von politischen Akteuren und Institutionen seien miteinander und gegeneinander verknüpft und aufeinander bezogen. Davon wolle das Gutachten nichts wissen. Die Grundkategorie des Gewaltgutachtens sei schlicht der individuelle Gewalttäter, der sämtlicher Bezüge und Kontexte sozialer, politischer und ökonomischer Art entkleidet sei. Damit werde politisch motivierter Gewalt jeglicher Aspekt von Rationalität eines instrumentellen und sozialen Zusammenhangs abgesprochen. Erforderlich sei hingegen, was die Kommission unterlassen habe, das Gebiet des sogenannten kollektiven Verhaltens einschließlich der Soziologie sozialer Probleme in den Blick zu nehmen. Erst dann sei es möglich, politische Gewalthandlungen in kollektiven Prozessen sozialer und politischer Konfliktverläufe kenntlich zu machen. Sack fordert, die Asymmetrie zwischen Akteuren sozialer Beziehungen zur Kenntnis zu nehmen, ihre unterschiedlichen Handlungsressourcen zu sehen, die Wirklichkeit sozialen und politischen Geschehens als Konzept strategischen Handelns zu begreifen und die Eskalation, die weitgehend unabhängig vom guten oder bösen Willen der Akteure sei, in diesen strategischen Handlungssystemen wahrzunehmen. In einem zweiten Ansatz analysiert Sack die Rolle des Rechts und seiner Instanzen im Ablauf sozialer und politischer Konflikte. Gerade im Hinblick auf politisch motivierte Gewalt stellt Sack darauf ab, daß es zu einer Transformation von politischen Konflikten aus ihren sozialen, ökonomischen oder politischen Kontexten in solche des (Straf-)Rechts komme. Der Staat nehme hier seinen strategischen Vorteil in der Nutzung des Rechts als eine Ressource zur Schwächung wahr. Insgesamt erschienen im Gewaltgutachten das Handeln und die repressiven Maßnahmen staatlicher Akteure nicht als systematische und die Dynamik entscheidende und mitprägende Größen bei der Eskalation politischer Konflikte in ihrer Gewalthaftigkeit. Aus seiner Sicht ist das Konzept der Gewaltkommission die »innere Aufrüstung«, seine Empfehlung lautet dagegen: »innere Abrüstung des staatlichen Gewaltmonopols und -apparates«.

Aus der Sicht des Soziologen *Michael Voß* muß Gewaltanalyse im strafjuristischen Wirklichkeitsmodell schlechthin zu einer Verschiebung von Schwerpunkten kommen. Seine These lautet: Staatsschutz statt Bürgerschutz. Aus der Sicht des Gutachtens sei auffällig, daß weniger der Bürger als vielmehr der Staat durch Gewalt gefährdet erscheine: Der Staat sei das Opfer. Demzufolge richte sich die Suche nach den Ursachen und den Strategien zur Bekämpfung von Gewalt auf den gewaltausübenden Bürger: Der Bürger sei der Täter. Beide Thesen sind – Voß zufolge – falsch. Nicht die Gewalt des Bürgers gefährde den Staat, sondern die Gewalt des Staates gefährde den Bürger. Die Kommission verenge auf diese Weise ihren analytischen Zugriff, klammere die gewaltstiftende Funktion staatlichen Schutzes für mächtige strukturelle Interessen und das gewalteskalierende Potential staatlicher Kontrollorgane aus. Darüber hinaus werde Gewalt im strafrechtlichen Analysezugriff entpolitisiert, was auf der Ebene der Normen und

Werte, der Institutionen und der Politik nachweisbar sei. Politisch motivierte Gewalt bleibe im strafjuristischen Wirklichkeitsmodell schlechthin unverstanden. Zugleich werde sie als politisch greifbar und bekämpfbar instrumentalisiert.

Letzteres geschieht im Endgutachten der Gewaltkommission indes nicht durchgängig. Der Pädagoge *Wilhelm Heitmeyer* sieht das zentrale Problem in einer »definitorischen Entpolitisierung von *rechtsextremistisch* motivierter Gewalt«. Diese definitorische Entpolitisierung leiste keinen Beitrag zur »Verhinderung und Bekämpfung von Gewalt«, sondern trage im Hinblick auf politisch motivierte Gewalt eher zur Verhinderung der Bekämpfung der Gewalt bei: Eine derartige Strategie blende sowohl kurzfristige Ansätze gegen rechtsextremistisch ausgeübte Gewalt als auch weiterreichende Ansätze gegen die gesellschaftlichen Entstehungsmechanismen von Fremdenfeindlichkeit aus. Soziale Abwertungen und spezifische Gewaltformen gegenüber Fremden – so die Leitthese – würden weder durch die vorherrschende Politik noch durch staatliche Institutionen hinreichend bearbeitet, um die Unversehrtheit von fremden Personen und Sachen zu gewährleisten.

Die Phänomene familiärer Gewalt werden von dem Sozialwissenschaftler und Familientherapeuten *Reinhart Wolff* gesichtet. In der gesellschaftlichen Auseinandersetzung werde familiärer Gewalt ein Vorzugsplatz zugewiesen. Für den derzeitigen gesellschaftlichen Diskurs sei ein Schwanken zwischen Rechtfertigung und Illegalisierung einer gewaltsamen Praxis in der Familie charakteristisch. Obwohl Sondergutachter und Experten in der Anhörung der Kommission Mut gemacht hätten, weiter zu blicken und sich den Entstehungszusammenhängen familiärer Gewalt intensiver zuzuwenden, seien historische Wandlungsprozesse und strukturelle Momente der modernen Gesellschaft gleichwohl nicht berücksichtigt worden. Es bleibe die Tendenz der Individualisierung und Privatisierung, der Demotivierung und Anspruchserhöhung im Verhältnis zum Kind. Das Ganze der Gewaltverhältnisse, vom stummen ökonomischen Zwang ganz zu schweigen, werde allenfalls blinzelnd ausgemacht. Die teilweise erfreuliche Neuorientierung, die konzeptuell weit über die bisherige konservative Familien- und Sozialpolitik hinausgehe, sei gleichwohl von alten Konzepten der Polizeikontrolle, staatlicher Erfassung und Verrechtlichung bedroht. Mit der Ausklammerung einer kritischen Diskussion gesellschaftlicher struktureller Gewalt und der gewaltfördernden Rolle des modernen Staates und heutiger Politik lande die Kommission in der alten Zwickmühle, mit moralischer Aufrüstung und Gewaltmaßnahmen der Gewalt begegnen zu wollen. Die Verknüpfung von Strafverfolgungsmaßnahmen mit sozialen Hilfesystemen untergrabe hingegen die Akzeptanz der Hilfe.

Solcherart instrumentalisierte soziale Konflikte lassen sich – aus der Sicht des Sozialphilosophen *Jürgen Habermas* – als Auseinandersetzung mit dem »inneren Feind« nahezu in einer Bürgerkriegsperspektive ausmachen. Habermas erkennt im Gutachten wohl sozialwissenschaftliche Deskriptionen, in der Inkonsistenz des Gegenübers von beschreibender Sozialwissenschaft und agierender Kriminalwissenschaft sieht er indes einen »Overkill an detaillierten Maßnahmen«. Zugleich führe diese Inkonsistenz zu einem Dilemma zwischen individueller Schuldzuschreibung und der Kennzeichnung und Sichtung struktureller Ursachen (jedenfalls in Familie und Schule). Über die Beschreibung struktureller Probleme komme das Gutachten jedoch nicht hinaus; jene Reproduktionsbedingungen unseres Gesellschaftssystems, die allein entstellte Lebenszusammenhänge erklärten, wodurch immer neue Gewalt geboren werde, würden vom Gutachten nicht in den Blick genommen. Anstelle dessen werde eine lückenlose Vernetzung sozialer Kontrolle vorgenommen, wonach Helfen, Überwachen und Strafen eine »chemische Verbindung« eingingen. Auch das Gewaltmonopol bliebe letztlich ein blinder Fleck, zumal die zwar angesprochene, aber im Grunde nur behauptete Verzahnung des Gewaltmonopols mit Rechtsstaat und Demokratie reines Lippenbekenntnis sei. Der untaugliche Versuch, eine demokratische Streitkultur zu organisieren, müsse ins Leere gehen. Das Rechtsbewußtsein demokratischer Bürger könne nicht die Angelegenheit einer Administration sein, die gegen Unbotmäßigkeiten auf vorbeugende sozialtherapeutische Maßnahmen sinne.

3. Strafrecht und Kontrollinstitutionen im Ansatz der Gewaltkommission

Das Strafrecht und seine Institutionen sind fortwährend durch Gewaltphänomene herausgefordert, in doppelter Hinsicht. Das Kriminaljustizsystem ist zum einen zuständig für die rechtsstaatlich organisierte, auf Effizienz angelegte Sozialkontrolle. Zum anderen gibt es eindeutige Grenzen effizienter Instrumentalisierung, nämlich dort, wo Menschen- und Verfassungsrechte klare Grenzen ziehen. Indes: Kriminalpolitische Strömungen spülen so manche bürgerlich-liberale Rechtsposition fort, wenn Gewalt zum Staatsbedrohungselement erklärt wird und wenn die Politik das Strafrecht für symbolischen Politikersatz – aktuelles Beispiel ist die Umweltpolitik – okkupiert.

Aus der Sicht des Strafrechtlers *Winfried Hassemer* steht derzeit das Schicksal der Bürgerrechte im »effizienten« Strafrecht zur Disposition. Gerade Gewaltbedrohung sei ein Regler, mit dem (typischerweise: restaurative) Kriminalpolitik befördert werden könne. Bedrohungsgefühle der Bevölkerung – auf die das Gewaltgutachten explizit abstellt – seien schlechthin konstitutiv für die gesellschaftliche Forderung nach einer Forcierung schutzbedürftiger Rechtsgüter. Für das Dramatisierungsgewerbe ist – in den Augen Hassemers – das Gewaltgutachten indes nur ein – freilich farbiger – Strang. Ganz allgemein sieht er das Strafrecht derzeit in Gefahr, sich zum »Feindstrafrecht« (Jakobs) zu entwickeln. Politische Philosophie und Kriminologie hätten alle Mühe, die Kriminalpolitik dahin zu beraten, daß allgegenwärtiger Gewalt nicht mit Schlagkraft und Repression begegnet werden kann. Strafrechtspolitik, Strafrechtstheorie und Strafrechtsdogmatik würden mehr und mehr bedroht von Effizienzparametern wie dem herausfordernden Grundsatz der »Funktionstüchtigkeit der Strafrechtspflege« und der »Güterabwägung«. Dabei sei – so Hassemer – eines klar: Strafrechtliche Mittel eigneten sich nur für wenige Problemlagen, am wenigsten noch für die Steuerung von staatlichen und gesellschaftlichen Systemzielen. Wird das Strafrecht überfrachtet und übersteuert, »wird ein solches Strafrecht seine Überzeugungskraft verlieren«.

Die Nagelprobe für diese These bietet der Bremer Generalstaatsanwalt *Hans Janknecht*. Hinter die These vom Offenbarungseid im Umweltstrafrecht setzt Janknecht noch ein Fragezeichen. Überzeugend weist er nach, daß das geltende Umweltstrafrecht sein selbstgestecktes Ziel »meilenweit verfehlt« habe. Die Analyse der Strafverfolgung ist – mißt man sie an der Elle der Verurteilungshäufigkeit – niederschmetternd. Verurteilungen lassen sich bundesweit zum Teil noch an Händen abzählen. Janknecht meint, ein nennenswerter Beitrag des Strafrechts zum Schutze der Umwelt sei auch künftig nicht zu erwarten, wenn und solange der

Gesetzgeber sich weigere, sämtliche Einleitungs- und Grenzwerte durch Gesetz umfassend und präzise festzuschreiben. Solange der Gesetzgeber dieses nicht tue, müsse er zumindest die strafrechtliche Abkoppelung vom Verwaltungsrecht vornehmen, wobei gleichzeitig der Staatsanwaltschaft mehr Opportunität in der Strafverfolgung einzuräumen sei.

Der Ruf nach mehr Flexibilisierung der Rechtsanwendung – bereits auf der Ebene der Staatsanwaltschaft – durchzieht derzeit das Rechtssystem schlechthin. Die kriminalpolitischen Forderungen nach systemsteuerndem, effizientem, flexiblem und exekutivischem Recht werden limitiert durch Selbstbeschränkungen, wie sie appellhaft vom Vorsitzenden Richter *Ulrich Baltzer* (Schwurgericht Frankfurt) eingefordert werden. Von einem, von dem man eigentlich eher den Ruf nach Effizienzsteigerung des Strafrechts und Strafprozeßrechts erwarten könnte, kommen mahnende und Einhalt gebietende Worte gegenüber den Gesetzesänderungs-Vorschlägen der Kommission zur »Effektivierung der Strafrechtspraxis«. Der Behauptung der Kommission, die Grenzen legitimer Interessenvertretung im Strafprozeß würden durch »dysfunktionales Verteidigerverhalten« sowie durch »Funktionalisierung des Beschuldigten zu verfahrensfremden Zwecken« immer wieder überschritten, stellt Baltzer die Forderung gegenüber: »Der Strafrichter, der seine Aufgabe ernst nimmt, muß sich aber gerade den kämpferischen, den einseitigen Verteidiger wünschen, weil dieser ihn zwingt, seine eigene Position immer wieder neu zu überdenken.« Auch den Vorschlag der Gewaltkommission (Nr. 132), das Beweisantragsrecht einzuschränken, lehnt Baltzer kategorisch ab. Als erfahrener Praktiker stellt er fest, daß die Fälle offenkundigen Mißbrauchs des Beweisantragsrechts im Justizalltag außerordentlich selten seien und daß Beweisanträge oft die einzige – und auch legitime – Möglichkeit des Angeklagten und seines Verteidigers bildeten, Einfluß auf das Ergebnis der Beweisaufnahme und damit auf die Entscheidung des Gerichts zu nehmen.

Dort, wo das Kriminaljustizsystem Hoffnung ansiedelt, nämlich in einem auf Resozialisierung und Behandlung ausgerichteten Strafvollzug, entschleiert der ehemalige Anstaltspfarrer *Rolf Lüdemann* diese Hoffnung durch seine These von der »Therapie als Gewaltverhältnis«. Vor dem Hintergrund seiner zehnjährigen Vollzugserfahrungen bezeichnet er den ›modernen‹ therapeutischen Behandlungsvollzug als »Zwischenlagerung« von Gewaltproblemen, die im Vollzug in keiner Weise bewältigt würden. Vielmehr entstehe so etwas wie eine Spaltung der Gesellschaft in professionell Behandelnde und in eine soziale Umgebung, die nicht mehr in der Lage sei, mit ihren sozialen Problemen fertig zu werden. Diese Problematik habe gesamtgesellschaftliche Auswirkungen im Umgang mit Behinderten, alten Menschen und sozial Schwachen. Mit der Entwicklung und Gestaltung des Resozialisierungsgedankens im Strafvollzug sei lediglich so etwas wie eine neue Elite entstanden, die sich als Problemlöser für die Belange der Gesamtgemeinschaft verstünde. In dieser institutionalisierten Ausnahmeposition des »Zwischenlagers Gefängnis« spiegele sich das allgemeine Unverhältnis der Gesellschaft zu Teilen ihrer eigenen Bevölkerung. An dieser immer stärker werdenden Tendenz zu Sonderinstitutionen könne man den Versuch ablesen, die Wirklichkeit – wenigstens in ihrem Aspekt des eigentlich sozialen Problems – zu ignorieren.

Den Ansatz des therapeutischen Strafvollzugs bestätigt der Psychiater *Klaus Dörner* ebenso für den Bereich psychiatrischer Landeskrankenhäuser, die nicht selten auch schuldunfähige Abgeurteilte aufnehmen müssen. An der Deinstitutionalisierung psychiatrischer Landeskrankenhäuser belegt Dörner seine These, daß staatlicher Gewaltverzicht Bürgergewalt mindere. Vor dem Hintergrund der Rekonstruktion der Geschichte der letzten 200 Jahre hinsichtlich des Umgangs mit psychisch störbaren Bürgern, die Dörner als Aufrüstung staatlicher Gewalt und zunehmende Ausgrenzung und Kolonisierung der psychisch störbaren und störenden Bürger bezeichnet, sei die Umkehr dieser Tendenz seit Ende der 60er Jahre dieses Jahrhunderts in Richtung auf Deinstitutionalisierung und Entkolonisierung um so eindrucksvoller. Möglich sei dies nur aufgrund eines tiefgreifenden Wandels der Denkmodelle der psychiatrisch Tätigen seit den 60er Jahren gewesen. Ökologische Denkansätze hätten uns gelehrt, grundsätzlich vom Haushalt eines Menschen auszugehen als Summe der ihn ausmachenden Beziehungen zwischen Menschen und ihren materiellen Bedingungen. Das bedeute prinzipiell, daß ein Mensch die Befriedigung seiner Grundbedürfnisse nicht in einer Institution und nicht irgendwo brauche, sondern dort, wo er lebe, wo für ihn Heimat sei, wo er am ehesten seine Zugehörigkeit habe, und diese deshalb auch dort kultivieren wolle. Dörner vermutet, daß die Gewaltkommission zu vollständigeren und praktischeren Vorschlägen gekommen wäre, wenn sie nicht derart systematisch die Logik und Ethik des Wirtschaftssystems ausgeklammert hätte. Das Wirtschaftssystem denaturiere jene unbestreitbar Unqualifizierten zu den »Untermenschen« von heute. Nicht sie seien zu qualifizieren, sondern das Wirtschaftssystem sei für sie zu qualifizieren, denn sie hätten dasselbe Recht und dieselben Wünsche wie alle anderen Menschen, sich durch gemeinschaftliches Bearbeiten von Sachen zu verwirklichen. Die psychiatrisch Tätigen hätten in ihrem Bereich gezeigt, daß dies möglich sei. Es sei aber auch möglich, dies zu verallgemeinern.

Mit diesem konstruktiven Plädoyer für eine »innere Abrüstung« staatlicher Repressionen und Institutionen können wir die thematisierten Problemfelder indes nicht verlassen. Alle Plädoyers für »innere Abrüstung« sind zwar in irgendeiner Weise auch Ausdruck konkreter Veränderungsmöglichkeiten, gleichwohl sind es eben nur Ansätze, die es erst mühselig durchzusetzen gilt. Vor dem Hintergrund des Berichts der Gewaltkommission dürfte das abermals schwieriger geworden sein. Alltag im Kriminaljustizsystem dürfte nach wie vor die »grundsätzliche methodische Reduktion der juristisch Reflektierenden« sein, jedenfalls ist das die Grundlage einer praktischen Erfahrung, die in den letzten Jahren von etwa 10000 Bürgerinnen und Bürgern in der Bundesrepublik gemacht wurde, wie *Dorothee Sölle* zum Schluß darlegt. Wie der Staat mit diesen »Minderheiten des Gewissens« umgeht, zeigt der Prolog »Frieden, Justiz und Gewalt« von Dorothee Sölle, ihre Verteidigungsrede in eigener Sache vor dem Amtsgericht in Pirmasens, in der sie den Respekt vor dem Völkerrecht bekundet, Lehren aus der deutschen Geschichte zieht und den historisch neuen Versuch einer Tradition der Bürgerfreiheit unternimmt – und zwar unter Anknüpfung an die religiöse Tradition gewaltfreien Widerstands. Der Epilog spiegelt die strafjustitielle Realität: Im Namen des Volkes! ... Sie ist deshalb zu bestrafen ...

Schwind/Baumann u. a. (Hrsg.), Ursachen, Prävention und Kontrolle von Gewalt, Band I, Endgutachten und Zwischengutachten der Arbeitsgruppen, Berlin 1990. (Im folgenden zitiert als Schwind u. a. 1990 bzw. lediglich Seitenangabe im Text. Dieser Hinweis bezieht sich auf alle folgenden Beiträge in diesem Band.)

Der Bericht der regierungsamtlichen Gewaltkommission umfaßt vier Bände und ist im Frühjahr 1990 im Verlag Duncker & Humblot, Berlin, erschienen. Das Endgutachten ist zusammen mit den Zwischengutachten der Arbeitsgruppe Prävention und der Arbeitsgruppe Repression in Band 1 publiziert, Band 2 enthält die Erstgutachten der acht Unterkommissionen, Band 3 die Sondergutachten sowie die Auslandsgutachten, und Band 4 enthält die Ergebnisse von Repräsentativ-Umfragen über die Einstellung der Bevölkerung der Bundesrepublik Deutschland bzw. in den Mitgliedsstaaten der EG zu Fragen der Gewalt.

Teil 1

Staatliche und gesellschaftliche Gewaltverhältnisse

Jürgen Kocka/Ralph Jessen

Die abnehmende Gewaltsamkeit sozialer Proteste

Vom 18. zum 20. Jahrhundert

Historizität von Gewalt

Auch aus historischer Perspektive ist Gewalt kein einheitliches Phänomen. Selbst wenn man das Problem struktureller Gewalt und kriegerische Konflikte ausblendet und sich auf Erscheinungsformen physischer Gewalt im Binnenraum der Gesellschaft beschränkt, hat sie viele Facetten: Individuelle interpersonelle Gewalt im Rahmen von Herrschaftsbeziehungen oder auch zwischen sozial Gleichrangigen am Arbeitsplatz und in der Familie ist etwa von Gewalt als Mittel und Ausdrucksform des Protests oder von Gewalt als Kernelement staatlicher Herrschaft zu unterscheiden. Diese wiederum kann ganz unterschiedliche Qualität besitzen: als grauenerregende Strafzeremonien des frühneuzeitlichen Staates, als entfesselter faschistischer oder stalinistischer Terror, als rechtsstaatlich legitimierte und begrenzte polizeilich-militärische Ordnungssicherung – um nur drei Varianten zu nennen.

Wie die Allgegenwart von Gewalt in der Geschichte wird man bei genauerem Hinsehen aber auch ihre historische Wandelbarkeit konstatieren. Gewalt ist keine ahistorische Konstante menschlichen Verhaltens. Motive und Legitimationen, Formen und Häufigkeit gewaltgeprägter Handlungen von einzelnen, Gruppen oder Institutionen waren und sind erheblichen Wandlungen unterworfen, und gerade diese historische Variabilität verweist auf die Einbindung des Gewaltphänomens in umfassendere gesellschaftliche Strukturen, Erfahrungsräume und Handlungszusammenhänge. Zum einen hat Gewalt in Staat und Gesellschaft viele Ursachen und Ausdrucksformen, die miteinander in Beziehung stehen und sich gegen monokausale Erklärungen sperren. Zum anderen hat man es stets mit spezifischen historischen Manifestationen des Phänomens gewaltsamen Handelns zu tun, deren Analyse wohl gewisse Grundmuster der Legitimation und Funktion von Gewalt erkennen läßt, aber nicht zu einfachen Handlungsanweisungen für die Gegenwart führt.

Trotz dieser Einschränkung bietet die historische Analyse exemplarischer Fälle gewaltsamen Handelns die Chance, der Komplexität wie auch der Bedeutung von Gewalt in der heutigen Gesellschaft besser gerecht zu werden; gerechter jedenfalls, als es das wenig originelle kulturpessimistische Lamento über den Verfall von Religion, Familie und Staatsautorität wird, das von prominenten Mitgliedern der regierungsamtlichen Gewaltkommission angestimmt worden ist.[1]

Sozialer Protest als Thema: was daran interessiert

Die folgenden Überlegungen nähern sich dem Phänomen innergesellschaftlicher Gewalt am Beispiel der Wandlungen sozialen Protests vom 18. bis zum 20. Jahrhundert. Fünf Gründe sprechen für diese Auswahl:

Erstens ist damit eine Erscheinungsform von Gewalt angesprochen, die weitgehend dem Untersuchungsschwerpunkt der Gewaltkommission der Bundesregierung entspricht. Was dort unter den Stichworten gewaltsame Demonstrationen, Hausbesetzungen oder Gewalt auf Straßen und Plätzen rubriziert wird, läßt sich am ehesten mit dem vergleichen, was man für die Zeit des 18. und 19. Jahrhunderts als sozialen Protest bezeichnet hat: kollektives, zielgerichtetes, normverletzendes Verhalten, das sozialstrukturelle Ursachen hat und oft, aber nicht notwendig gewaltsame Formen annimmt. Zum sozialen Protest in diesem Sinn gehörten Marktunruhen oder Gesellenausstände ebenso wie Katzenmusiken gegen Außenseiter der Dorfgesellschaft, antisemitische Ausschreitungen oder Tumulte gegen Polizei und Steuerbehörden.[2]

Zweitens bieten sich die angedeuteten Fälle gewaltsamen Konfliktaustrags an, weil sie das komplexe Ursachen- und Motivgeflecht zumindest in Umrissen erkennen lassen, das hinter dem spektakulären Einzelereignis stand. Die Protestforschung hat einige Mühe auf die akribische Rekonstruktion des komplizierten Wechselverhältnisses zwischen tiefgreifenden Strukturbrüchen in der Gesellschaft, expandierender Staatsmacht und der Wahrnehmung dieser Veränderungen durch die Protestierenden verwandt. Was dem oberflächlichen Beobachter als pathologische Gewalteruption erscheinen mag, läßt sich als in sich schlüssige, wenn auch meist perspektivlose Antwort auf die Fernwirkungen säkularer Modernisierungsprozesse entschlüsseln.

Drittens kann man mit guten Gründen behaupten, daß der Wandel der Konfliktformen vom spontanen, unorganisierten und gewaltbelasteten Sozialprotest zum kühl geplanten, organisierten und friedlichen Arbeitskampf oder Demonstrationszug ein sehr gewichtiges Beispiel für die Absenkung des innergesellschaftlichen Gewaltniveaus, mithin für einen Prozeß zu mehr Gewaltlosigkeit ist. Das 19. Jahrhundert war nicht nur das »rebellische Jahrhundert«[3], sondern auch die Inkubationszeit formalisierter, ritualisierter und verrechtlichter Verfahren, die dazu beitrugen, die innergesellschaftliche Gewaltschwelle auf die historisch beispiellose Höhe zu heben, auf der sie sich aller Kassandrarufe zum Trotz hier und heute befindet.

Viertens schärft das Beispiel des neuzeitlichen Sozialprotests den Blick für das schwierige Problem der Legitimität von Gewalt, das nicht durch den bequemen Verweis auf das staatliche Gewaltmonopol befriedigend zu lösen ist, wie dies eine selbstgerechte Staatsapologie meint. Auch wenn man das hohe Gut des rechtlich eingehegten staatlichen Gewaltmonopols vernünftigerweise nicht in Frage stellen wird, bleibt doch die historische Erfahrung vielfältiger Spannungslagen, in denen Gewaltanwendung zwar illegal war, aber doch von vielen als legitim angesehen wurde und vielleicht auch langfristig produktive Wirkungen entfaltete, während eine legale, aber ihre Legitimitätsgrenze eindeutig überschreitende Staatsmacht Verbitterung, Widerstand oder Aufruhr provozierte.

Im Zusammenhang damit stellt sich fünftens die Frage nach der friedenstiftenden Wirkung eben dieser Staatsgewalt. Die Vorstellung, ein starker, in die Gesellschaft ausgreifender Staat sei der Garant inneren Friedens, gehört zu den Grundüberzeugungen nicht nur konservativer Politiker. Auch der Bericht der Gewaltkommission scheint diesem Gedanken nahezustehen. Die Geschichte des Sozialprotests gibt Grund zu einigen Zweifeln. In vielen Fällen war der Blutzoll staatlicher Machtdemonstrationen weit höher als der jedes noch so erbitterten Protests. Wenn man von einem langfristigen Sinken des innergesellschaftlichen Gewaltniveaus sprechen kann, dann, so soll hier als These vertreten werden, lag dies weniger an der pazifizierenden Wirkung einer expandierenden Staatsmacht als vielmehr an gesellschaftlichen und politischen

Strukturwandlungen, die dem traditionalen, tendenziell gewaltsamen Protest weitgehend die Grundlagen entzogen und gleichzeitig die Erfolgschancen einer rationalen, organisierten Austragung von Interessenkonflikten erweiterten.

Herkömmlicher Sozialprotest und Gewalt: Formen und Logik

Auch wenn sich der Protestbegriff seit einigen Jahren mehr und mehr erweitert hat und ihm zunehmend nicht-gewaltförmige Varianten des Aufbegehrens zugerechnet werden, waren die Unruhen und Volksproteste, die sich zwischen dem Ende des 18. und der Mitte des 19. Jahrhunderts auch in Deutschland häuften, zum Gutteil mit Gewaltanwendung oder zumindest der Androhung physischen Zwangs verbunden. Ein Überblick über die Auslöser und Anlässe kollektiver Erhebungen bietet zunächst ein verwirrend buntes Bild.

Da erhob sich im Jahre 1790 der »Pöbel« in der Ostseestadt Rostock, zog zum Anwesen eines reichen Getreidehändlers und trug dessen Haus bis auf die Grundmauern ab. Anderen Verkäufern nahm man das Korn weg oder zwang sie, es zu niedrigen Preisen anzubieten.[4] Demselben Muster folgten zahlreiche Subsistenzproteste der kommenden Jahrzehnte. In Zeiten schlechter Ernten und steigender Preise genügte oft schon ein kleiner Anlaß, um wütende Proteste und Selbsthilfemaßnahmen gegen angebliche Wucherer und Spekulanten auszulösen. Es kam zu Tumulten auf Wochenmärkten, der lukrative Export knappen Getreides wurde mit Gewalt unterbunden, man plünderte Kornvorräte und Kartoffelstände oder reduzierte eigenmächtig die Preise dieser Grundnahrungsmittel. Auch der endemische Holzdiebstahl konnte sich im Vormärz zur offenen, kollektiven »Enteignung« geschlagenen Holzes mit anschließender »taxation populaire« ausweiten, und bis in die zweite Hälfte des 19. Jahrhunderts provozierten scheinbar ungerechtfertigte Bierpreiserhöhungen vor allem in süddeutschen Städten umfangreiche »Bierkrawalle«, die nicht selten mit der Zerstörung von Gaststätten endeten, deren Wirte sich der Forderung nach mäßigen Preisen widersetzten.[5]

Gewaltsam waren derartige Aktionen oft schon in ihren ersten Stadien, wenn sich der Angriff auch meist gegen Sachen richtete:

Wagen wurden angehalten, Speicher aufgebrochen, Stände geplündert oder gar ganze Häuser niedergelegt. Verletzte oder Tote gab es jedoch meist erst, wenn die Polizei oder öfter noch das Militär einschritten, um Ruhe und Ordnung wiederherzustellen. Dann weitete sich ein begrenzter Nahrungsmittelprotest oft zur blutigen Schlacht mit der Obrigkeit aus. Diese Eskalationsmechanik findet sich auch bei solchen Protesten, die sich nicht an Nahrungsmittelknappheit und hohen Preisen entzündeten. Ob Handwerksgesellen für die Wiederherstellung ihrer verletzten Standesehre stritten, ob Meister und Gesellen gemeinsam gegen die unliebsame Konkurrenz großer Händler angingen oder ob sich die Berliner Unterschichten gegen das obrigkeitliche Verbot öffentlichen Rauchens auflehnten: Der Empörung über die Verletzung vermeintlicher Rechte oder legitimer Ansprüche folgten direkte, im weiteren Sinne gewaltsame, in der Regel aber bloß gegen Sachen gerichtete Attacken. Eine blutige Wendung nahmen die Ereignisse meist erst mit dem Eingriff der Obrigkeit, die gegen jede Art von Unruhe und Tumult unnachsichtig vorging.

In diesem Sinne exemplarisch war der Verlauf des bekannten Weberaufstands im Jahre 1844. Die verelendeten Heimarbeiter, die sich in den oberschlesischen Weberdörfern gegen das Preisdiktat ihrer Verleger empörten, zerstörten zwar das Hab und Gut der verhaßten Unternehmer, verwüsteten deren Wohnhäuser, vernichteten Maschinen und Fabrikgebäude, zerrissen Rechnungsbücher und Schuldscheine. Sie gingen aber nicht zu Angriffen auf Personen über. Erst die eilig in den Webereidistrikt verlegten Truppen, die den Protest mit großer Härte erstickten und wahllos in die Menschenmenge feuerten, überschritten diese Grenze. Die zwölf Toten, die der schlesische Weberaufstand forderte, gingen auf das Konto der Ordnungsmacht.[6]

Bei zahlreichen Varianten im Detail zeigen die Protestereignisse der hier behandelten Periode markante Gemeinsamkeiten – und zwar nicht nur in den deutschen Territorien, sondern auch in anderen europäischen Ländern an der Schwelle zwischen traditionaler und moderner Gesellschaft. Zumindest vier Charakteristika des traditionellen Sozialprotests lassen sich typisierend hervorheben.

Blickt man auf die soziale Herkunft der Protestierenden, wird rasch klar, warum im Zusammenhang mit diesen Ereignissen manchmal von »Volkstumulten« oder »popular protest« gesprochen wird. In den meisten Fällen liegen die Konfliktfronten recht deutlich zwischen unten und oben: reiche Händler, rücksichtslose Gutsherren, innovative, profitorientierte Unternehmer oder auch die lokalen Repräsentanten der Obrigkeit waren häufig Zielscheibe des Protests der »kleinen Leute«. Die nach Art und Anlaß des Konflikts wechselnde Konfiguration der Akteure zeichnete sich üblicherweise durch ein hohes Maß an sozialer Heterogenität aus. Selbständige Handwerksmeister waren ebenso beteiligt wie abhängig beschäftigte Gesellen und Lehrlinge. Kleine Bauern, ländliche Unterschichten und Dienstboten fanden sich ebenso unter den Trägern des Protests wie verlegte Heimarbeiter und Manufakturarbeiter oder wie die vielgestaltige Gruppe, die man damals verächtlich als Pöbel und Lumpenproletariat bezeichnete.

Frauen wie Männer waren gleichermaßen beteiligt und für manche Protestformen, die besonders eng mit der Nahrungsmittelversorgung und Marktpreisen zusammenhingen, ist die Schlüsselrolle von Frauen hervorgehoben worden.[7] Wenn die sozialen Grenzen der Protestierenden schärfer gezogen waren, folgten sie gewöhnlich den Konturen ständischer Differenzierung. Am deutlichsten findet sich diese Variante bei den vorindustriellen Gesellenaufständen, die sich wohl gegen Obrigkeit oder Zunft richteten, jedoch nicht den Boden eines spezifisch ständischen, um Berufsbewußtsein und Handwerksehre kreisenden Selbstverständnisses verließen und jede Solidarisierung unzünftiger Arbeitergruppen zurückwiesen.[8] Bloß in Ansätzen und eher als Sonderfall – etwa bei den Unruhen der Eisenbahnbauarbeiter – bildeten die Protestierenden eine sozial homogene Gruppe, deren wichtigstes Verbindungselement die gemeinsame Lage und Erfahrung als Lohnarbeiter war.

Neben der sozialen Heterogenität seiner Trägergruppen verdient als weitere Besonderheit des klassischen Sozialprotests seine auffällige Orientierung an traditionellen Vorstellungen von Gerechtigkeit und Fairneß hervorgehoben zu werden. Trotz seiner spektakulären, oft gewalttätigen Formen war der Protest alles andere als aggressiv auf die Umstürzung der bestehenden Verhältnisse gerichtet. Im Gegenteil – sein Horizont lag in der Vergangenheit, nicht in der Zukunft. Die »gute alte Zeit« wurde beschworen und eingefordert, nicht eine neue, bessere Zukunft antizipiert. Den Teuerungstumulten, den eigenmächtigen Preisfestsetzungen und gewaltsamen Exportblockaden lag ein volkstümlicher Konsens darüber zugrunde, daß Lebensmittel in Notzeiten zur Versorgung der Ortsbevölkerung und nicht dem gewinnträchtigen Export zu dienen hätten und daß diese Versorgung zu einem »gerechten Preis« geschehen müsse. Subsistenzsicherung und lokale Autarkie, nicht freier Warenverkehr auf anonymen Märkten, angemessene Preise und nicht Preisbildung nach Angebot und Nachfrage waren die Parameter dieses unökonomischen Denkens. Gleiches galt für Handwerker, die gegen die Konkurrenz unzünftiger »Pfuscher« oder Manufakturen angingen und ihren Protest durch ihr »altes Recht« auf »standesgemäße Nahrung« gerechtfertigt sahen. Und auch wenn die Vertreter der Obrigkeit im Brennpunkt der Empörung standen, geschah dies nicht selten, um sie an ihre traditionelle Pflicht zur Wohlfahrtssicherung im Sinne einer »Guten Polizey« zu erinnern, die von ihnen Schutz und patriarchalische Fürsorge für die Schwachen forderte – sei es durch die Festsetzung billiger Preise oder die Sicherung handwerklicher Privilegien. Die »moral economy« der Unterschichten – dieser Begriff hat sich im Anschluß an die Studien E. P. Thompsons auch in der deutschen Protestforschung eingebürgert – verlieh dem Protest im Bewußtsein der Protestierenden Legitimität.[9] Wenn im Protest die Schranken des geschriebenen Rechts überschritten wurden, geschah dies gewöhnlich im Glauben, hierdurch die hergebrachte Gerechtigkeit wiederherstellen zu können.

Als drittes Spezifikum ist die spontane, unorganisierte und oft gewaltsame Form des Protests zu nennen. Zweifellos lag im ungelenkten Agieren einer großen Menge, in der Empörung des Augenblicks und der direkten Konfrontation mit vermeintlichen Gegnern hergebrachter Rechte viel situative Dynamik, die plötzliche Grenzüberschreitungen, auch in Richtung gewaltsamen Handelns, erleichterte. Dennoch war die Besonderheit des gewalttätigen Protests nicht der spontane, richtungslose Exzeß, den es sicherlich auch gab. Signifikant ist eher die Begrenzung von Gewalt, ihre instrumentelle Funktion und spezifische Rationalität im Protestgeschehen. Ziele gewaltsamer Aktionen waren häufig die Aneignung und Verteilung von Waren, etwa bei Hungerunruhen und Markttumulten oder die scheinbar zwecklose Zerstörung. Während sich im ersten Fall der Sinn gewaltsamen Aufbegehrens noch relativ leicht als Mittel unmittelbarer Bedürfnisbefriedigung in akuter Not nachvollziehen läßt, fällt dies bei der irrational anmutenden Vernichtung ganzer Häuser schwer. Trotzdem erschließt sich gerade hier die Tiefendimension der Gewalt im traditionalen Protest.

In der vormodernen Ständegesellschaft, in der die Grundmuster des Protests ausgebildet wurden, resultierte gesellschaftliche Stabilität zum Gutteil aus einer komplizierten Balance von Rechten und Pflichten, die Herrscher und Beherrschte, Besitzende und Besitzlose wechselseitig verband. Gutsbesitzer, Dienstherrschaft oder Handwerksmeister waren nicht nur Arbeitgeber und Herr, sondern hatten auch eine mehr oder weniger scharf umrissene Pflicht zur sozialen Fürsorge gegenüber ihren Untergebenen. Ein gleiches Verhältnis der Reziprozität bestand im Prinzip auch zwischen Staat und Untertanen: der Pflicht zu Gehorsam und Unterordnung auf seiten des Volkes entsprach die Pflicht zur »Guten Polizey«, zur Erhaltung der allgemeinen Wohlfahrt und zur aktiven Hilfe in Notlagen auf seiten der Obrigkeit. Die Gerechtigkeitsvorstellungen der moral economy haben hier ihre Wurzel.

Solange das Netz wechselseitiger Verpflichtungen hielt und trotz krasser sozialer Ungleichheit die jeweils standesgemäße Lebensführung gesichert war, blieben der gesellschaftliche Interessenausgleich und damit der innere Friede gewährleistet. Wie labil dieser Friede war, zeigte sich erst im Krisen- und Konfliktfall, wenn eine Seite aus ihrem Verpflichtungszusammenhang ausscherte. Da die traditionale Gesellschaft außer der devoten Bitte kaum Möglichkeiten bereithielt, die Ansprüche von Herrschaftsunterworfenen gegenüber Herrschenden in institutionell geregelter Form wirksam zur Geltung zu bringen, waren Ruhe und Stabilität in diesem Fall akut gefährdet. In gebotener Vereinfachung läßt sich sagen, daß der gewaltsame Protest eine der wenigen Chancen von Unterschichtgruppen war, ihre Forderungen unüberhörbar vorzubringen.

Vor diesem Hintergrund erscheinen auch die vorderhand irrationalen Gewaltausbrüche mancher Protestereignisse in einem anderen Licht. Der Angriff auf den Besitz eines reichen Händlers oder ein Bürgermeisteramt mit anschließender Verwüstung von Einrichtung und Mobiliar hatte oft den Charakter einer wohlgezielten Strafe gegen diejenigen, die man etwa wucherischer Bereicherung auf Kosten der Ortsbevölkerung oder mangelnder Fürsorge für die bedürftige Einwohnerschaft bezichtigte. Die demonstrative Vernichtung von Zeichen illegitimen Reichtums oder mißbrauchter Macht verweist eindringlich auf die symbolisch-appellative Funktion der Gewalt im Protest, die sicherlich gewichtiger war als der manifeste Nutzen geplünderter Getreidespeicher.

Nur in den seltensten Fällen wurde Gewalt um ihrer selbst willen angewandt, und auch ihr Einsatz als Mittel unmittelbarer Bedürfnisbefriedigung in drängender Not dürfte eher zweitrangig gewesen sein. Im Vordergrund stand vielmehr ihr Zeichencharakter. In der ständischen Gesellschaft kompensierte der gewaltsame Protest den eklatanten Mangel an friedlichen Artikulationsmöglichkeiten und Partizipationschancen. »Bargaining by riot« – Verhandlung durch Aufruhr, hat man diesen Aspekt des Protests genannt.

Im Hinblick auf gesellschaftliche Stabilität war der Protest in der traditionalen Gesellschaft daher eher ein funktionales Element der Systemstabilisierung als ein Indikator kollektiver Pathologie. Im Erfolgsfall trug der Protest gerade durch seine Gewalthaftigkeit dazu bei, die gestörte innergesellschaftliche Balance neu auszutarieren. Gleichwohl gibt es wenig Grund, den gewaltsamen Sozialprotest unkritisch zu verklären. Nicht nur, weil die sozialen Kosten dieser Art gesellschaftlicher Konfliktregulierung besonders für die Protestierenden hoch waren, die im Zweifelsfall die geballte Macht der Obrigkeit zu spüren bekamen, sondern auch, weil der Protest gerade in seiner Häufung während der ersten Hälfte des 19. Jahrhunderts immer mehr seine regulative Funktion einbüßte und eher ein Zeichen der Ohnmacht als der Gegenmacht war.[10]

Damit ist ein vierter Aspekt des Sozialprotests angeschnitten, der sich auf die strukturellen Hintergründe seiner Hochphase in der Übergangsperiode von der traditionalen zur modernen Gesellschaft bezieht. Schon in zeitgenössischen Deutungen gehörte es zu den gängigen Erklärungsschablonen, im Protest und seinen gewaltsamen Weiterungen vor allem ein beunruhigendes Indiz für den Verfall sittlicher und moralischer Bindungen zu sehen. Die beginnende Urbanisierung und Industrialisierung, der abnehmende Einfluß der Kirche, die größere Mobilität der Bevölkerung und andere Begleiterscheinungen gesellschaftlicher Modernisierung wurden als Ursachen eines bedrohlichen Verlusts sozialer Kontrolle ausgemacht, dem mit einem zügigen Ausbau der staatlichen Ordnungsmacht gegenzusteuern sei. Weniger konservative Zeitgenossen und auch spätere Interpreten sahen dagegen in der Protestwelle des Vormärz vor allem eine Reaktion der Arbeiterschaft auf Pauperismus und frühkapitalistische Ausbeutung.[11] Die neuere Protestforschung hat derart simplifizierende Erklärungen hinter sich gelassen und gleichzeitig den vermuteten Zusammenhang zwischen gesellschaftlichen Modernisierungsprozessen und zeitweiligem Anschwellen gewaltsamer Konflikte schärfer analysiert.

Wenn hier von Modernisierung in der ersten Hälfte des 19. Jahrhunderts gesprochen wird, sind damit tiefgreifende Umwälzungen vor allem auf zwei Ebenen gemeint, die z. T. schon im 18. Jahrhundert einsetzten, jetzt aber größte Breitenwirkung erlangten: zum einen die Durchsetzung einer freien, auf individuellem Eigentum, Lohnarbeit und ungehindertem Warenverkehr beruhenden Marktwirtschaft und zum anderen die Etablierung eines bürokratischen Anstaltsstaats, beides in Wechselwirkung miteinander.[12]

Die Entfaltung der kapitalistischen Marktwirtschaft bedeutete über kurz oder lang das Ende jener kleinräumigen Subsistenzproduktion, die dem patriarchalischen Mutualismus der traditionalen Gesellschaft als Basis diente. Nicht mehr zünftige Regularien und obrigkeitliche Taxordnungen, sondern Angebot und Nachfrage auf überregionalen Märkten sollten über Produktion und Preise entscheiden. An die Stelle des »alten Rechts« auf »angemessene Nahrung«, das Lebenschancen nach Standeszugehörigkeit zuwies, trat das Prinzip individueller Leistung. Das Verhältnis zwischen Meistern und Gesellen versachlichte sich, an die Stelle übergreifenden Standesbewußtseins trat schrittweise die distanzierte Arbeitgeber-Arbeitnehmer-Beziehung. Die Aufhebung der Feudallasten vergrößerte die individuelle Freiheit der Landbevölkerung, zerriß jedoch auch die patriarchalischen Bindungen, die den Gutsuntertanen ein Minimum an Sicherheit gegeben hatten. Nicht weniger gravierend wirkte die Privatisierung ehemals kollektiv genutzter Ressourcen, der Dorfweide oder des Waldes, durch die gerade die ländlichen Unterschichten empfindlich getroffen wurden.

Vergegenwärtigt man sich die Basismotivation des Sozialprotests, die auf die Wiederherstellung alter Rechte und Ansprüche zielte, liegt die konflikttreibende Wirkung der hier nur in wenigen Stichworten angedeuteten ökonomischen Modernisierung auf der Hand. Die große Transformation zur kapitalistischen Moderne verstieß zutiefst gegen die moralische Ökonomie der vorindustriellen Unterschichten und provozierte Widerstand. Die Protestwelle der ersten Hälfte des 19. Jahrhunderts war allerdings nicht nur defensiv, sondern, gemessen an ihren Antrieben, auch chancenlos, da dieselben Modernisierungsprozesse, die den Protest stimulierten, seinen Erfolg auf lange Sicht ausschlossen.

Zugleich mit der ökonomischen Umwälzung und im Wechselspiel mit ihr trug der Staat dazu bei, die Spannungen in der Gesellschaft zu verschärfen. Zum einen schuf er mit Gewerbe- und Agrarreformen erst die Voraussetzungen für die rasche Durchsetzung der Marktwirtschaft. Darüber hinaus zog er sich schrittweise aus Regulierungsfunktionen zurück, die die Folgen ökonomischer Liberalisierung hätten abfedern können. Der umfassende Anspruch des klassischen »Polizeystaats«, Wohlfahrt und Glück seiner Untertanen durch permanente Eingriffe in die Wirtschaft und durch zahllose detaillierte Regularien für das Alltagsleben zu gewährleisten, wurde erheblich zurückgestutzt. An den Staat gerichtete Erwartungen auf Sicherheit und Ausgleich in Notlagen wurden immer öfter enttäuscht.

Komplementär zur Reduktion seiner Wohlfahrtsfunktionen baute der Staat seine repressiven Kapazitäten aus; erst jetzt entstand eine moderne, auf den Erhalt von Sicherheit und Ordnung spezialisierte Polizei. Die lange Tradition frühneuzeitlicher Sozialdisziplinierung fand damit unter geänderten Bedingungen und mit gestärkten staatlichen Eingriffsmitteln ihre Fortsetzung. Nonkonforme Verhaltensweisen, aber auch alle Ansätze, Interessenkonflikte in den ritualisierten Formen des traditionellen Sozialprotests auszutragen, wurden jetzt unnachsichtiger und härter als früher verfolgt – ein Faktor, der ganz erheblich zur steigenden Gewaltsamkeit derartiger Zusammenstöße beitrug.[13]

Vom sozialen Protest zum gewaltfreien Streik

Bisher ist argumentiert worden, daß der beschleunigte Prozeß ökonomischer und politischer Modernisierung vor allem spannungstreibend und gewaltfördernd wirkte. Die Leidtragenden dieser Umwälzungen befanden sich dabei in dem Dilemma, daß ihnen einerseits das traditionelle Deutungsmuster der moral economy und das Handlungsmuster des Protests kaum eine Alternative zur tendenziell gewaltsamen Auflehnung boten, andererseits aber die expandierende Staatsmacht und der ökonomische Strukturwandel die Erfolgschancen dieses Vorgehens drastisch beschnitten. Die Tatsache, daß dieser Prozeß trotz seiner inneren Eskalationsdynamik nicht in eine perspektivlose Spirale der Gewalt mündete, sondern statt dessen mit der Durchsetzung neuer, deutlich gewaltärmerer Konfliktformen überwunden wurde, gehört nicht zu den schlechtesten Beispielen für die Dialektik gesellschaftlicher Modernisierung. Dieselben strukturellen Wandlungen nämlich, die auf der einen Seite erbitterten Widerstand und Verteidigung alter Ansprüche provozierten, legten auf der anderen Seite die Grundlagen einer langfristigen Rationalisierung und Pazifizierung des Konfliktaustrags. Am deutlichsten läßt sich diese Entwicklung am Bedeutungsgewinn des organisierten Arbeitskampfes verfolgen. Sicherlich hat es »befristete kollektive Arbeitsniederlegungen von Lohn- oder Gehaltsabhängigen zur Durchsetzung geforderter Arbeits- und Einkommensverhältnisse«[14] schon in der vorindustriellen Wirtschaft gegeben. Trotzdem ist nicht nur der zur Mitte des 19. Jahrhunderts aus dem Englischen entlehnte Begriff des »Strike«, sondern auch die Sache, um die es geht, untrennbar mit der Durchsetzung des Industriekapitalismus und der Entstehung einer Lohnarbeiterklasse verbunden. Die Aufstände der zünftigen Handwerksgesellen waren zwar auch mit Arbeitsniederlegungen verbunden, unterschieden sich aber sowohl in den Aktionsformen – Abwanderung, Verrufserklärung – als auch in ihrer vornehmlich berufsständischen Orientierung und ihrem Anspruch auf soziale Exklusivität sehr deutlich von den proletarischen Lohnbewegungen, die in der zweiten Hälfte des 19. Jahrhunderts zur wichtigsten Form offener Konfliktführung in der Klassengesellschaft wurden.

Stellt man Streik und sozialen Protest einander typisierend gegenüber, werden die Unterschiede sehr klar. Wo im Protest eine heterogene Volksmenge agierte, treten als Streikende nur Lohnabhängige auf, die kollektiv die Arbeit niederlegen, um Arbeitsbedingungen oder Lohnhöhe zu beeinflussen. Ziel und Mittel des Sozialprotests waren dagegen weit weniger scharf umgrenzt: Die Wiederherstellung hergebrachter Gerechtigkeit, um die es häufig ging, konnte sich auf vieles beziehen, und die Kampfmittel reichten vom Straßenauflauf bis zum Maschinensturm. Der Streik wurde immer mehr zum offensiven, rational geplanten, organisierten und – in Deutschland seit den 60er Jahren – legalen Mittel zur Verbesserung der Lebenschancen abhängig Beschäftigter. Der Protest blieb spontan, lokal beschränkt, unorganisiert, illegal und in seiner Stoßrichtung defensiv. Und schließlich: Während man dem Streik generell Gewaltfreiheit attestieren kann, von der nur in Ausnahmefällen abgewichen wurde, lag im Protest stets die Gefahr gewaltsamer Eskalation.

Wie ist es zu erklären, daß der Streik als Konfliktmuster seit dem Durchbruch der industriellen Revolution in Deutschland gegenüber dem gewaltbelasteten Protest so stark an Gewicht gewann? Wenigstens fünf Gründe lassen sich anführen.[15]

Erstens erwies sich das Abwehrmittel des Sozialprotests als immer weniger erfolgreich. In einer Gesellschaft, in der sich ständisch-patriarchalische Strukturen in beschleunigter Auflösung befanden, wurde die dem Protest zugrundeliegende Logik nicht mehr als Anspruchsgrundlage und Handlungslegitimation erkannt und akzeptiert. Das scheinbar starrsinnige Beharren auf »altem Recht« erschien als perspektivlos und rückständig, die demonstrativ-appellative Funktion der Gewalt im Protest blieb unverstanden und wurde lediglich Anlaß härtester Repression. Der Protest büßte seine »bargaining« Funktion aber nicht nur deshalb ein, weil sich die Seite, an die man Ansprüche richtete, aus dem Dialog zurückzog, sondern auch, weil die gewandelten sozioökonomischen Strukturen ihren Erfolg immer mehr ausschlossen. Gegenüber den großen anonymen Kräften des Marktes mußte die spontane lokale Auflehnung, die immer auch von der Personalisierung ihrer Gegner lebte, hilflos bleiben. Gegen die Auswirkungen einer internationalen Konjunkturkrise konnte kein noch so leidenschaftlicher Marktkrawall etwas ausrichten.

Zweitens entstand mit der Durchsetzung der kapitalistischen Industriegesellschaft ein neues Grundmuster sozialer Ungleichheit, das sich von dem der älteren Ständegesellschaft abhob.[16] Die gemeinsame Marktlage wurde für die anschwellende Masse der besitzlosen Lohnarbeiter zur prägenden Grunderfahrung, die tendenziell die vielfältigen traditionellen Differenzierungslinien nach Herkunft, Beruf oder Religion überspielte. Lohnabhängigkeit bildete den Kristallisationskern proletarischer Klassenbildung, an den sich mehr und mehr andere Dimensionen gemeinsamer, von anderen Gesellschaftsgruppen deutlich abgehobener Lebensformen anlagerten. So wurde der Lohnarbeiterstatus nicht nur zur verbindenden, Kollektivbewußtsein und Solidarität erzeugenden Grundlage der Klassenbildung, sondern zugleich zum Fokus aller Bemühungen, die gemeinsame Lebenslage zu verändern. Wenn von den Konsummöglichkeiten über die Wohnverhältnisse bis hin zu den Bildungschancen der eigenen Kinder und dem gesellschaftlichen Ansehen in der Gemeinde alle Aspekte der Lebensführung von der Lohnabhängigkeit bestimmt wurden, mußte hier der Hebel zur Verbesserung ansetzen. Und dieser Hebel war immer öfter der Streik.

Drittens hatten kollektive Arbeitsniederlegungen mit dem Ziel der Lohnerhöhung oder Arbeitszeitverkürzung weit höhere Erfolgschancen als der herkömmliche Protest, weil sie die spezifische Logik des Marktes nutzten, statt sie grundsätzlich zu verwerfen. Die Arbeiterklasse war zuallererst Marktklasse, und auch wenn dies Ausgeliefertsein an undurchschaubare Mechanismen bedeutete, bot sich die Möglichkeit, das Marktprinzip zu nutzen und den Preis der Arbeitskraft durch solidarisches Handeln in die Höhe zu treiben. Bei allem Leid, das die frühkapitalistische Industrialisierung für die junge Arbeiterschaft mit sich brachte, war diese letztlich Teil des Marktsystems und nicht wie die vorindustriellen »Volksmassen« und Träger des Sozialprotests dessen Opfer. Wo sich traditionsbewußte Handwerksmeister oder -gesellen, die Benachteiligten der landwirtschaftlichen Kommerzialisierung oder städtische Unterschichten gegen die bitteren Konsequenzen der Marktexpansion erhoben, handelten Arbeiter immer öfter systemkonform. Man kann dieses Einschwenken in die Rationalität des Marktes z. B. daran ablesen, daß Streiks seit der Hochkonjunktur Ende der 60er, Anfang der 70er Jahre des 19. Jahrhunderts immer öfter darauf zielten, den Boom prozyklisch für Lohnerhöhungen zu nutzen, statt wie noch vor einigen Jahren in der Krise aus relativ aussichtsloser Position heraus Einkommensverschlechterungen abzuwehren.[17]

Die in der bewußten Synchronisation von Streikzeitpunkt und Konjunkturverlauf zutage tretende Zweckrationalität des Kampfverhaltens prägte viertens auch in wachsendem Maße die Formen der Auseinandersetzung. Die frühen Arbeitskämpfe wiesen noch zahlreiche Berührungspunkte mit dem herkömmlichen Protest auf: sie entstanden spontan, waren oftmals Reaktion auf verschlechterte Lohn- und Arbeitsbedingungen, verliefen ohne feste Leitung und blieben lokal beschränkt. Bald erzwangen jedoch die Erfolgsbedingungen des Arbeitskampfes im Kapitalismus Schritte in Richtung rationaler Planung und Organisation. Um einen längeren Ausstand durchstehen zu können, mußten lange vorher Streikfonds angesammelt werden. Die Auseinandersetzung mußte nicht nur langfristig vorbereitet, sondern ihr Zeitpunkt auch sehr genau abgewogen werden. Vorausschau und Organisation traten an die Stelle spontaner Empörung. In dieselbe Richtung wirkte die Möglichkeit, die Wirksamkeit von Kampfmaßnahmen durch branchenübergreifende und überlokale Solidarität zu erhöhen. Es liegt auf der Hand, daß derart vielfältige Koordinations-, Planungs- und Leitungsfunktionen nur von dauerhaften Organisationen übernommen werden konnten, die den Streik gewissermaßen verwalteten. Mit einiger Folgerichtigkeit wurde daher die Verbreitung des modernen Arbeitskampfes von der Entstehung zunächst berufsbezogener Gewerkschaften begleitet. Gewaltsame Aktionen, die im Protest als Mittel unmittelbarer Selbsthilfe oder als symbolische Handlung ihren festen Platz hatten, waren im modernen Streik weitgehend dysfunktional und spielten allenfalls beim Vorgehen gegen Streikbrecher eine Rolle. Soweit hierbei oder in anderen Situationen des auch emotionalisierten Massenereignisses Streik die Gefahr gewaltsamer Zusammenstöße drohte, wirkten die Gewerkschaften in aller Regel als erfolgreiche Disziplinierungsagenturen, die von ihren Angehörigen im Interesse des gemeinsamen Ziels die strikte Einhaltung des »Streikreglements« verlangten.[18]

Fünftens war die Entwicklung des friedlichen Streiks nur Teilaspekt eines breiteren Trends zur Ausbildung formalisierter, verrechtlichter und bürokratisierter Verfahren der Interessenvertretung und Konfliktregulierung, der im Kaiserreich trotz aller Unversöhnlichkeit der politischen Konfrontation zwischen Arbeiterbewegung und herrschenden Eliten immer mehr zum Tragen kam.

In engem Zusammenhang mit der gewerkschaftlichen Verbandsbildung stand etwa die Formierung der sozialdemokratischen Partei, die nach 1890 über ihr Organisationsnetzwerk immer mehr Arbeiter an sich band, denen sie mit einem zukunftsorientierten »wissenschaftlichen« Programm eine Art innerweltlicher Heilsgewißheit gab, die ungeduldigen oder gar gewaltsamen Aktionismus überflüssig zu machen schien. Bei aller Gegnerschaft zum wilhelminischen Obrigkeitsstaat ging die immer einflußreicher werdende Arbeiterbewegung nie auf aktiven Konfrontationskurs, der – man denke an die anarchistische Bewegung – ja auch denkbar gewesen wäre. Man nutzte vielmehr taktisch geschickt die Partizipationsmöglichkeiten des gleichen Reichstagswahlrechts für Männer und erklärte der staatlichen Repressionspolitik gegenüber unbedingte Gewaltfreiheit zum Programm: »An unserer Gesetzlichkeit müssen unsere Feinde zugrundegehen!«[19] Auch wenn diese Mahnung nicht alle Arbeiter erreichte, darf die pazifizierende Wirkung des sozialdemokratischen Legalismus und sozialdemokratischer Organisationsdisziplin nicht unterschätzt werden.

Auch der Staat beschränkte sich bekanntlich nicht darauf, die Arbeiterbewegung zu verfolgen und zu schikanieren, sondern versuchte seit den 80er Jahren, den sozialen Folgen kapitalistischer Industrialisierung mit seiner neuen Sozialpolitik die Spitze zu nehmen und damit die Gefahr einer gewalttätigen Austragung sozialer Gegensätze zu verringern. Man hat diese und andere Erscheinungsformen der Verbandsbildung und interventionsstaatlicher Praxis mit dem Begriff des »organisierten Kapitalismus« zu fassen versucht, und auch wenn dieser Formierungsprozeß nicht ohne Widersprüche und Gegentendenzen geblieben ist – auf Grenzen und Widersprüche wird gleich noch hinzuweisen sein –, trug er doch zur Anhebung der innergesellschaftlichen Gewaltschwelle bei.

Staatliche Machtentfaltung contra soziale Pazifizierung

Der ökonomische und soziale Modernisierungsprozeß, so das bisherige Argument, trug nach Überwindung einer krisen- und konfliktreichen Übergangsperiode mit hoher Gewaltbelastung langfristig zu einer spürbaren Absenkung des Gewaltniveaus kollektiver sozialer Konflikte bei. Wäre es aber nicht auch plausibel, den Rückgang der Gewalt auf diesem Feld als Resultat erfolgreicher staatlicher Machtentfaltung zu interpretieren? Schließlich entstand ein moderner Polizeiapparat genau in dieser Zeit, und zwar aus Gründen, die zum Gutteil mit der Verschärfung sozialer Konflikte in der entstehenden Klassengesellschaft zu tun hatten. Auch wenn es kaum möglich ist, die verschiedenen Einflußgrößen exakt zu gewichten, fällt die Antwort auf diese Frage doch negativ aus. Der Blick auf die Praxis des staatlichen Repressionsapparates gegenüber gesellschaftlichen Auseinandersetzungen gibt wenig Anlaß zu der Vermutung, daß ausgerechnet die Gewalt des Staates die Gewalt in der Gesellschaft zurückdämmte. Im Gegenteil.

Auf die notorisch eskalierende Wirkung von Polizei- und Militäreingriffen in den Ablauf von Protestaktionen ist schon eingegangen worden. Im Kontext des Protests gingen Tote und Verletzte in aller Regel auf das Eingreifen von Polizei und Militär zurück.

Aber selbst wenn man diese Opfer als den notwendigen Preis für die wiederhergestellte Ordnung einkalkulieren wollte, ginge die Rechnung nicht auf. Der gewaltsame Eingriff der Staatsmacht wurde nämlich so oft selbst wieder zum Anstoß volkstümlichen Widerstands, daß vorgeschlagen worden ist, unter den Protestarten eine eigene Kategorie des »Anti-Gewaltprotests« hervorzuheben.[20]

Wie an kaum einer anderen Stelle wird an diesen Eskalationsprozessen zudem deutlich, wie prekär die vorschnelle Gleichsetzung von legitimer Gewalt mit legalen Gewaltträgern ist. Legitim für wen ist die Frage. Den protestierenden Volksmassen erschien ihr Vorgehen durch Not, verletztes Gerechtigkeitsempfinden und die Denkmuster der moral economy als zutiefst gerechtfertigt, während der legalen Gewalt der Ordnungsmacht – besonders dann, wenn diese mit überschießender Härte vorging – von vielen die Legitimität bestritten wurde und Widerstand berechtigt erschien.

Wie wenig Polizei, Militär und Justiz zur strukturellen Pazifizierung des Konfliktaustrags beitrugen, läßt sich an zahlreichen Streiks beobachten. Sei es beim großen Bergarbeiterstreik von 1889, bei den sogenannten »Herner Krawallen« zehn Jahre später oder den blutigen Streikunruhen in Berlin Moabit im Jahr 1910 – das selbstherrliche, provokatorische und äußerst harte Eingreifen der Ordnungskräfte trieb diese Ereignisse in die gewaltsame Eskalation.[21] Eines der größten Hindernisse bei der fortschreitenden Rationalisierung und Pazifizierung großer sozialer Konflikte blieb in Deutschland bis 1914 – dies läßt sich ohne große Übertreibung sagen – der staatliche Repressionsapparat, der eng mit dem Unternehmerlager kooperierte, den Ausständen der Arbeiter ihre Berechtigung bestritt und die mangelnden gesetzlichen Möglichkeiten zum Streikverbot mit administrativen Finessen umging.

Den kontraproduktiven Umgang des Obrigkeitsstaats mit der Gewalt läßt schlaglichtartig ein Beispiel aus der Jurisdiktion erkennen, das zugleich die Schlüsselrolle staatlicher Definitionsprozesse bei der Frage illustriert, welches Verhalten als Gewalt angesehen wird und welches nicht. Man kann – nebenbei bemerkt – die Streikpostenjudikatur deutscher Gerichte des ausgehenden 19. Jahrhunderts, auf die hier hingewiesen werden soll, getrost als historisches Pendant zur jüngst vergangenen Debatte über Sitzblockaden, Nötigung und Gewalt in der Bundesrepublik ansehen. Im Bestreben, den Streikposten gewalttätige und somit verbotene

Übergriffe auf arbeitswillige Kollegen nachzuweisen, verstiegen sich etliche Richter zu grotesken Konstruktionen. Vom Schimpfwort über das demonstrative Ausspucken bis hin zu höhnischen Bemerkungen wurde so ziemlich jede Unmutsäußerung der Ausständischen gegenüber Streikbrechern als Ausübung oder Androhung von Gewalt gedeutet. Ernstgemeinte Stimmen forderten gar, die bloße physische Anwesenheit der Streikposten als Gewalttat zu interpretieren.[22] Wenn konservative Zeitgenossen in Bürokratie und Bürgertum von einer angeblichen Zunahme der Gewalt in Arbeitskämpfen und dem »Streikterrorismus« der Gewerkschaften sprachen, saßen sie letztlich einer durch solche Definitionsprozesse gestützten Fehlperzeption auf, die den generellen Trend abnehmender Gewalt bei kollektiven Sozialkonflikten verkannte.

Auch wenn an der langfristigen Pazifizierung der Austragungsformen sozialer Spannungen als Entwicklungstendenz des 19. Jahrhunderts wenig Zweifel bestehen kann, stieß dieser Prozeß doch an Grenzen. Streik, Boykott und friedliche Straßendemonstration hatten den klassischen Sozialprotest als Mittel der Interessenartikulation und -durchsetzung zwar marginalisiert, aber doch nicht gänzlich verdrängt. Vor allem zwei Gründe kommen für die Persistenz und für das phasenweise Wiederaufflackern des Protests in der modernen Klassengesellschaft in Betracht.

Der eine ist mit dem Hinweis auf die spannungstreibende Wirkung der staatlichen Repressionspraxis im Kaiserreich bereits angesprochen worden. Je länger das herrschende Kartell aus alten Eliten und Bürgertum der Arbeiterklasse gesellschaftliche Anerkennung und volle politische Rechte verweigerte, je hartnäckiger selbstherrliche Schwerindustrielle sich gegen kollektive Tarifvereinbarungen sperrten und die Gewerkschaften bekämpften, statt mit ihnen zu verhandeln, und je offener die Polizei der Arbeiterschaft als parteiliche, feindliche Macht gegenübertrat, desto mehr gefährdeten sie den Prozeß abnehmender Gewaltsamkeit.

Grenzen waren dem Strukturwandel der Konfliktformen aber auch dadurch gezogen, daß nur ein Teil der Arbeiterschaft in den geschilderten Organisationsprozeß einbezogen wurde. Gewerkschaften und Sozialdemokratie waren bekanntlich vor allem für seßhafte, städtische Industriearbeiter mit relativ hohem Qualifikationsniveau attraktiv. Ungelernte Hilfskräfte, Landarbeiter und solche Arbeitskräfte, die gerade erst die Land-Stadt-Wanderung hinter sich gebracht hatten, wurden ebenso wie die allermeisten

Arbeiterinnen und das Heer der mobilen, unstetig beschäftigten Unterschichten von den Organisationsanstrengungen der Arbeiterbewegung kaum erreicht. Auch profitierten sie wohl am wenigsten von den Anfängen sozialstaatlicher Interventionen und standen nur in relativ lockerer oder erst kurzer Beziehung zu den verhaltensprägenden Einflüssen industrieller Arbeit.

In diesen Gruppen hielten sich am ehesten die Traditionen des Sozialprotests, die in besonderen Spannungssituationen aktualisiert werden konnten. Bei den Ausschreitungen im Zuge eines spontanen Bergarbeiterstreiks in der westfälischen Stadt Herne im Jahr 1899 traten z. B. insbesondere junge polnische Bergleute hervor, die erst vor kurzem aus den preußischen Ostprovinzen zugewandert waren und weder in ihrer neuen Umgebung noch am Arbeitsplatz, noch in Gewerkschaften oder Parteien eingebunden waren. Ihre erhöhte Bereitschaft zu spontanen, direkten Aktionen führte im Zusammenspiel mit einem unverhältnismäßig brutalen Polizei- und Militäreinsatz zur gewalttätigen Eskalation. Einem ähnlichen Muster folgten etwa 1906 die Wahlrechtsunruhen in Hamburg oder 1910 die blutigen Tumulte im Zusammenhang mit einem Kohlenträgerstreik in Moabit: unkoordinierte und ungeplante Proteste städtischer Unterschichtengruppen und der scharf repressive Zugriff der Ordnungsmacht schaukelten sich gegenseitig hoch. Tote und Verletzte waren dabei fast immer – dies sollte noch einmal hervorgehoben werden – Opfer der Polizei.[23]

Der Gegensatz zwischen »rauher« und »respektabler« Arbeiterschaft, der gegen Ende des Kaiserreichs eher zu- als abnahm und während der Weimarer Zeit in gebrochener und politisierter Form auch die Spaltung der Arbeiterbewegung in SPD und KPD beeinflußte, markierte nicht nur eine Grenze der geschilderten Integrations- und Disziplinierungsprozesse, sondern stellte in gewisser Weise selbst einen Nebeneffekt dieser Entwicklung dar. Je mehr nämlich Ordnung, Selbstbeherrschung und Gesetzestreue im sozialdemokratisch-gewerkschaftlichen Milieu als unabdingbare Voraussetzungen gesellschaftlicher Reputation in feindlicher Umwelt verinnerlicht wurden, desto mehr entfremdete man sich von den Teilen der Arbeiterschaft, die aufgrund ihrer Lage und Erfahrungen weniger auf kleinbürgerliche Respektabilität fixiert waren. Gerade weil die Selbstdisziplinierung der organisierten Arbeiterschaft so wirkungsvoll war, blieb ihre Reichweite beschränkt.

Konsequenzen und Thesen

Man wird den Sozialprotest mit seiner doppelten Bindung an die traditionale Gesellschaft, die ihn legitimierte, und die moderne Gesellschaft, die ihn provozierte, nicht ohne weiteres mit Hausbesetzungen oder Demonstrationskrawallen heute gleichsetzen können. Trägergruppen und Motive unterscheiden sich ebenso wie die sozio-ökonomischen und politischen Rahmenbedingungen. Auch zeigt die leidvolle Geschichte der Weimarer Republik und erst recht des Nationalsozialismus, daß der Bedeutungsverlust von Gewalt auf einer Ebene gesellschaftlicher Konflikte nicht notwendig auf andere Bereiche ausstrahlt und diese innere Pazifizierung katastrophale Rückschläge durchmachen kann. Versucht man trotz dieser Einschränkungen aus dem Formwandel des Sozialprotests im 19. Jahrhundert einige Schlüsse zu ziehen, die für die aktuelle Diskussion um Gewalt in der Gesellschaft nützlich sein könnten, ist an folgendes zu erinnern:

Auf lange Sicht hat Gewaltanwendung im Raum vorpolitischer kollektiver Auseinandersetzungen offensichtlich abgenommen. Wenn manchmal resignierend auf die subtilen Disziplinierungsstrukturen der modernen Marktgesellschaft und bürokratischer Großorganisationen hingewiesen und der Verlust von Spontaneität und lebensweltlicher Autonomie einer vorbürgerlichen Volkskultur beklagt wird, wird leicht übersehen, daß diesen spröden Modernisierungsprozessen neben anderem ein erheblicher Zugewinn an Rationalität, Berechenbarkeit und Gewaltfreiheit bei der Austragung von Interessenkonflikten zu verdanken ist. Zugleich spricht der Befund langfristig abnehmender Gewaltsamkeit und auch der direkte Vergleich zwischen heutigen und früheren Protestformen gegen eine Dramatisierung und Überbewertung kollektiver Gewalt heute.

Der komplexe Legitimationszusammenhang und die oftmals demonstrative Funktion von Gewalt im Protest sollten vielleicht auch dazu anregen, vor einer umstandslosen Verurteilung heutiger gewaltsamer Protestereignisse deren Motive und Zwecke genauer und ernsthafter zu überprüfen. Dies gilt allemal für rein demonstrative Akte wie Sitzblockaden oder ähnliches, deren Gewaltcharakter mit guten Gründen angezweifelt werden kann und deren symbolische Funktion offensichtlich ist. Aber es könnte ja auch lohnend sein, nach der Berechtigung der Anliegen zu fragen, die hinter einer Bauplatzbesetzung oder der Okkupation leerstehenden Wohnraums stehen. Vor allem wäre zu fragen, auf welche Defizite diese Aktionen hinweisen, bevor eine rein repressive Reaktion alle Chancen auf Dialog und Ausgleich zerstört. Eines nämlich läßt sich aus der Geschichte des Sozialprotests mit einiger Sicherheit lernen: staatliche Repression treibt die Spirale der Gewalt eher an, als daß sie sie zum Stillstand bringt.

Einige Thesen zum Schluß:

1. Aus der Perspektive der Geschichtswissenschaft fällt auf, daß der Kommissionsbericht die historische Langzeitentwicklung nicht ausreichend würdigt.

2. Im Vergleich zum unterschwelligen Bürgerkriegsklima der Weimarer Republik, aber auch zu zahlreichen Protestfällen des 18. und 19. Jahrhunderts, zeichnen sich die sozialen und politischen Konflikte in Deutschland bisher durch ein geringes Maß an Gewaltsamkeit aus.

3. Wenn wir in einer der gewaltärmsten Perioden unserer Geschichte leben, wird man bezweifeln müssen, ob tatsächlich besonderer Handlungsbedarf existiert – wovon Regierung und Gewaltkommission aber auszugehen scheinen.

4. Der langfristige Rückgang der Gewaltsamkeit in der Gesellschaft ist nicht auf staatliche Machtentfaltung und Sanktionspolitik zurückzuführen. Vielmehr hat staatliche Repression die Gewaltsamkeit sozialer Proteste eher gesteigert.

Anmerkungen

1 Siehe H.-D. Schwind, *Mandate, Structure, and working Methods of the German »Independent Federal Commission for the Prevention and Combat of Violence (Violence-Commission)«*, in: *Papers on the Workshop 212 of the 10th International Congress on Criminology*, Wiesbaden 1988, S. 19-25, hier: S. 23.

2 Eine verbindliche Definition dessen, was man unter sozialem Protest zu verstehen hat, gibt es nicht. Die hier vorgeschlagene Eingrenzung lehnt sich an die Definition von H. Volkmann und J. Bergmann an. Siehe H. Volkmann/J. Bergmann (Hrsg.), *Sozialer Protest. Studien zu traditioneller Resistenz und kollektiver Gewalt in Deutschland vom Vormärz bis zur Reichsgründung*, Opladen 1984, Einleitung, S. 14. Vgl.

auch K. Hausen, *Schwierigkeiten mit dem »sozialen Protest«. Kritische Anmerkungen zu einem historischen Forschungsansatz*, in: *Geschichte und Gesellschaft*, Nr. 3 (1977), S. 257-263; H.-G. Haupt, *Zur historischen Analyse von Gewalt*, in: ebda., S. 236-256; W. Giesselmann, *Protest als Gegenstand sozialgeschichtlicher Forschung*, in: W. Schieder/V. Sellin (Hrsg.), *Sozialgeschichte in Deutschland. Entwicklung und Perspektiven im internationalen Zusammenhang*, Bd. 3: *Soziales Verhalten und soziale Aktionsformen in der Geschichte*, Göttingen 1987, S. 50-77.

3 So der Titel des Klassikers der quantifizierenden Protestforschung: Ch. Tilly/L. Tilly/R. Tilly, *The Rebellious Century. 1830-1930*, Cambridge, Mass. 1975.

4 A. Herzig, *Unterschichtenprotest in Deutschland 1790-1870*, Göttingen 1988, S. 47. Dort auch Schilderung und Analyse zahlreicher weiterer Protestereignisse.

5 Vgl. ebda., S. 22ff; M. Gailus, *Pöbelexzesse und Volkstumulte im Berliner Vormärz*, in: Ders. (Hrsg.), *Pöbelexzesse und Volkstumulte in Berlin. Zur Sozialgeschichte der Straße (1830-1980)*, Berlin 1984, S. 1-41; J. Mooser, *»Furcht bewahrt das Holz«. Holzdiebstahl und sozialer Konflikt in der ländlichen Gesellschaft 1800-1850 an westfälischen Beispielen*, in: H. Reif (Hrsg.), *Räuber, Volk und Obrigkeit. Studien zur Geschichte der Kriminalität in Deutschland seit dem 18. Jahrhundert*, Frankfurt a. M. 1984, S. 43-99; L. Machtan/R. Ott, *»Batzebier!« Überlegungen zur sozialen Protestbewegung in den Jahren nach der Reichsgründung am Beispiel der süddeutschen Bierkrawalle vom Frühjahr 1873*, in: H. Volkmann/J. Bergmann (Hrsg.), *Sozialer Protest*, S. 128-166; W. K. Blessing, *»Theuerungsexcesse« im vorrevolutionären Kontext – Getreidetumulte und Bierkrawall im späten Vormärz*, in: W. Conze/U. Engelhardt (Hrsg.), *Arbeiterexistenz im 19. Jahrhundert. Lebensgestaltung deutscher Arbeiter und Handwerker*, Stuttgart 1981, S. 356-384, und die Beiträge in D. Puls u. a., *Wahrnehmungsformen und Protestverhalten. Studien zur Lage der Unterschichten im 18. und 19. Jahrhundert*, Frankfurt a. M. 1979.

6 Vgl. W. Büttner, *Der Weberaufstand in Schlesien 1844*, in: H. Reinalter (Hrsg.), *Demokratische und soziale Protestbewegungen in Mitteleuropa 1815–1848/49*, Frankfurt a. M. 1986, S. 202-229.

7 Siehe z. B. C. Lipp/S. Kienitz/B. Binder, *Frauen bei Brotkrawallen, Straßentumulten und Katzenmusiken – Zum politischen Verhalten von Frauen 1847 und in der Revolution 1848/49*, in: P. Assion (Hrsg.), *Transformation der Arbeiterkultur*, Marburg 1986, S. 49-63.

8 Vgl. A. Grießinger, *Das symbolische Kapital der Ehre. Streikbewegungen und kollektives Bewußtsein deutscher Handwerksgesellen im 18. Jahrhundert*, Frankfurt a. M. u. a. 1981.

9 E. P. Thompson, *Die »moralische Ökonomie« der englischen Unterschichten im 18. Jahrhundert*, in: Ders., *Plebeische Kultur und morali-*

sche Ökonomie. Aufsätze zur englischen Sozialgeschichte des 18. und 19. Jahrhunderts, Frankfurt a. M. u. a. 1980, S. 67-130.

10 Siehe W. Kaschuba, *Protest und Gewalt – Körpersprache und Gruppenrituale von Arbeitern im Vormärz und 1848*, in: P. Assion (Hrsg.), *Transformation der Arbeiterkultur*, S. 30-48, hier: S. 38f; H.-G. Husung, *Gewalt im historischen Manifestationsfeld Protest/Streik*, in: J. Calließ (Hrsg.), *Gewalt in der Geschichte. Beiträge zur Gewaltaufklärung im Dienste des Friedens*, Düsseldorf 1983, S. 244-269.

11 Zur letzten Deutungsrichtung vgl. z. B. W. Büttner, *Weberaufstand* (siehe Anm. 6). Zum zeitgenössischen Diskurs über Sittenverfall und gesellschaftliche Destabilisierung im Zuge des Industrialisierungsprozesses siehe die Quellensammlung von C. Jantke/D. Hilger (Hrsg.), *Die Eigentumslosen. Der deutsche Pauperismus und die Emanzipationskrise in Darstellungen und Deutungen der zeitgenössischen Literatur*, München 1965, sowie: K.-M. Bogdal, *»Schaurige Bilder«. Der Arbeiter im Blick des Bürgers am Beispiel des Naturalismus*, Frankfurt a. M. 1978.

12 Vgl. H.-U. Wehler, *Deutsche Gesellschaftsgeschichte*, Bd. 2: *Von der Reformära bis zur industriellen und politischen »Deutschen Doppelrevolution« 1815-1845/49*, München 1987.

13 A. Lüdtke, *»Gemeinwohl«, Polizei und »Festungspraxis«. Staatliche Gewaltsamkeit und innere Verwaltung in Preußen, 1815-1850*, Göttingen 1982; A. Funk, *Polizei und Rechtsstaat. Die Entwicklung des staatlichen Gewaltmonopols in Preußen 1848-1914*, Frankfurt a. M./New York 1986.

14 So die Definition von K. Tenfelde u. H. Volkmann, in: Dies. (Hrsg.), *Streik. Zur Geschichte des Arbeitskampfes in Deutschland während der Industrialisierung*, München 1981, Einführung, S. 17.

15 Vgl. K. Tenfelde, *Gewalt und Konfliktregelung in den Arbeitskämpfen der Ruhrbergleute bis 1918*, in: F. Engel-Janose (Hrsg.), *Gewalt und Gewaltlosigkeit. Probleme des 20. Jahrhunderts*, München 1977, S. 185-236, hier: S. 188. Vgl. U. Engelhardt, *Von der »Unruhe« zum »Strike«. Hauptzielsetzungen und -erscheinungsformen des sozialen Protests beim Übergang zur organisierten Gewerkschaftsbewegung 1848/49-1869/70*, in: H. Volkmann/J. Bergmann (Hrsg.), *Sozialer Protest*, S. 228-252 (siehe Anm. 2).

16 Siehe hierzu J. Kocka, *Lohnarbeit und Klassenbildung. Arbeiter und Arbeiterbewegung in Deutschland 1800-1875*, Berlin/Bonn 1983.

17 U. Engelhardt, *Zur Entwicklung der Streikbewegung in der ersten Industrialisierungsphase und zur Funktion von Streiks bei der Konstituierung der Gewerkschaftsbewegung in Deutschland*, in: *IWK* 15 (1979), S. 547-569.

18 Siehe U. Engelhardt, *Von der »Unruhe« zum »Strike«*, a.a.O., und Ders., *Arbeitskämpfe als Instrument der Lageverbesserung? Zur Moti-*

vation, Zielsetzung und Effizienz von Streikbewegungen in der Vorbereitungs- und Konstituierungsphase der Gewerkschaftsbewegung, in: W. Conze/U. Engelhardt (Hrsg.), *Arbeiterexistenz im 19. Jahrhundert*, S. 385-409 (siehe Anm. 5); K. Schönhoven, *Die deutschen Gewerkschaften*, Frankfurt a. M. 1987, S. 58 ff.

19 Zitiert nach D. Lehnert, *Sozialdemokratie zwischen Protestbewegung und Regierungspartei 1848 bis 1983*, Frankfurt a. M. 1983, S. 69. Zur Einübung moderner Artikulations- und Konfliktformen durch die Arbeiterbewegung siehe auch: *»Als die Deutschen demonstrieren lernten.« Das Kulturmuster friedliche Straßendemonstration im preußischen Wahlrechtskampf 1908-1910*. Ausstellungskatalog, hrsg. v. Ludwig-Uhland-Institut für empirische Kulturwissenschaft der Universität Tübingen, Tübingen 1986.

20 A. Herzig, *Unterschichtenprotest*, S. 41 ff (siehe Anm. 4).

21 F.-J. Brüggemeier, *Leben vor Ort. Ruhrbergleute und Ruhrbergbau 1889-1919*, München 1983; K. Tenfelde, *Die »Krawalle von Herne« im Jahre 1899*, in: *IWK* 15 (1979), S. 71-104; J. J. Kulczycki, *The Prussian Authorities and the Poles of the Ruhr*, in: *The International History Review* 8 (1986), S. 593-603; *Moabit. Ein Bild polizeilicher Willkürherrschaft*, Berlin 1911.

22 K. Saul, *Staat, Industrie, Arbeiterbewegung im Kaiserreich. Zur Innen- und Sozialpolitik des Wilhelminischen Deutschland 1903-1914*, Düsseldorf 1974, S. 226-237; siehe auch Ders., *Der Staat und die »Mächte des Umsturzes«. Ein Beitrag zu den Methoden antisozialistischer Repression und Agitation vom Scheitern des Sozialistengesetzes bis zur Jahrhundertwende*, in: *AfS* 12 (1972), S. 293-350.

23 K. T. Tenfelde, *»Krawalle von Herne«*, a.a.O.; R. J. Evans, *»Red Wednesday« in Hamburg: Social democrats, police and Lumpenproletariat in the suffrage disturbances of 17 january 1906*, in: *Social History* 4 (1979), S. 1-31; Th. Lindenberger, *Berliner Unordnung zwischen den Revolutionen*, in Gailus, *Pöbelexzesse*, a.a.O., S. 43-78, hier: S. 69 ff; D. Geary, *Identifying Militancy: the Assessment of Working-class Attitudes towards State and Society*, in: R. J. Evans (Hrsg.), *The German Working Class 1888-1933. The Politics of Everyday Life*, London/Totowa 1982, S. 220-246. Ein eindrucksvolles Beispiel polizeiinduzierter gewaltsamer Eskalation aus der Weimarer Republik schildert Th. Kurz, *Blutmai. Sozialdemokraten und Kommunisten im Brennpunkt der Berliner Ereignisse von 1929*, Berlin 1988.

Literatur

Manfred Gailus (Hrsg.), *Pöbelexzesse und Volkstumulte in Berlin. Zur Sozialgeschichte der Straße (1830-1980)*, Berlin 1984.
Arno Herzig, *Unterschichtenprotest in Deutschland 1790-1870*, Göttingen 1988.
Detlev Puls (Hrsg.), *Wahrnehmungsformen und Protestverhalten. Studien zur Lage der Unterschichten im 18. und 19. Jahrhundert*, Frankfurt am Main 1979.
Helmut Reinalter (Hrsg.), *Demokratische und soziale Protestbewegungen in Mitteleuropa 1815–1848/49*, Frankfurt am Main 1986.
Klaus Tenfelde/Heinrich Volkmann (Hrsg.), *Streik. Zur Geschichte des Arbeitskampfes in Deutschland während der Industrialisierung*, München 1981.
Charles Tilly/Louise Tilly/Richard Tilly, *The Rebellious Century 1830-1930*, Cambridge, Massachusetts 1975.
Heinrich Volkmann/Jürgen Bergmann (Hrsg.), *Sozialer Protest. Studien zu traditioneller Resistenz und kollektiver Gewalt in Deutschland vom Vormärz bis zur Reichsgründung*, Opladen 1984.

Wolf-Dieter Narr
Staatsgewalt und friedsame Gesellschaft
Einige Notizen zu ihrem Verhältnis in der Bundesrepublik

Wir wollen Eindeutigkeit. Das Helldunkel lieben wir in Gemälden Rembrandts. Als Kunst. Aber nur als Kunst. In ›unserer‹ Wirklichkeit suchen wir das Gegenteil, das Entweder-Oder. Daß die meisten Sachverhalte zweideutig sind, daß viele Wirkungen alles andere als nur in einer Richtung verlaufen, wissen wir zwar. So wie wir erkennten, sähen wir genauer hin, daß selbst unsere innersten Bedürfnisse oft alles andere als eindeutig und harmonisch nur in eine Richtung weisen. Um so mehr aber beharren wir auf ›unserer‹ »Identität«, um so mehr sind wir darauf aus, das Feld ›unserer‹ »Wirklichkeit« identifikatorisch zu besetzen. Und sei es um den Preis von in ihrer Eindeutigkeit strotzenden Vorurteilen. Indem wir solcherweise helle Sicherheit suchen, da alles ausgeleuchtet ist und kein Dunkelraum mehr verbleibt, vertrauen wir uns Vorkehrungen für die Sicherheit an, die den Schein der Sicherheit nur erbringen können, indem sie neue Abgründe der Unsicherheit erzeugen. Nun kommt der Kreisel unserer Sicherheitssuche erst recht ins Rollen. Wir sind von Kopf bis Fuß so auf Eindeutigkeit gestellt, daß wir auch schon die Gedanken abwehren, die sie in Zweifel ziehen könnten. Wir werden in dieser Weise ›sicherer‹, indem wir Wirklichkeiten tabuieren und folgerichtig verlieren. Der rollende Sicherheitskreisel gewinnt an Geschwindigkeit.

Der Bestand staatlicher Gewalt macht einen guten Teil unserer Sicherheit aus. Deswegen sollte besser nicht daran getastet werden. Wer hier mit der Säure des Zweifels anhebt, mag rasch die Substanz angreifen. Also ist es angezeigt, eine Art übertragener Sicherheitsbannmeile rund um die Sicherheitsapparaturen des Staates selbst zu fixieren, eine Tabuzone strikt einzuhalten. So wird der quasireligiöse Charakter verständlich, den die ›Frage nach dem Gewaltmonopol des Staates‹ in der Bundesrepublik angenommen hat. »Wie hältst du's mit dem Gewaltmonopol«, so lautet die eigenartige Gretchenfrage spätestens, seitdem die Grünen sich auf den

Weg ins Parlament gemacht haben. Recht besehen durchzieht sie rotfädig die Bundesrepublik und wird seit der Studentenbewegung unablässig zu allen möglichen und unmöglichen Gelegenheiten bis hinein zu Party-Diskussionen ausgesprochen. Ernsthaft, inquisitorisch und durchaus ungespäßig. Noch innerhalb der Grünen selbst wird sie bierernst und deutsch traktiert, von denen übrigens gleicherweise, die meinen, sich nicht zum Gewaltmonopol »bekennen« zu dürfen. Dabei handelt es sich doch um ein höchst irdisches Problem, um eine praktische, eine sozio-technische Frage: Wie läßt sich am besten gewährleisten, daß Menschen einer Gesellschaft unbeschadet all ihrer Konflikte, nein, gerade in ihren Konflikten friedsam miteinander verkehren, also zuallererst keine physische Gewalt gegeneinander gebrauchen? Aber genau diese praktische Frage und ihre detaillierte Erörterung wird durch den Bekenntnisnebel verhangen.

Vorausgesetzt sei, daß ein nicht von Gewaltmitteln bestimmter Umgang der Menschen untereinander angestrebt werde. Vorausgesetzt sei weiter, daß sich solch friedlicher Umgang der Menschen nicht von selbst verstehe, ohne daß man deswegen der (durchaus nicht stichhaltigen) Annahme folgen müßte, der Mensch sei an und für sich des anderen Feind, der Andere also potentiell immer die Hölle. Dann erhebt sich die ewigjunge Frage: Wie läßt sich ein solch friedsamer Verkehr am besten regeln? Die Fragestellung deutet schon darauf hin, daß es eine ein für allemal geltende, schlechterdings perfekte Regelung, irdisch gesprochen, nicht geben kann. Wer Perfektion anstrebt, muß hohe Kosten kalkulieren, ohne sie doch angesichts des »krummen Holzes«, aus dem der Mensch geschnitzt ist, erreichen zu können. Das krumme Holz aber wächst nach und wächst nach. Deswegen erlaubt es glücklicherweise auch nie perfekte Herrschaft.

Mit Norbert Elias und vielen anderen ist nun darauf aufmerksam zu machen, daß wir historisch-gegenwärtig keine quantitativ umfänglichen und schon als solche komplexen Gesellschaften kennen, die sich hätten organisieren können, ohne daß es zu einer spezifischen Konzentration der Mittel physischer Gewalt gekommen wäre. Solche konzentrierten Gewaltorganisationen aber erhielten den Namen »Staat«. Über die höchst gewaltsame Durchsetzung dieser besonderen Institution ist an dieser Stelle nichts Weiteres zu berichten. Nicht in einem herausragenden, sie von allen anderen möglichen gesellschaftlichen Organisationen unterscheidenden Ziel, im Instrument des »Monopols legitimer physischer Gewaltsamkeit« statt dessen kommt die Eigenart dieser Institution, genannt Staat, Max Weber zufolge am faßlichsten zum Ausdruck.

Gesehen als herausragendes Instrument gesellschaftlicher Friedenserhaltung, wenn nicht Friedensgestaltung, zugeordnet dem dafür besonderen Staat ergeben sich mehrere praktische Fragen: Wie weit ist das Monopol voranzutreiben und in welchem Zusammenhang ist es zu gebrauchen? Wie verhält sich das Monopol zur Gesellschaft, so daß gewährleistet zu werden vermag, daß es unbeschadet seiner Sonderheit, vielmehr in seiner Sonderheit seine gesellschaftliche Aufgabe zu erfüllen vermag? Nicht zu reden von der allmählichen, slalomhaften und im einzelnen qualitativ unterschiedlichen Herausbildung dieser Monopolisierung in den einmal entwickelten Staaten läßt sich eine Dynamik beobachten, die die zuvor gestellten Fragen unterläuft. Das um seiner Wirksamkeit willen rechtfertigungsbedürftige Monopol sucht eigene Leistung und Legitimation zu entkoppeln, so daß das staatliche Gewaltmonopol vor allem Einsatz an sich selber gerechtfertigt werde. Schon dadurch verschiebt sich der instrumentelle Charakter. Das Monopol wird um des Monopols willen legitimiert. Außerdem wird das Monopol des Staates zur überlegenen und gegenüber der Vielfalt gesellschaftlicher Interessen prinzipiell neutralen Instanz stilisiert.

Parlamentarisch-parteilich organisierte Staaten haben diesen Anspruch konstitutionell aufgegeben. Daß die Art und Weise, wie das Monopol organisiert und eingesetzt wird, interessenvollgesogen geschieht, wird in der Annahme nötiger Pluralität, nötiger Opposition und nötigen Wechsels anerkannt. Dennoch aber vermittelt auch in diesen Staaten das eigenartige Monopolinstrument einen besonderen Allgemeinheitsanspruch. Auch wenn derselbe zeitlich und sachlich prinzipiell befristet gilt. Einmal legal getroffene Entscheidungen können durch das Monopol, ohne einen weiteren Prozeß des dauernden Legitimiertwerdens durchlaufen zu müssen, durchgesetzt werden. Nach allen Regeln staatlicher Gewaltkunst. Und mögen die Ziele noch so umstritten bleiben, das zu Gebote stehende Mittel macht es möglich, sie letztlich mit Gewalt durchzupauken. Auch ob die Mittel des Gewaltmonopols zu den Zielen passen, vor allem, wenn es sich um Ziele im Rahmen einer liberalen Demokratie handelt und wenn gerade der friedliche Umgang in der Gesellschaft gewahrt und gefördert werden soll, auch diese dauernde Überprüfung des angemessenen Mittels braucht nicht mehr zu geschehen. Solche Probleme werden im abstrakten Reden vom »Rechtsstaat«, dem meist nicht einmal das qualifizierende Beiwort »demokratisch« hinzugefügt wird, weggedrängt. Dürfen bestimmte Ziele, auch wenn sie parlamentarisch gutgeheißen worden sind, mit Gewalt durchgesetzt werden? Widerspricht nicht das Mittel der staatlichen Gewalt dem Sinn des damit verfolgten Ziels, so daß der Rechtsstaat in der Art seiner Durchsetzung zu einem rechtsförmlich verpackten substantiellen Gewaltstaat zu werden vermag? Das Verfassungsprinzip der Verhältnismäßigkeit der Mittel, wie es vom Bundesverfassungsgericht verschiedentlich hervorgehoben worden ist, bringt keine Abhilfe, weil es im Hinblick auf den engen Ziel-Mittel-Zusammenhang zu vage, zu beziehungslos formuliert worden ist.

Als genüge es, wenn bestimmte Ziele in einer Gesellschaft erheblich umstritten sind, daß Entscheidungen mehrheitlich abgesegnet werden, um sie dann mit der gesamten apparativen Gewalt des staatlichen Gewaltmonopols durchzusetzen. Überblickt man die letzten zwanzig Jahre bundesdeutscher Politik im Bund und in den Ländern, dann sind zahlreiche, ja fast alle umstrittenen Entscheidungen dieser Art monopolhart durchgesetzt worden. Parlamentarische Diskussion, nicht vorhergesehene außerparlamentarische Debatte, öffentliche Äußerungen, Demonstrationen u. ä., parlamentarische Entscheidung, rücksichtslose Ausführung der Entscheidung. Erinnert sei nur an einige besonders umstrittene Entscheidungen und deren Umsetzung. Die Entscheidung über und der Bau der Startbahn-West des Frankfurter Flughafens; die angeblich im Nato-Vertrag präjudizierte Entscheidung für die »Nachrüstung«, die nach parlamentarischem Ritual im Herbst 1983 ausgeführt worden ist; der beschlossene und trotz heftigem Protest und neuen Argumenten nicht mehr zur Disposition gestellte Bau der Wiederaufbereitungsanlage zu Wackersdorf, der dann 1989 anläßlich einer Interessenverschiebung der beteiligten Energiewirtschaft aufgegeben worden ist. Der Forst war freilich schon kahlgeschlagen; die z. T. gewalttätigen Auseinandersetzungen mit zahlreichen Bürgerinitiativen waren mit hohen politischen Kosten längst erfolgt. Betrachtet man diese und ähnlich gelagerte Fälle, kommt es nicht primär darauf an, welcher Entscheidung man in der Sache zuneigt. Ausschlaggebend ist vielmehr, ob die

Verfahrensweisen akzeptabel sind, vorausgesetzt es ist um friedliche Konfliktlösungen in einer liberaldemokratisch organisierten Gesellschaft zu tun. Durchgehend muß festgestellt werden, daß das Gewaltmonopol nicht eingesetzt wurde, um eine möglichst friedliche Konfliktlösung zu erzielen. Es wurde eingesetzt, um bestimmte Interessen, die parlamentarisch aktuell die Mehrheit besaßen, durchzupauken ohne die politisch-bürgerlichen Kosten bedenken zu müssen. Kann aber das der Sinn des Gewaltmonopols eines liberaldemokratisch verfaßten Staates sein, daß substantiell und prozedural bürgerlich demokratische Erfordernisse nicht mehr beachtet werden müssen? Dann wird das Mittel, das notfalls Ziele gegen Widerstand durchsetzen soll, zum Ziel selber. Den Bürgern aber wird deutlich gemacht, daß sie zu gehorchen haben. Notfalls wird die Rute des Monopols eingesetzt. Gesellschaftliche Konflikte werden auf diese Weise gewaltsam beigelegt. Das ist die Botschaft, die nicht nur den unterlegenen Bürgern mitgeteilt wird. Solcherart werden die Jugendlichen, die durch derartige Konflikte lernen, politisch »sozialisiert«.

Das Verhältnis staatliches Gewaltmonopol hier, bürgerlich friedsame Gesellschaft dort ist also alles andere als klar und eindeutig. Es ist problematisch und ambivalent. Diese Feststellung gilt gerade auch dann, wenn sich die historische Beobachtung als systematisch und damit auch zukünftig als richtig erweisen sollte, daß auf das staatliche Gewaltmonopol nicht in der Geste eines wohlfeilen Liberalismus verzichtet werden kann. Das Problem ist vertrackter, als rasche Glaubensbekenntnisse vermuten lassen. Wahrscheinlich werden sie sogar beiderseits verlangt, weil es nur im Glauben eine eindeutige Lösung gibt. Denn mit Hilfe des staatlichen Gewaltmonopols mag nicht nur über die staatlichen Stränge geschlagen werden; der Einsatz der Monopolinstrumente mag nicht allein die Freiheitssphäre der Bürger verletzen und ihren demokratischen Anspruch auf Diskussion blockieren. Die Art und Weise, in der das Monopol aktiviert wird, kann sogar dazu beitragen, daß das, was bekämpft wird, staatlich nicht legitimierte private Gewalt und Abweichung von den Normen, erst richtig erzeugt wird. In einer durchstaateten Gesellschaft, in der es keine ›staatsfreien‹ Räume mehr gibt, ist die Vermutung nicht von der Hand zu weisen, daß das staatliche Gewaltmonopol unvermeidlicherweise in der einen oder anderen Weise Komplize aller Gegengewalt ist. Das staatliche

Gewaltmonopol besitzt die überlegene Definitionsmacht; es wirkt jeweils erheblich auf den gegebenen Kontext mit ein.

Erstes Beispiel: In sich verzahnt: Terrorismus – Anti-Terrorismus

Als sich die ersten politisch gerechtfertigten Gewalttaten ereignet hatten (1969/70), sahen sich die Vertreter des staatlichen Gewaltmonopols herausgefordert und re-agierten entsprechend. Weit über alle repressiven Grenzen hinaus wurden die staatlichen Gewaltmittel präventiv ausgestreckt und in ihrer Legaldefinition entgrenzt. Man ging darauf aus, des Terrorismus in einer groß, ja umfassend angelegten Verfolgungskampagne mit allen repressiv-präventiven Mitteln Herr zu werden. Das ausbaufähige und durch die Gewalttaten zusätzlich im weiteren Ausbau gerechtfertigte Gewaltmonopol erlaubte, so schien es, die Fortsetzung der Gedankenlosigkeit mit angestrengten Mitteln. Denn wie schon zuvor auf die Ärgernisse rund um die Studentenbewegung dadurch reagiert worden war, daß vor allem Auseinandersetzungen blockiert wurden, daß aus- und abgegrenzt wurde, so waren die nicht tolerierbaren Gewalttaten kein Anlaß, nach ihren nicht die Tätergruppen primär betreffenden Ursachen zu suchen. Die scheinbare Unmittelbarkeit der Gewalt hatte vielmehr die systematische Gewaltantwort des Staates zur Folge. Dem Anschein nach war sie die unmittelbar passende Antwort auf die akute Herausforderung. Dadurch aber begaben sich die staatlichen Instanzen auf dasselbe blinde Gewaltniveau wie die RAF. Mehr noch: sie durchmischten die gesamte Gesellschaft mit gewaltigen Mitteln. Präventiv dehnten sie den potentiellen Einzugsbereich der Täter auf die gesamte Normalität der Gesellschaft aus. Wie eine Nadel im Heuhaufen, wie eine Kröte im »Sympathisantensumpf« (FAZ) sollten die Täter und ihre hauptsächlichen Helfershelfer namhaft gemacht, herausgepickt und im Gefängnis festgesetzt werden. Obwohl die gesamte Wirklichkeit der Gesellschaft oder doch erhebliche Teile derselben fahndend, mißtrauisch »verfassungsschützerisch« durchforstet wurden, unterstellte man zugleich, daß man die individualisierte »terroristische Energie« solcherart in präventiver Repression aussortieren und ›unschädlich‹ machen könne. Die Effekte aber dieses einseitigen »Kampfs« gegen den Terrorismus bestanden vor allem darin, die Kontinuität der Nichtauseinandersetzung oder, anders gesagt, der Gewalt zu garantieren. Die Sicherheit der Bürger, ja sogar die Sicherheit der führenden politisch-gesellschaftlichen Repräsentanten nahm nicht zu; sie nahm potentiell ab. Zugenommen haben die Sicherheitsvorkehrungen aller Art, einschließlich der mehr denn je installierten Apparate des Monopols. Zugenommen haben Eingriffe in Bürgerrechte mit der Rechtfertigung, allein auf diese Weise ließen sich diese Rechte gegenüber den Gefahren bewahren, die von den Gewalttätern ausgingen. Aber Gründe, die zu solchen Gewalttaten veranlaßten und die die zirkuläre Wiederholung derselben verständlich machten, wurden weder systematisch entdeckt, noch wurde daran gearbeitet, sie, wenn irgend möglich, abzubauen. Die politische Auseinandersetzung wurde nicht ausgeweitet, sie wurde im Gegenteil verengt. Auf diese Weise verloren die Instanzen das Gewaltmonopol wie gegenteilig die Gewalttäter und die sie eng umgebenden Gruppen die gesellschaftliche Wirklichkeit aus dem Blick und wurden in dieser Art des starken Wirklichkeitsverlusts selbst zu einem erheblichen Faktor weiterer Gewalttaten.

Zweites Beispiel: Regelverletzungen und verletzende Regeln

Im Umkreis der Friedens- und der Ökologie-Bewegungen wurden große Demonstrationen üblich. Dieselben werden nach alt-neuem Recht, das unter polizeirechtlichem Blickwinkel konzipiert worden ist, meist so behandelt, als befänden sie sich von vornherein hart am Rande der Legalität. Als seien sie in »unserer parlamentarischen Demokratie« der Repräsentanten-Herrschaft nicht oder bestenfalls nur randständig vorgesehen. Der »Volkssouverän« hat isoliert in Wahlkabinen periodisch zu wählen. Dann aber kann, ja soll er seinen privaten Geschäften nachgehen. Seine öffentliche Pflicht hat er getan. Schon im Vorfeld der Demonstrationen soll erneut in präventiv gekehrter Repression dafür gesorgt werden, daß sie »garantiert« friedlich verlaufe. Entsprechend werden im Vorfeld des Vorfelds »verfassungsschützerisch« und durch die entsprechenden Informationsabteilungen der Polizei ›nötige‹ Informationen, sog. Erkenntnisse, erhoben und jenseits aller datenschützerischen Möglichkeiten ausgetauscht und handelnd verfolgt. Der Einsatz des Gewaltmonopols ist nicht selten dazu geeignet, zu be-, wenn nicht zu verhindern, daß sich unterschiedliche Interessen, daß sich Konflikte in Demonstrationen äußern. Die gesetzlich ermöglichte Vorabeinschüchterung sorgt außerdem für einen Sortierungsprozeß, der dem friedlichen Verlauf der Demonstrationen nicht förderlich ist. Dieser soll angeblich gerade durch den Einsatz der entsprechenden Einrichtungen des Monopols gewährleistet werden.

Eine besonders intensive Form der Demonstration bilden begrenzte Regelverletzungen. Das Tor einer Kaserne wird beispielsweise von Leuten, ohne daß sie ansonsten aktiv wären, sitzend blockiert. Diese Leute lassen sich auch, um der Friedlichkeit ihres Protests willen, ohne Gegenwehr von der blockierten Stelle wegtragen. Eine solche Blockade oder ähnliche Aktivitäten des gewaltfreien zivilen Ungehorsams erfüllen die Eigenartigkeit einer Ordnungswidrigkeit. Sie können dementsprechend geahndet werden. Außerdem bestünde die Möglichkeit, ja sogar das grundrechtlich fundierte demokratische Interesse, Verfahren zu finden, damit über bestehende Interessenkonflikte eine diskutierende Auseinandersetzung in einer angemessenen Prozedur stattfinden könnte. Ganz im Gegenteil zu solchen Reaktionen aber wird von den zuständigen Institutionen der Herr-im-Haus-Standpunkt eingenommen. Gemäß dem teilnahmearmen »repräsentativen Absolutismus« wird darauf beharrt, daß jegliche Regelverletzung Gewaltcharakter besitze. Dementsprechend sei das Gewaltmonopol zuständig. Also müsse strafrichterlich prozediert werden. Eine gewaltfreie Aktion wird zu einer gewalthaften umgeschaffen und mit einem nationalsozialistisch konzipierten Paragraphen des Strafgesetzbuches, dem § 240 StGB, kriminalisiert. Erneut sorgt der Einsatz des Gewaltmonopols, hier vor allem mit seinem strafrichterlichen Schwert, dafür, daß ein politischer Vorgang zu einer gewalthaften Auseinandersetzung transformiert wird. Da das Gewaltmonopol und seine gesetzliche Grundlage vorhanden sind, können sich die politischen Instanzen die politische Debatte sparen. Motive, Gründe, gegebene Probleme – all das spielt keine Rolle. Gleichfalls kümmert nicht, daß niemand akut oder dauernd gefährdet oder in seinen Interessen beeinträchtigt wird. Gesetzesgehorsam soll eingebleut werden; genauer: Gehorsam zu einmal getroffenen Entscheidungen, die das »Recht« für sich in Anspruch nehmen können, ohne eine dringend gebotene Abwägung der Güter zu versuchen. Die Art aber, wie angeblich um »des Rechtsstaats« und seiner unverbrüchlichen Gültigkeit willen friedliche Wirklichkeit zu unfriedlicher Als-Ob-Wirklichkeit umgewandelt wird, läßt die getroffenen Maßnahmen selbst zu verletzenden Regeln werden. Das Gewaltmonopol erlaubt den Verlust des Augenmaßes wie der grundrechtlich-demokratischen Verantwortlichkeit. Die ›Leidenschaft‹ veräußerlicht sich zur Rechts-Staats-Haberei, sprich zum Interesse, den aktuellen Status quo hinter der abstrakten Form »Rechtsstaat« unverändert zu erhalten.

Drittes Beispiel: Männergewalt wird durch die Monopolgewalt nicht behoben

Von Gewalt in Familien, gegen Kinder, von Männern gegenüber Frauen und Mädchen vor allem ist neuerdings viel die Rede. Diese Gewaltphänomene sind nicht neu; aber sie werden endlich mehr und mehr aufgedeckt. Diese Gewalt droht so nah, sie schreckt so sehr von innen, daß qualitativ verbesserter Schutz der Opfer und beträchtlich erhöhte Strafen nichts anderes darstellen als erste Hilfeversuche. Und doch gilt auch hier, daß man sich dem Druck der Unmittelbarkeit, der Sorge, der Angst und des Erschreckens zu entziehen suchen muß, will man die Chance eröffnen, an die längerfristigen und mittelbaren Gründe des männlichen Motivgeflechts heranzukommen.

Die Schwierigkeiten auch nur der angemessenen Erkenntnis verschlingen sich unübersichtlich. Eindeutige, wiederkehrende, verläßlich ausmachbare Ursachenketten sind nicht wahrzunehmen. Im Zusammenhang des gestellten Themas sind nur einige hypothesenreiche Andeutungen möglich. Sie deuten in die Richtung, in die aller Wahrscheinlichkeit nach ursachenanalytisch und Abhilfe schaffend gegangen werden müßte.

Die Ursachenfahndung stößt zunächst auf persönlich-männliche Umstände. Die empirische Evidenz läßt Joan D. Stiles Bemerkung zutreffend erscheinen: »the most dangerous place for women is the home«. Viele Aussagen von Männern und von Frauen belegen außerdem, daß Männer sich als überlegen beweisen wollen (müssen), wenn sie sexuell gewalttätig werden. Die vermeintliche Situation, sich als Mann im minderen Rang zu befinden, in einseitiger Konkurrenz, und viele andere Faktoren kommen prinzipiell unabhängig von der sozialen Schicht ins schlimme Beweisspiel des Sich-als-Mann-beweisen-behaupten-wollen-Müssens. Diese beiden Merkmale aber, Familie, Privatheit und männliches Selbstbewußtsein weisen auf nicht-private, auf nicht einer Person als Person eignende Umstände. Sonst wäre das Phänomen als Massenphänomen nicht erklärbar. Sonst verfiele man in den Fehler zu verkennen, wie sehr gerade das Verhalten, das am meisten privat, das am ehesten persönlichen Eigenarten entsprungen scheint, jeweils von weiteren, oft lange geltenden gesellschaftlichen Bedingungsfaktoren in seiner Potenz »gezüchtet« worden ist. Insbesondere in durchstaateten und durchkapitalisierten Gesellschaften wie der der Bundesrepublik wird das, was als privat und als persönlich erscheint, in hohem Maße bis in die rechtliche Definition des »Privaten« und »Persönlichen« bedingt von politisch-gesellschaftlichen Strukturen und Funktionen. Die Familie, die Privatheit als arbeitsteilig abgelagerter und seltsam befreiter Ort. Hier ist »man/n« selbst, hier darf »man/n« sein. Erinnert sei nur an all die Eskapaden der sogenannten Freizeitgesellschaft und des Urlaubs. Weh' wenn wir – von uns selbst – losgelassen werden. Diese seltsam befreiten Orte, denen zugleich – siehe Hausarbeit – eine gehemmte soziale Irrelevanz, eine spezifische soziale Isoliertheit eignet, besitzen eine wenigstens von doppelten Kräften verursachte Neigung zu privater Gewalt. Von einer streßvoll repressiven Arbeit entkoppelt, ist hier das Individuum sich selbst überlassen. Herkömmlicherweise, obgleich sich wenigstens die öffentliche Sprache darüber verändert hat, sind Frauen, hauptsächlich zuständig fürs »Private«, dennoch zugleich die hauptsächlichen Bediensteten dortselbst. Die »öffentliche« Überlegenheit des Mannes, lange genug rechtlich versichert, wirft über den privaten Raum einen starken Schatten. Der Geltungsbedarf, die Geltungssucht und die Phantasien der Männer aber hängen mit der Art der allgemeinen gesellschaftlichen Geltungs- und Gewaltverteilung zusammen. Hier sind lang anhaltende historische Prozesse in ihren Verhaltenseffekten zu gewichten. Effekte, die selbst dann noch anhalten, wenn sich ein allmählicher Wandel der Umstände ergeben sollte. Bekanntlich sind Verhaltensweisen – Habitus, die einmal sozialisierend ›eingebrannt‹ worden sind – die am meisten konservative Größe aller sozialen Faktoren. Das Gewaltmonopol des Staates hat die Gesellschaft nicht infolge gesellschaftseigener Muster der Konfliktlösung von Gewalt weitgehend befreit; es hat sie nicht in friedsameren Umgangsformen institutionell sublimiert. Das Gewaltmonopol hat mit beträchtlich freisetzendem Effekt die Gewalt in der Sonderinstitution des Staates konzentriert. Der Staat ist nun das offizielle Lizensierungsbüro für alle Arten von Gewalt. Auf diese Weise aber blieb das Gewaltmuster als die Konfliktlösung einer »entkräfteten« Gesellschaft im Sinne staatlicher Stellvertretung. Männer, Untertanen der staatlichen Gewalt wie Frauen gleicherweise, nährten doch ihr Selbstwertgefühl »öffentlicher« als die »privat« zugeordneten Frauen eher aus dem, was man eine projektive Identifikation mit der Staatsgewalt nennen könnte. Sie übertrugen sich, zugleich eine Eigenart allen Nationalismus, gleichsam selbst auf ›den‹ Staat und seine Gewalt. Von derselben holten sie sich, ›gestärkt‹ und in ihrer Schwäche als Ersatzstarke bestätigt, zurück. Zugleich wurde ihnen ihre ›entpolitisierte‹ Privatsphäre prinzipiell frei und abgeschirmt überlassen, gerade in Hochzeiten bürgerlich-männlicher Privatheit ein brutwarmes Nest doppelter Moral. Die Metapher und die Wirklichkeit vom »Herrn im Hause«, dem nun zum Klein-Herrn privat wenigstens »emanzipierten« Untertan, künden von solchen Mannfreiheiten. Verfehlt wäre es gewiß, die Wandlungen zu verkennen, die sich allmählich in den letzten Jahrzehnten gerade hier vollzogen haben. Aber sind sie schon durchschlagend erfolgt und so, daß von einer neuen Basis männlich-weiblicher Sozialisation die Rede sein könnte? Außerdem und mutmaßlich viel bedeutsamer: Ist in den Berufen, in den großen Organisationen, ist im politisch-staatlichen Bereich dafür gesorgt, daß andere Inhalte des Selbstbewußtseins, des Sinns gefunden werden können und dies insbesondere in Formen, die das eigene Handlungsvermögen stärken?

Sobald man sich in den Schlund »privater« Gewalt und damit auch ein Stück in sich selbst hinab begibt, mit einigem Mut zum Risiko, wird man die »öffentliche« Seite dieser Gewalt erkennen. Man wird insbesondere darauf achten lernen, in welcher Weise dafür gesorgt (oder nicht gesorgt) wird, daß Männer – und selbstverständlich entsprechend Frauen – ein nicht unterdrückt unterdrükkendes, ein nicht auf projektive Surrogate und Vergewaltigung ausgerichtetes Selbstbewußtsein zu erlangen vermögen. Die Organisation des staatlichen Gewaltmonopols vermag hierzu ein kräftiges Stück beizutragen. Wie reduziert und kontrolliert seine autoritäre, seine repressive, nicht zu reden von seiner präventiven Institutionalisierung geraten sind. Wie offen und breit die Prozesse gesellschaftlich-öffentlicher Mitbestimmung und Konfliktbereitschaft organisiert sind. Wenn entsprechende öffentliche Vorbedingungen erfüllt werden, wird sich auch »die Privatheit« als schlechte, abhängige Größe im Sinne des ohnmächtigen Sich-Auslebens ändern. Gewiß ist jedenfalls, daß eine »Lösung« des fordernden Problems: alltägliche (sexuelle) Gewalt, das Frauen, aber in anderer Weise auch Männer viel habhafter bedroht als hoch propagierte »Staats«-Unsicherheiten, nicht primär mit Hilfe des staatlichen Gewaltmonopols gesucht werden darf. Eine solche kann nur konterproduktiv ausfallen. Nur eine Rücknahme und Veränderung dieses Monopols kommen hier in Frage, das selbstverständlich den unmittelbaren Schutz behalten muß. Was brächte etwa eine Erhöhung der Strafen ein? Daß noch häufiger bewiesen würde, daß das Gefängnis als Anstalt der Resozialisierung nichts taugt, sondern allenfalls das Gegenteil bewirkt? Denn nur die durchgehaltene lebenslange Freiheitsstrafe könnte außerhalb der Haftanstalt vor einer bestimmten, straffällig gewordenen Person schützen. Eine solche lebenslange Freiheitsstrafe stünde aber nicht nur jeglichem Verständnis von Menschenrechten im Wege; sie nützte außerdem ihrerseits nichts hinsichtlich der wiederkehrenden und durch die Bestrafung symbolisch und real bestätigten Bedingungen alltäglicher (sexueller) Gewalt.

Die Frage, »wie hältst du's mit dem Gewaltmonopol?« ist falsch gestellt. Auf das Wie, auf die Eigenart seiner Organisation, auf seine Form kommt alles an.

Wenn es noch eines Beweises bedurft hätte: Das, was in den osteuropäischen Ländern allein im Verlauf des letzten Jahres offenbar geworden ist, bestätigt, daß die übermächtige und falsche Organisation des Gewaltmonopols gerade die Herrschenden verdummt und die sklerotische Stabilität ihrer Herrschaft zu Staub zerfallen läßt, wenn die Menschen sich trauen, demonstrativ Andersens Märchen von des Kaisers neuen Kleidern sich und anderen zu erzählen. Denn diese »Kaiser« hatten außer Waffen und Mißtrauen nichts mehr auf dem legitimatorischen Leib. Der Wirklichkeitsverlust, die Entwirklichung dieser Herrschenden waren entsprechend. Sobald ein Gegenwort erschallte, verloren sie die Sprache, deren sie zuvor nur noch in formelhaft entfremdeter Weise sich bedienten. Die bis ins letzte Haus gestreckten langen Finger der geheimdienstlichen Informationsdienste, meist versehen mit gestapohaften, sprich exekutiven Befugnissen, erwiesen sich als stumpf, sobald sie anderes bewirken sollten als die Verbreitung allgegenwärtiger Furchtsamkeit. Diese Geheimdienste, im Angelsächsischen verräterisch »intelligence services« genannt, setzen durch ihre, systemimmanent gesprochen, katastrophale Dummheit in Erstaunen. Wo sie ausnahmsweise recht hatten, glaubte man ihnen nicht; und wo man ihnen fast durchgehend von den etablierten Herrschaften vertraute, informierten sie über die von ihnen geschaffene »real geheimdienstliche« Wirklichkeit. Die Geschehnisse in Rumänien, jahrzehntelang mit oftmals tödlichem Ausgang erprobt, sind nur ein extremer Ausdruck der osteuropäischen Normalität. Nur eine Wirkung verfolgt alle Reformprozesse bis heute: Die geheimdienstliche Ersatzwelt schaffte es, die betreffenden Länder zu Gesamtschulen des wechselseitigen Verdachts zu machen, die alle soziale Bläue vertraulichen Umgangs grau werden ließen. Davon sich zu befreien dürfte sich wenigstens als so schwierig erweisen wie die Reform materieller Produktion und Versorgung.

Von Osteuropa und dem, was dort geschehen ist und noch geschieht, kann aber im »Westen«, im bundesdeutschen Westen nicht zuletzt, durchaus gelernt werden – pausbäckige Überlegenheitsgefühle sind ganz und gar nicht angebracht: daß es auf die bürgerlichen Prozesse, auf die zivile Gesellschaft primär ankommt (von überraschend starken Widerstandsnestern derselben gingen die Reformanstöße vor allem aus); daß das Gewaltmonopol des Staates auf seine minimal nötigen Funktionen zu beschränken ist und ihm ansonsten keine gestaltende Kraft zukommt.

Das aber heißt auch im »Westen«, so der Bundesrepublik Deutschland, daß gesellschaftliche Probleme nicht primär dadurch angegangen werden dürfen, daß die Kompetenzen und Mittel des staatlichen Gewaltmonopols ausgeweitet und angereichert werden. Diese Probleme werden damit nicht verkleinert, sondern nur, indem ihre Ursachen verschoben werden, mit negativen Effekten für die Grundrechte aller Bürger, durch hektische Aktionen des Gewaltmonopols eingewölkt. Solche Wolken werden ihrerseits als Legitimationsersatz (miß-)gebraucht. Offene Prozesse der Diskussion und der Entscheidung von Konflikten gilt es auszuweiten. Das staatliche Gewaltmonopol im Innern aber ist prinzipiell auf strikt repressive, akute Gefahren kurzfristig im Zaum zu haltender Aufgaben zu beschränken. In jüngst publizierten *Studien über die*

Deutschen bemerkt Norbert Elias: »Wo die Umgangsweise des Befehlens und Gehorchens im Verkehrskanon einer Gesellschaft gemäß deren Machtstrukturen besonders hoch bewertet wird, dort wird verständlicherweise die Strategie des Überredens und Überzeugens qua Diskussion gering bewertet. In einem solchen ›Milieu‹ hat die Kunst der Diskussion keine große Chance, sich zu entwikkeln, und die Geschicklichkeit im Gebrauch der entsprechenden Strategie leidet darunter. In der deutschen Tradition ist die Gewöhnung an Strategien des Befehlens und Gehorchens oft genug auch durch den direkten oder indirekten Einsatz von physischer Stärke – und, bis vor kurzem, das vergleichsweise geringe Geschick von Diskussionsstrategien als Erbe der langen absolutistischen und nahezu absolutistischen Herrschaftsstruktur recht deutlich bemerkbar. Das Unbehagen an der relativ komplizierten Zurückhaltung von Affekten, die eine Bewältigung von Konflikten allein mit Hilfe von Diskussionen verlangt, und umgekehrt das Behagen an den einfacheren Befehls- und Gehorsamsstrategien läßt sich in Deutschland noch beobachten.«

Das Zutrauen zu demokratischem Konfliktaustrag ist immer noch erst firnishaft entwickelt. Statt der Vermutung für gewaltfreie Konfliktlösungen bis zum Exzeß, indem immer neue Verhandlungsformen ohne falsche Zeithetze erprobt würden, spricht für die meisten etablierten Institutionen und ihre Vertreter, spricht auch für manche Anscheinslinke in der Opposition, um von der rechten, gewaltnahen ganz zu schweigen, der ach so schrecklich einfache Weg zur Gewalt. Die Vertreter etablierter Institutionen halten sich hierbei als sanftes Ruhekissen ihres wenig grundrechtlich-demokratisch informierten Gewissens die abstrakte Als-Ob-Moral »des Rechtsstaats« allzeit bereit. Daraus erwuchs und erwächst nicht zuletzt das Dauermißverständnis, das den Namen »abwehrbereite« oder »streitbare« Demokratie trägt. Verräterischerweise beruft man sich hier auf Saint-Justs terroristische Formel, ohne sich über deren Herkunft Rechenschaft abzulegen: »Keine Freiheit den Feinden der Freiheit!« Man gibt vor, Demokratie und Grundrechte dadurch zu schützen, daß man sie mit Hilfe des breit ausgelegten und präventiv vorverlegten Gewaltmonopols drastisch einschränkt. Eine seltsame Hungerkur, um sich sättigen zu können. Dieser bundesdeutsche Hungerpastor in Sachen Demokratie hat deren lebendige Muskeln bis heute nicht recht entwickeln lassen.

Staatsgewalt und friedsame Gesellschaft. Als ob es sich um ein Außenverhältnis handelte. Etwa so: Die (gute und überlegen neutrale) Staatsgewalt sorgt dafür, indem sie die entsprechenden Mittel aus ihrem repressiv-präventiven Köchervorrat nimmt, daß ›die‹ Gesellschaft friedlich bleibe, daß der gesellschaftliche Verkehr ohne Gewalt auskomme. Dieses Versprechen ist aber nicht nur falsch. Das staatliche Gewaltmonopol lebt legitimatorisch von der fortdauernden Erneuerung der Gewalt in der Gesellschaft. Dieses Versprechen verkennt außerdem, in welchem Umfang und in welcher Intensität das staatliche Gewaltmonopol Eigenart und Ausmaß gesellschaftlicher Gewalt mitproduziert. Deswegen kommt es darauf an, dafür zu sorgen, daß die Organisation des Gewaltmonopols ihrerseits demokratisch-friedsamen Anforderungen entspricht. Der demokratische Rechtsstaat muß ›selbstreflexiv‹ ins Monopol eindringen und seinen Kern verändern. Solche Kernschmelze kann nicht dadurch geschehen, wie dies seit dem 19. Jahrhundert deutsch-herkömmlicherweise geschieht, daß das Monopol in formeller Weise verrechtlicht wird. Wohl kein Land kennt ein solch umfängliches Polizeirecht wie Deutschland bzw. nun die Bundesrepublik. Gegenwärtig soll dieser eigenartigen Verrechtlichung dadurch genügt werden, daß auch die bisher »rechtlosen« Geheimdienste eine eigene Rechtsgrundlage erhalten. So der BND und der MAD. Denn diese Art der Verrechtlichung – oberhalb der ungebändigten polizeilichen Generalklausel der Sicherheitszuständigkeit in Zeiten der Gefahr – läuft auf nichts anderes hinaus als auf eine rechtsverbindliche Entrechtlichung oder das, was man eine Vorwärtsverrechtlichung nennen könnte. Statt dessen aber bedeutet die endlich erforderliche Heimholung des staatlichen Gewaltmonopols in die Gemarkungen von Grundrechten und Demokratie nicht mehr und nicht weniger als die systematische Verschmälerung der Zuständigkeiten des Monopols auf akut repressive Funktionen; als die weitgehende Kommunalisierung der Organisation des Monopols im Sinne seiner bürgerlich sichernden Zuständigkeit; als die Kontrolle des Monopols durch dafür zuständige, öffentlich Rechenschaft ablegende Bürgerausschüsse. Dadurch erst würde der Raum der Politik geöffnet. Die politisch-staatlichen Instanzen könnten dann für ihre Normalaufgaben nicht darauf hoffen, irgendwelche Beschlüsse rasch mit Hilfe des Gewaltmonopols durchzusetzen. Sie müßten den jeweiligen Konsens und seine Verbindlichkeit immer erneut erringen und überzeugend sichern.

Eine Utopie? Gewiß. Aber sie kann realisiert werden. Und sie müßte verwirklicht werden, wenn Abbau innerer Gewalt, wenn die Sicherheit der Bürger an erster Stelle einer grundrechtlich-demokratisch verfaßten Gesellschaft stehen.

Hans-Peter Dürr
Wissenschaftliche Gewalt und die Verantwortung des Wissenschaftlers

Wissenschaft und Technik haben in unserem Jahrhundert die Lebensbedingungen der Menschen tiefgreifend verändert und damit nachhaltig unsere Lebensgestaltung und die Struktur unserer Gesellschaften geprägt. Den Wissenschaftlern und Technikern wird dadurch eine besondere Verantwortung für die menschliche Gesellschaft im engeren und weiteren Rahmen aufgebürdet, vor der sie sich letzten Endes – ob sie nun wollen oder nicht – gar nicht drücken können, so schwer diese Last auch sein mag und so sehr sie sich dadurch – und dies wohl zu Recht – überfordert fühlen.

Der Naturwissenschaftler ist heute nicht nur ein Philosoph, ein Mensch, der mit seinem analytischen fragmentierenden Denken und der daraus resultierenden wissenschaftlichen Methodik und experimentellen Technik zu erkunden sucht, »was die Welt im Innersten zusammenhält«, wie diese Welt, das Universum, entstanden ist, wie es zur Vielfalt seiner Struktur kam, zu unserer Erde, dem Lebendigen auf ihr mit seinen Myriaden von Pflanzen und Tieren und insbesondere uns selbst, uns Menschen, die wir uns als Krönung dieser Schöpfung betrachten, begabt mit der eigenartigen Fähigkeit, durch unser Bewußtsein in gewisser Weise aus der Schöpfung herauszutreten und sie von außen betrachten zu können. Der Naturwissenschaftler ist nicht nur dieser sinnende und erkennende Betrachter, er ist vor allem der schöpferisch Tätige und Handelnde, der aufgrund seines Wissens um die kausalen Verknüpfungen des Naturgeschehens wesentlich in dieses eingreifen kann. Als solcher trägt er Verantwortung, die sich an überkommenen Werten, an traditionellen ethischen und moralischen Normen orientieren muß.

Wissen und Macht, Verstehen und Handeln sind für den Menschen selbstverständlich gleichermaßen wichtig. Hierüber sollte kein Mißverständnis aufkommen. Es geht nicht darum, das eine vor dem anderen auszuzeichnen. Sie ergänzen und bedingen einander. Doch Machen und Handeln erfordern Verantwortlichkeit von dem, der manipuliert, der Wissen ins Werk setzt, denn unsere

Kräfte sind zu groß geworden, als daß die Natur unsere Stöße und Tritte noch abfedern, als daß sie unsere Mißgriffe und Handlungen uns noch verzeihen könnte.

Gewalttätige Wissenschaft

»Wissen ist Macht«, hat schon Francis Bacon verkündet, und so ist es kein Wunder, daß die Wissenschaft sich immer mehr zu einem kompetitiven und aggressiven Werkzeug der menschlichen Gesellschaft entwickelt. Schon der Grundlagenforschung haftet ja, wenn sie experimentell betrieben wird, etwas Gewalttätiges an. Am deutlichsten tritt die aggressive Seite der Wissenschaft jedoch in der Waffenentwicklung in Erscheinung. Es schockiert mich immer wieder, wie ganz esoterische und auf prinzipielle Erkenntnisse orientierte Wissensgebiete plötzlich militärische Bedeutung erlangen.

Als Physiker nehmen wir ein Stück Materie und versuchen, in sie hineinzuschauen, sie auseinanderzunehmen, sie zu analysieren. Das fängt ganz harmlos an. Die passive beschauliche Beobachtung von Objekten muß beim experimentellen Erkenntnisweg Schritt für Schritt durch immer massivere Eingriffe in die Struktur des Objekts ersetzt werden. Der Natur können gewissermaßen nur mit Gewalt die tiefsten Geheimnisse entrissen werden. Wie auf einer Folterbank, so hat es Francis Bacon anderenorts formuliert, müßten die Naturwissenschaftler der Natur ihre Geheimnisse abpressen. So ist es nicht ganz zufällig, daß die experimentelle naturwissenschaftliche Forschung, daß Naturwissenschaft schon in ihrer auf Erkenntnis orientierten Form – und nicht erst durch ihre praktische Anwendung – eine Assoziation zum Gewalttätigen hat und zu einem potenten Werkzeug der Macht geworden ist.

Von der Konkurrenz getrieben, vom persönlichen Ehrgeiz angespornt, zum Teil von militärischen Vorgaben initiiert und inspiriert, fallen wir in immer exotischere Forschungsgebiete ein, entwickeln immer extremere Techniken, jagen neuen Möglichkeiten nach, Marktvorteile auszuweiten, Macht zu erlangen und auszuüben. Wir übersehen dabei, daß wir heute vor einer Reihe erdrükkender Probleme stehen, die dringend unsere ganze Zuwendung und Kraft erfordern. Die fortschreitende Umweltzerstörung, die Verknappung lebenswichtiger Ressourcen, die soziale Ungerechtigkeit und Ungleichgewichte in der Weltwirtschaft, die im Norden zu chronischer Arbeitslosigkeit, im Süden zu bitterer Armut, Krankheit und Hunger führen, die Verknöcherung und Verbürokratisierung unserer Gesellschaftsstrukturen – alle diese Probleme können sich einzeln oder verkoppelt sehr bald zu globalen Katastrophen auswachsen, wenn wir nicht jetzt energisch etwas dagegen unternehmen. Sie alle bedrohen unmittelbar unsere Sicherheit. Denn Sicherheit gibt es in unserer eng verflochtenen Welt nur noch gemeinsam. Wir sitzen alle im gleichen leckgeschlagenen Boot.

Grenzlinien der Wissenschaft zwischen Nutzen und Schaden

Im Falle der Atomphysik erscheint ziemlich klar erkennbar, wo eine Grenzlinie zwischen erkenntnisorientiertem und zweckorientiertem Forschen mit nützlichen oder schädlichen Auswirkungen gezogen werden könnte. An dieser Grenzlinie muß Verantwortung einsetzen. Eine solche klare Abgrenzung ist selbstverständlich nicht in allen Bereichen der Physik möglich. Ich denke hierbei etwa an die Elektronik, wo nützliche und schädliche Anwendungen sehr eng beieinanderliegen. Noch fragwürdiger wird diese Unterscheidung, wie mir scheint, auf dem Gebiet der Biologie und insbesondere der Molekularbiologie. Ein einzelner Forscher könnte dort wohl unabsichtlich in seinem Laboratorium ein Virus fabrizieren, das – ähnlich dem AIDS-Virus – verheerende Konsequenzen für die Menschheit haben könnte. Dies könnte vielleicht zu der Forderung führen, daß doch gewisse Forschungen von Anfang an verboten werden müssen.

In dem Maße jedenfalls, wie Forschung heute Großforschung, Technik Großtechnik wird oder Wissenschaft mit den natürlichen Steuerungs- und Verstärkungsmechanismen manipuliert, darf Wissen nicht mehr wahllos angehäuft und hemmungslos umgesetzt, sondern muß nach allgemeinen ethischen Grundsätzen bewertet und behutsam verwendet werden. Aufgrund der enormen Verstärkungsfaktoren können wir künftig nicht mehr nach dem alten Muster verfahren, unbedacht in neue Wissensgebiete vorzudringen, ungehemmt die zugehörige Technik zu entwickeln und dann unser Leben recht und schlecht an die durch sie veränderten Gegebenheiten anzupassen.

Der Wissenschaftler muß in der Lage sein, die Konsequenzen seines Tuns vorauszusehen, er kommt um eine Prognose zukünftiger Folgen nicht herum. Eine genaue Prognose wird jedoch auch unter günstigsten Umständen nie möglich sein. Wichtig vor allem ist, daß der Forscher versucht, die »Topologie« seines Forschungsgeländes auszuspähen, bevor er sich auf den Weg begibt. Um im Bilde zu bleiben: Auf einem Wiesenpfad in einem breiten, verschlungenen Gebirgstal zu gehen, birgt selbst bei relativer Unübersichtlichkeit des Geländes kaum Gefahren, im Gegensatz etwa zu einer Wanderung auf einem schmalen, steinigen Gebirgsgrat im Nebel oder bei Überquerung eines Lawinenhangs. Selbst eine solche gefährliche Gratwanderung könnte der Forscher oder Techniker wagen, wenn die mögliche Folge nur sein eigener Absturz wäre, aber nicht, wenn dabei eine ganze Seilschaft – nämlich ganze Völker, zukünftige Generationen oder sogar die Menschheit als Gattung – mit in den Abgrund gerissen würde. Hier darf ein verantwortungsbewußter Forscher einfach nicht weitergehen, auch wenn für die Menschheit auf diesem gefährlichen Pfad einige »segensreiche Fortschritte« winken und er mit größter Bedachtsamkeit versucht, das Absturzrisiko zu verringern.

Atomphysik und Energiepolitik

Einer dieser gefährlichen Pfade, auf dem »segensreiche Fortschritte« winken, war und ist die Atomphysik in ihrer Bedeutung für die Energiepolitik der Nachkriegszeit. Hier lassen sich die prinzipiellen Ambivalenzen der Naturwissenschaften und ihrer Anwendung exemplarisch aufzeigen.

Beim Aufbrechen der Atomkerne finden wir eine neuartige starke Kraft, welche die Bausteine der Atomkerne zusammenhält. Sie ist mit millionenfach höheren Energien verbunden als die Energien, denen wir bisher bei der Manipulation von Atomen, bei chemischen Prozessen etwa, begegnet sind und die wir uns, z. B. beim Verbrennen von Holz und Kohle, verfügbar gemacht haben. Und die Physiker lernen sehr schnell, diese gigantischen Energien zu entfesseln und nutzbar zu machen. Zu welchem Zwecke wohl? Wen überrascht dies schon, der die Geschichte der Menschen kennt: um zu zerstören, zu vernichten! Die Atombomben von Hiroshima und Nagasaki sind tragischer Ausdruck dieses grandiosen Erfolgs moderner Wissenschaft.

Mehr als jedes andere Wissenschaftsgebiet symbolisiert deshalb die Atomphysik die prinzipielle Ambivalenz, die Zweischneidigkeit der Naturwissenschaft. Einerseits eröffnet sie tiefe Einblicke in die Grundgesetzlichkeit der Materie, die unsere Vorstellungen und unser Weltverständnis fundamental verändert haben. Andererseits gibt sie uns, mit den in den Atomkernen eingeschlossenen Energien, gewaltige Werkzeuge an die Hand, mit denen wir brutal in unsere Alltagswelt eingreifen können. Wir können mit ihnen Änderungen bewirken, die groß genug sind, das über Jahrmilliarden auf unserer Erdoberfläche stetig gewachsene, relativ robuste, aber eben nicht beliebig unempfindliche Geflecht lebendiger Strukturen zu destabilisieren und zu ruinieren. Sie versetzen also den Menschen erstmals in seiner Geschichte in die Lage, durch sein eigenes Tun seine Fortexistenz als Art zu gefährden.

Die Entfesselung starker Kräfte und großer Energien ist viel leichter, als diese zu zähmen und sie zum Aufbau neuer Ordnungsstrukturen einzuspannen. Wir wissen aus der Physik, daß es ein fundamentales Naturgesetz gibt, nämlich den zweiten Hauptsatz der Thermodynamik, der besagt: Was immer wir tun, die Unordnung nimmt insgesamt zu. Jede Veränderung, die eine Zunahme an Ordnung an einer bestimmten Stelle – durch konstruktive Arbeit oder durch andere Wertschöpfungsprozesse – bewirkt, muß mit einer Zunahme von Unordnung an anderen Stellen erkauft werden, wobei, wenn wir Bilanz ziehen, der Zuwachs an Unordnung immer den an Ordnung übersteigt. Dabei wird der Zuwachs an Unordnung um so größer, also die Bilanz um so schlechter, je schneller und ungeduldiger wir die Veränderung betreiben.

Die fossilen Energieträger – Kohle, Erdöl, Erdgas –, mit denen wir in den industrialisierten Ländern unseren Wirtschaftsprozeß bisher hauptsächlich antreiben, enthalten gespeicherte Sonnenenergie. Sie erlauben nicht viel mehr als ein Strohfeuer: Wir verbrauchen in wenigen Generationen Ordnungsenergie, die über Jahrmillionen, von der Sonne gespeist, an der Erdoberfläche von Pflanzen aufgesammelt wurde.

Mit der schon 1975 in der Bundesrepublik Deutschland heiß diskutierten friedlichen Nutzung der Kernenergie verband sich für mich damals der Gedanke, daß mit der Erschließung dieser neuen mächtigen und gleichzeitig hochgefährlichen Energiequelle wir

Menschen die letzte Gelegenheit verpassen würden, unseren expansiven und verschwenderischen Lebensstil auf eine für die Erde tragfähige Form umzustellen. Es ist für mich überraschend, wenn auch verständlich, daß es weniger diese rücksichtslose Vergeudung nicht-erneuerbarer Ressourcen und ihre offensichtlich verheerenden Folgen für zukünftige Generationen sind, die die Verantwortlichen in Regierung und Wirtschaft heute vor allem mit großer Sorge erfüllt, als vielmehr der Abfall, der aus dieser Verschwendungssucht resultiert.

Der noch immer anhaltende und jetzt wieder neubelebte Streit um den möglichen Ausstieg – ja oder nein – aus der Kernenergie bei gleichzeitiger Forcierung der rationellen Energieerzeugung und -verwendung und der Sonnenenergie ist eine Frage von Machtstrukturen und wie wir künftig leben wollen. Die Kernenergievariante begünstigt zentrale, die Sonnenenergievariante dezentrale Strukturen. Stabilität der menschlichen Gesellschaft, Entscheidungsfreiheit und Entfaltungsmöglichkeit eines jeden einzelnen Menschen, demokratische Mitgestaltung in der menschlichen Gesellschaft, Flexibilität bei der Auswahl von Entwicklungspfaden, Harmonisierung der Beziehungen des Menschen zu seiner belebten und unbelebten Mitwelt, all dies wird bei einer dezentralen Lebens- und Wirkungsweise unterstützt und gefördert. Dies bedeutet zweierlei:

– Wir müssen die Dynamik des Systems, seine Steuerungsmechanismen und seine zeitlichen Entwicklungstendenzen gut verstehen, um die richtigen Einstiege zu finden.
– Wir müssen als Bürgerinnen und Bürger selbst die Initiative ergreifen, denn jegliche Innovation kommt letztlich von einzelnen und sie kann die nötige Kraft und Stärke zur realen Veränderung durch die freie Mitwirkung von anderen Bürgerinnen und Bürgern gewinnen.

Das »richtige Maß«

Der Naturwissenschaftler wird jedoch nicht aus seiner besonderen Verantwortung entlassen, die über das an Verantwortung hinausgeht, was von jedem anderen Menschen auch verlangt werden soll. Verantwortlichkeit bedeutet hier zunächst vor allem, daß wir uns bemühen müssen, hinter der Mannigfaltigkeit der Geschehnisse wieder den großen harmonischen Zusammenhang zu erkennen, und daß wir aufpassen müssen, diese Harmonie nicht durch unsere Eingriffe zu zerstören. Konkret erfordert dies von uns, bei allen unseren Handlungen wieder das richtige Maß zu finden. Wenn wir uns selbst zurücknehmen, vermeiden wir das Herauskippen unseres, über mehrere Jahrmilliarden gewachsenen Ökosystems aus seinem zwar robusten, aber nicht beliebig unverletzlichen dynamischen Gleichgewicht. Nur bei ausreichender Mäßigung unserer Fähigkeiten bewahren und ermöglichen wir das vielfältige, freie Spiel der Kräfte, das evolutionär zu geeigneten Anpassungen an neue Umstände und zur Bildung neuer Ordnungsstrukturen führt. Unser Handeln muß also auf volle Kooperation mit der Natur und nicht auf ihre Überwindung und Beherrschung ausgerichtet sein. Denn: Die Natur kann letztlich ohne den Menschen leben, aber der Mensch nicht ohne die Natur. Wenn wir die Natur mißhandeln, würden wir sie lediglich zwingen, in ihrer Evolution einige Jahrmillionen oder Jahrhundertmillionen zurückzufallen und nochmals mit einem Versuch beginnen zu müssen, ein vielleicht vernünftigeres Geschöpf als den Menschen zu entwickeln, der nicht mehr seine eigenen Lebensgrundlagen zerstört.

Die Fähigkeit des Naturwissenschaftlers, das »richtige Maß« zu finden, wird allerdings völlig überfordert, wenn es hierbei auf hohe Präzision ankommt. Dies heißt, daß er alles tun muß, um nie in eine Situation zu kommen, wo solch eine Präzision notwendig ist. Bildlich gesprochen, darf ein Naturwissenschaftler nicht über ein Drahtseil mit der Menschheit auf dem Buckel balancieren, da eine geringfügige Abweichung vom »richtigen Maß« die absolute Katastrophe für die Menschheit bedeuten würde. Verantwortliches Handeln verlangt hier, eine Aufforderung für einen solchen Drahtseilakt strikt zu verweigern oder nach Möglichkeiten zu suchen, die Menschheit nicht mit in dieses Risiko einzubeziehen.

Die Verantwortung des Wissenschaftlers

Die Verantwortungsfrage stellt sich für den Naturwissenschaftler heute so dramatisch und erdrückend, weil wir mit unserer Wissenschaft und Technik mit besonderer Vorliebe in Lawinenhängen herumsteigen und über Drahtseile balancieren. Daß wir dies tun, ist kein Zufall: In einer hemmungslosen Wettbewerbswirtschaft kann man seinen Konkurrenten nur abhängen, wenn man versucht, auf irgendeine Weise extreme Situationen anzusteuern.

Bei hochkomplexen Systemen wird es immer schwieriger, alle prinzipiell möglichen Störfälle im voraus zu bedenken und ihre Eintrittswahrscheinlichkeit verläßlich abzuschätzen. Der eigentliche Begrenzungsfaktor für eine solche Abschätzung liegt letztlich in unserer eigenen mangelhaften Phantasie, uns nämlich vorstellen zu können, was eigentlich alles passieren könnte. Je phantasieloser wir sind, um so geringer erachten wir das Risiko, um so höher unsere Sicherheit. Da wir nicht alles überblicken, bleibt immer ein Restrisiko.

Die Frage der Zumutbarkeit läßt sich nicht beantworten, ohne den Kreis der Betroffenen zu betrachten. Besonders fragwürdig ist die Situation, wenn durch unsere Entscheidungen unbeteiligte Personen betroffen werden, ohne daß diese eine Entzugsmöglichkeit besitzen. Dies trifft für alle kurzfristigen ökologischen Schäden zu – Luftverschmutzung, Wasserverseuchung – und für den kurzlebigen radioaktiven Fallout. Noch fragwürdiger wird die Situation, wenn diese Personen weder Entzugsmöglichkeit haben noch irgendeinen Nutzen aus den Einrichtungen ziehen, von denen der Schaden ausgeht. Hierzu zählen die längerfristigen ökologischen Schäden – Bodenvergiftung, Erosion, Zerstörung der tropischen Urwälder – und der langlebige radioaktive Fallout, da diese nicht nur uns treffen als teilweise Nutznießer eines verschwenderischen Lebensstandards, sondern auch unsere Kinder und Kindeskinder, die nichts mehr von diesem Wohlstand haben werden. Der extremste Fall in dieser Richtung sind Entscheidungen, welche die Lebensgrundlage der Menschheit bedrohen oder zerstören würden, was z. B. bei einem globalen Atomkrieg geschehen würde.

Aus ethischen Gründen, aus unserer Achtung vor der Würde des Menschen, aus unserem Demokratieverständnis darf ein verantwortungsbewußter Mensch keine Technik betreiben, die bei Störfällen zu Schäden von der angeführten Art führt, auch dann nicht, wenn er glaubt, daß die Wahrscheinlichkeit für einen solchen Störfall sehr klein ist. Denn wir wissen, daß »sehr klein« nie »ausgeschlossen« bedeutet und wegen unserer Phantasielosigkeit und menschlichen Bösartigkeit oder moralischen Unzulänglichkeit in der praktischen Realität auch gar nicht so klein ausfallen wird. Denn niemand kann Verantwortung für etwas übernehmen, dessen schlimme Folgen nicht er, sondern hauptsächlich andere ertragen müssen.

Es geht bei der Verantwortungsfrage nicht um ein legalistisches, sondern um ein moralisches und ethisches Problem. Das Gefühl, mitverantwortlich zu sein, entspringt einer tiefen Betroffenheit, die sich auch durch die gescheitesten Ausreden nicht wegdiskutieren läßt. Die Betroffenheit ist nicht an persönliche Schuld geknüpft. Sie hängt mehr mit Schuldgefühlen zusammen, die wir als Mitglieder der Gattung Mensch empfinden, nämlich daß wir Menschen mit immer größerer Rücksichtslosigkeit die Schöpfung, in die wir auf Gedeih und Verderb eingebettet sind, beschädigen, daß wir Menschen eine Welt zulassen, in der so etwas wie Hiroshima geschehen kann.

Durch das hemmungslose Wirken des Menschen bahnen sich an vielen Stellen katastrophale Entwicklungen an, von denen viele unter uns voller Resignation glauben, daß es kein Entrinnen mehr gäbe. Ich habe Verständnis für diesen Pessimismus. Aber Einsicht in die Ursachen dieser Entwicklung ist schon der erste Schritt für einen Wandel. Aufgrund unserer Vernunft – und nicht nur unseres Verstandes – erlaubt uns unser Menschsein doch eine ausreichende Orientierung und die Möglichkeit der freien Entscheidung und des Handelns. »Richtig leben« darf sich aber nicht mehr darin erschöpfen, sich blindlings den einmal vorliegenden, von uns selbst gezimmerten gesellschaftlichen und wirtschaftlichen Verhaltensregeln und -normen zu fügen. Ich gehe davon aus, daß diese Verhaltensregeln und -normen alle einmal ihren guten Zweck erfüllt haben und viele dies in gewissem Umfange und in gewisser Weise auch heute noch tun. Aber: Diese Verhaltensregeln und -normen müssen kreativ weiterentwickelt werden, wo sie nicht mehr auf die von uns selbst veränderte Wirklichkeit passen, wo sie Zerstörung bewirken, anstatt unwiederbringliche Werte zu bewahren.

Wir alle sind aufgefordert, energisch mitzudenken und um unserer selbst willen, um der ganzen Menschheit und der Schöpfung willen, unseren besseren Einsichten gemäß verantwortungsvoll zu handeln. Indessen sehe ich in der systematischen Ausblendung der hier angesprochenen lebensbedrohenden Gewaltfelder seitens der regierungsamtlichen Gewaltkommission nicht nur ein schweres Versäumnis, sondern das trostlose Dilemma einer steuerungsunfähigen Politik, die den Herausforderungen unserer Zeit nicht gerecht wird.

Horst-Eberhard Richter
Defensive Aggression, ein unterschätztes Gewaltmotiv

Unter defensiver Aggression wird nach Erich Fromm eine Reaktion auf die Bedrohung vitaler Interessen verstanden. Bei Empörung und Auflehnung gegen massive Unterdrückung und eklatantes Unrecht ist dieser Zusammenhang leicht durchschaubar. Aber auch gesellschaftliche Zustände, die eine angepaßte Mehrheit noch als zumutbar hinnimmt, können von einer sensiblen Minderheit als quälend erlebt und mit defensiver Aggression beantwortet werden. Weil hier der defensive Charakter der Reaktion weniger in die Augen fällt, liegt die Möglichkeit stets nahe, die fragliche gesellschaftliche Ursache zu vernachlässigen und das Phänomen vorzugsweise oder ganz von der Täterseite her zu erklären. Zumal wenn man aus dem breiten Spektrum von Protestformen ausschließlich die Gewalt als Thema auswählt, kann man meinen, daß etwa ein demokratischer Rechtsstaat sich nicht einmal die Frage nach seiner eventuellen Mitverantwortung für die Auslösung von defensiver Aggression gefallen lassen müßte.

Also bietet es sich an, das Blickfeld auf die Täter, ihre Sozialisation in Familie, Schule, Ausbildung und ihre sonstige negative Beeinflussung durch gruppendynamische Prozesse, durch Medien usw. einzuengen und für diese Bereiche präventive Empfehlungen zu erarbeiten.

So ist die »Gewaltkommission« der Regierung im wesentlichen verfahren. Und so kann es nicht wundernehmen, daß sie ein vor allem in der Jugend verbreitetes Protestmotiv zwar benennt und als potentiell gewaltträchtig einschätzt, aber nicht gründlicher überprüft, ob es sich hier nicht um einen Notruf in einer vitalen gesellschaftlichen Gefahrensituation handle. Ich meine die beunruhigend verbreitete *Zukunftsangst* vieler Jugendlicher.

Seit Ende der siebziger Jahre stellt die Jugendforschung fest, daß unter den Jugendlichen *pessimistische Zukunftsvorstellungen* grassieren. In der letzten repräsentativen Shell-Studie äußerten 46 Prozent der bundesdeutschen Jugendlichen, daß sie eine eher düstere Zukunft erwarteten. Fragebogenerhebungen, Interviewstudien und Schreibwettbewerbe haben diesen Befund vielfach bestätigt. Untersuchungen in den Vereinigten Staaten, in skandinavischen Ländern und der Bundesrepublik förderten bereits bei Kindern von 12 bis 14 Jahren eine untergründige Furcht insbesondere vor ökologischen und atomaren Katastrophen zutage. 74 Prozent der westdeutschen Jugendlichen halten es für sicher oder zumindest für wahrscheinlich, daß Technik und Chemie die Umwelt zerstören werden. In Niedersachsen ermittelte eine vom Kultusminister initiierte repräsentative Jugendbefragung sogar bei 77 Prozent Angst vor Umweltzerstörung. In einem Schreibwettbewerb zum Thema Zukunft, kürzlich von der IG Metall veranstaltet, wurden 9- bis 14jährige Kinder gefragt: »Wie werdet ihr in einigen Jahren leben? Wie wird es aussehen in unserer Welt?« Bis auf wenige Ausnahmen beschrieben die teilnehmenden 550 Kinder erschreckende Szenarien: versteppte Landschaften, aussterbende Tier- und Pflanzenarten, verpestete Luft, vergiftete Gewässer, chemische und atomare Katastrophen, einen computerisierten Überwachungsstaat, Entseelung einer automatisierten Arbeitswelt, Isolation und Abstumpfung der Menschen.

Wohl weist das Gutachten der »Gewaltkommission« eher beiläufig darauf hin, daß der Sorge um die Lebensgrundlagen künftiger Generationen Rechnung getragen werden müsse, und registriert das Defizit, daß die Parteien wegen ihrer Kompromißzwänge neuen und »wenig einträglichen« Interessen ungenügend nachkämen. Auch ist immerhin von der Trägheit des politischen Systems die Rede, das auf grundlegend neue virulente Fragestellungen verzögert reagiere. Aber die vitale Bedrohlichkeit dieser Mängel und der eskalierenden Risiken in der Ökologie, der Chemie, der Atom- und Gentechnik wird keineswegs angemessen gewürdigt.

So sind es am Ende doch vorwiegend die Angst und die Protestbereitschaft an sich, die in den Köpfen von potentiellen Tätern mit pädagogischen und sozialstrategischen Mitteln verhütet oder bekämpft werden sollen. Ohne Kinder zu Duckmäusern zu machen, müsse schon im frühen Alter die Entstehung von Widerstandsbereitschaft gegen unbefriedigende gesellschaftliche Bedingungen verhindert werden. In der Schule sei die übertriebene Förderung von Kritikfähigkeit aufzugeben. Für den Umgang mit dennoch auflebenden Protestenergien empfiehlt das Gutachten beschwichtigende und entschärfende Taktiken. So solle mit der etablierten

Ökologiebewegung ein »Modus vivendi« (!) zur Austragung von Umweltkonflikten gefunden werden. Die Empfehlung erweiterter demokratischer Partizipationsmöglichkeiten ist sicher sinnvoll, aber dieses und andere Rezepte zur Einbindung kritischer Potentiale in die gesellschaftlichen Institutionen bleiben einseitig, da sie auf der anderen Seite die auslösenden gesellschaftlichen Ursachen vernachlässigen.

Hier ist die horrende *echte Dauerbedrohung des Lebens* durch eine Industriepolitik zu nennen, die mit unverantwortlichen chemischen, atomaren, ökologischen, gentechnischen Risiken hantiert. Schwer abweisbar ist die Annahme, daß sich eben diese Bedrohung in den Ängsten der sensiblen und noch wenig verdrängungsgeübten Teilen der Jugend widerspiegelt. Statt deren düstere Zukunftsvorstellungen als irrational, phantastisch oder angeblich ideologisch eingebleut abzuweisen, hat man diese korrekterweise an den Befunden ähnlich pessimistischer kritischer Naturwissenschaftler, Ökologen, Sozialwissenschaftler und Philosophen zu messen:

Weizenbaum, Chargaff, Anders, Jungk, Beck – um nur einige zu nennen – sehen unsere Industriegesellschaft auf demselben unheilvollen Wege, den die bedrückenden Visionen der Kinder und Jugendlichen ausmalen.

Übereinstimmend erblicken diese kritischen Experten in der Risikopolitik der modernen Industriegesellschaften keine zufällige Entgleisung, vielmehr den Ausdruck einer fatalen systematischen Grundhaltung, die nach Weizenbaum in einer Art moderner Religion wurzele. Es ist der Glauben an die Notwendigkeit, den Fortschritt durch Machen alles Machbaren zu erhalten, wobei neuerdings Gefahren von historisch einzigartiger Dimension produziert werden. Die Illusion von der unendlichen Perfektionierung der Technik in der Unterwerfung der Natur (von mir als »Gotteskomplex« benannt) verhindert automatisch ein vernünftiges Maßhalten in der Ausnutzung wissenschaftlich-technischer Möglichkeiten. Als »Gefahrentechnokratie« beschreibt Beck die Verfassung unserer Gesellschaft: »Gefahren werden zu Risiken kleingerechnet, wegverglichen und als unwahrscheinliche ›Restrisiken‹ rechtlich und wissenschaftlich normalisiert, wodurch Proteste zu Ausbrüchen von ›Irrationalität‹ stigmatisiert werden.« (In: *Die organisierte Unverantwortlichkeit*, S. 104.)

Wo auch immer der expansive Industrialismus unverantwortbare Großgefahren erzeugt, nirgends kann man mehr einzelne Verantwortliche haftbar machen. Entrüstung und Anklage fahnden vergeblich nach persönlichen Urhebern im Dickicht des sich nahezu selbst steuernden wissenschaftlich-industriellen Komplexes. Selbst bei eklatanten Schadensfällen in der Chemie, in der Atomtechnik, bei Giftmüllskandalen hört man nur ausnahmsweise, daß Täter identifiziert und zur Rechenschaft gezogen werden. Mangelhafte Kontrollen, unzureichende Gesetze schützen die Internationale der industriellen Gefahren- und Schadensproduzenten.

Daß alle neugeschaffenen Einrichtungen und Maßnahmen zum Umweltschutz weit hinter dem Tempo der zunehmenden Risiken und Zerstörungen hinterherhinken, bleibt natürlich nicht nur den Jugendlichen, sondern dem Großteil der Bevölkerung kaum verborgen. Aber der Eindruck, daß diese Prozesse scheinbar über den Köpfen der Menschen wie ein Naturvorgang ablaufen, von anonymen Machtzentralen gesteuert und kaum von unten beeinflußbar, verleitet zum Verdrängen, wer verdrängen kann. Selbst der Großteil derer, die mit der Herstellung oder dem Verkehr mit gefährlichen oder schädlichen Produkten befaßt sind, pflegt alle Skrupel und etwaigen Schuldgefühle erfolgreich abzuwehren. Massenhaft wird der Natur durch Vergiftung und demnächst durch gentechnische Eingriffe Gewalt angetan, ohne daß sich die Beteiligten auch nur eingeständen, daß hier menschliche Aggression im Spiele sei. Die Gefahrenindustrie funktioniert mit Hilfe der Technisierung der Abläufe als eine gigantische »Aggressionswaschanlage«, vergleichbar den Waschanlagen für schmutziges Geld.

Aber wie jede Verdrängung kann auch diese nur so lange funktionieren, als sie die Kräfte in Schach halten kann, die gegen sie arbeiten. Was heißt, daß die noch »erfolgreich« Verdrängenden sich gegen diejenigen abzuschirmen vermögen, die das Verdrängte repräsentieren. Wer die Bedrohung durch die Gefahrentechnokratie entlarvt und anprangert, erlebt daher massive Abwehr bis zur Diffamierung und Ausgrenzung. So erklärt sich, daß die Initiativen der Antikernkraft-, der Antiraketen-, der Ökobewegung und speziell ihre Wortführer von Anfang an aller möglichen finsteren Motive verdächtigt wurden – als kommunistisch gesteuert, als verfassungsfeindliche Störenfriede, als unverantwortliche Panikmacher. Wer selber darum kämpft, sein Unbehagen über bedrohliche Gefahren niederzuhalten, versucht bis zum äußersten diejenigen zu verteufeln, die seine geheimen Zweifel repräsentieren.

Daher fühlen sich viele kritische Skeptiker, insonderheit viele der von realistischer Zukunftsangst befallenen Jugendlichen, eingeschüchtert und stauen Unmut in sich auf. Die Verbreitung des jugendlichen Zukunftspessimismus hat sogar viele Experten der Jugendpsychologie und Jugendpsychiatrie, die diese Untersuchungen durchgeführt haben, in hohem Maße verblüfft. Es erweist sich, daß solche Ängste und Bedrücktheiten zum großen Teil sprachlos bleiben, verdeckt hinter einer Oberfläche scheinbar unbekümmerten Alltagsverhaltens. Es entzieht sich exakter wissenschaftlicher Untersuchungsmöglichkeit, wieviel von den in der psychischen Tiefenschicht angesammelten vitalen Gefühlen von Besorgnis, Hilflosigkeit und Ohnmacht einmünden in stark gehäuft auftretende psychosomatische Erkrankungen, in Apathie, in Drogensucht oder in weltflüchtiges Sektierertum. Nur Kinder- und Jugendlichenspychotherapeuten eröffnen sich in längerdauernden und tieferschürfenden Psychotherapien Zusammenhänge zwischen vitalen Bedrohungsängsten und psychogenen Krankheiten oder Verhaltensauffälligkeiten.

Viele Jugendliche und auch in zunehmendem Maße Ältere können weder verdrängen noch sich von realistischer Zukunftsangst und daraus folgender Erbitterung hinreichend entlasten. Sie fühlen sich hilflos gegenüber der allmächtigen Fortschrittstechnokratie mit ihren Risiken und gegenüber den Autoritäten, von denen sie sich als Spinner oder Störenfriede abqualifiziert erleben. So verbleiben sie momentan noch in gehorsamer Anpassung. *Aber daß hier ein unter Umständen gewaltträchtiges Protestpotential heranreift, ist kaum zu übersehen.* Die jugendlichen 74 Prozent, die heute bereits die definitive Umweltzerstörung voraussehen, werden durch immer neue Chemiekatastrophen, Atomunfälle, Giftmüllskandale, Artentod, Waldsterben, Treibhauseffekt, Luft- und Wasserverschlechterung, Zunahme von Umweltkrankheiten usw. weiterhin beunruhigt werden. Wie lange sie unter dem Druck offizieller Beschwichtigungs- und Einschüchterungskampagnen stillhalten werden, ist fraglich.

Stärker aufflammende Proteste können dazu führen, daß Gefahren produzierende Industrieanlagen durch militante Sicherheitssysteme geschützt und die Überwachung von demonstrierenden Gruppen verschärft werden. Maßnahmen autoritärer Entdemokratisierung mögen für erforderlich gehalten werden, um wachsende Empörung zu beherrschen. Szenarien, wie sie Robert Jungk für den »Atomstaat« und Ulrich Beck für die »Industrie hinter Gittern« beschrieben haben und wie sie heute schon in Ansätzen zu beobachten sind, wären die Konsequenz. Sie drohen die Spannung zu verschärfen, die auf der anderen Seite fast zwangsläufig zum Explodieren von Empörung und Widerstandsenergien führen müßte. Erinnert sei an die Mahnung von Jungk: Würden die politisch Verantwortlichen damit fortfahren, trotz der Mahnungen von Tschernobyl und Sandoz die Bevölkerung lebensbedrohlichen Techniken auszusetzen, drohe Gewalt bis hin zum Bürgerkrieg.

Trifft zu, daß die industrielle Produktion der Überlebensgefahren und nicht die reaktive Angst bzw. die potentielle defensive Aggression das primär zu lösende Hauptproblem darstellt, *dann ist es falsch, den Schwerpunkt präventiver Strategien auf die Förderung von Anpassung und Disziplinierung der Jugend zu legen* und gerade noch beiläufig zu erwähnen, daß die Politik auch auf die Wahrung von Zukunftsperspektiven und angemessenen gesellschaftlichen Rahmenbedingungen achten solle. *Umgekehrt hat die dringendste Mahnung der Politik selbst zu gelten,* die nach wie vor das Wählervolk vielfach mit der Versprechung kurzfristiger Vorteile zu gewinnen versucht, die mit unverantwortlichen Risiken oder sogar definitiven ökologischen Zerstörungen erkauft werden.

In dieser Sicht müssen die präventiven Empfehlungen für die Sozialisation der Jugend anders gewichtet werden als in dem Gutachten der »Gewaltkommission«. Da, wie die zitierten Untersuchungen zeigen, die schon bei 10- bis 14jährigen ausgeprägten Zukunftsängste von Eltern und Lehrern unzureichend wahrgenommen, geschweige denn besprochen werden, erscheint es dringend notwendig, *diese Sprachlosigkeit zu durchbrechen.* Eltern und Lehrer müssen in diesem Punkt zum Fragen anregen und sich der Diskussion stellen. Sie müssen das im allgemeinen weit unterschätzte ökologische Informationsbedürfnis der Jugendlichen befriedigen. Einzelne modellhafte Schulprojekte haben bewiesen, daß systematische Behandlung dieser Thematik bereits in fünften und sechsten Klassen sinnvoll ist, um den Kindern zur Klärung ihrer Vorstellungen zu verhelfen. Der Umgang mit präzisen Informationen stärkt sie und fördert sie in der Ausbildung eines kritischen ökologischen Bewußtseins und in der Bereitschaft, sich aktiv mit solchen Problemen auseinanderzusetzen. Auch Eltern pflegen von solchen Aussprachen zu profitieren, die sie bislang zwar vorgeblich zur Beruhigung der Kinder, tatsächlich meist eher zum Schutz der eigenen Verdrängungen vermieden haben.

Da es diese heranwachsende Generation ist, von der eine Umkehr der »organisierten Unverantwortlichkeit« zu einer maßvollen ökologischen Politik abhängt, ist nicht nur ihre Kritikfähigkeit anzuregen, sondern es sind auch ihre *Überzeugungsfestigkeit* und ihre individuelle *Widerstandskraft* zu fördern, während die »Gewaltkommission«, wie erwähnt, eher zu einer pädagogischen Eingrenzung von kritischen Neigungen mahnt. Geradezu peinlich mutet es in diesen Tagen an, wenn das Gutachten den Schulen vorwirft, im Geschichtsunterricht aufständischen Volkszorn gegen ungerechte soziale und politische Verhältnisse zu sehr zu heroisieren oder gar als Teil von historischem Fortschritt zu loben. Die »häßlichen« Seiten des »gerechten« gewaltsamen Volkszorns würden zu sehr unterschlagen. Als sei uns nicht gerade anschaulich vorgeführt worden, daß gerechter Volkszorn nur dort »gewaltsam« und »häßlich« zu werden pflegt, wo die Gewalt der Unterdrückung eine friedliche Austragung verhindert.

Tatsächlich geht es doch darum, daß die neue Jugend nicht wie ihre Vorgänger um reibungsloser Integration willen Angst und Unmut über die Zukunftsgefährdung irgendwann aus dem Bewußtsein abspaltet oder diese Stimmung möglicherweise in dumpfer Empörung massiv ausagiert, sondern in *kontrolliertes, streitbares, konstruktives Engagement* verwandeln kann. Gerade zur Verhinderung chaotischer Gewalt, wie sie z. B. Günther Anders und Robert Jungk bei Fortsetzung der herrschenden Umweltzerstörungs-Politik prognostizieren, muß die Pädagogik jener Gehorsamsautomatik und Autoritätsfixierung entgegenarbeiten, die Adorno, Mitscherlich, Hannah Arendt und auch eigene Studien als besondere Gefahrenquelle deutscher Entdemokratisierung herausgearbeitet haben. In Gewalt mündender politischer Fanatismus entspringt – gründliche biographische Studien zeigen es – sehr viel eher aus anerzogener Unterwerfung und Ohnmacht, die irgendwann explosiv ins Gegenteil umschlagen, als aus früh erworbener Standfestigkeit und geförderter Zivilcourage.

Literatur

Adorno, Th. W. u. a., *The Authoritarian Personality*, New York 1950.
Anders, G., *Die Antiquiertheit des Menschen*, 2. Bd.: *Über die Zerstörung des Lebens im Zeitalter der dritten industriellen Revolution*, München 1980.
Beck, U., *Gegengifte. Die organisierte Unverantwortlichkeit*, Frankfurt am Main 1988.
Bock u. a. (Hg.), *Zwischen Resignation und Gewalt*, Opladen 1989.
Engel, U. u. K. Hurrelmann, *Psychosoziale Belastung im Jugendalter*, Berlin, New York 1989.
Fromm, E., *Anatomie der menschlichen Destruktivität*, Stuttgart 1974.
Jugendwerk der Deutschen Shell (Hg.): *Jugendliche und Erwachsene '85*, Bd. 1, Hamburg 1985.
Kern, P. u. H. G. Wittig, *Pädagogik im Atomzeitalter*, Freiburg 1982.
Niedersächsischer Kultusminister (Hg.): *Lebensbedingungen von Jugendlichen und jungen Erwachsenen in Niedersachsen*, Manuskript, Hannover 1985.
Petri, H., K. Boenke, M. Macpherson u. M. Meador, *Bedrohtheit bei Jugendlichen*, in: *psychosozial* 29, 1986.
Richter, H.-E., *Der Gotteskomplex*, Reinbek 1979.
Richter, H.-E., *Umgang mit aktuellen Kinderängsten*, in: *Leben statt Machen*, Hamburg 1987.
Richter, H.-E., *Gewalt bei Demonstrationen*, in: *Recht und Politik* 24, Heft 2, 1988.
Rusch, R. (Hg.), *So soll die Welt nicht werden. Kinder schreiben über ihre Zukunft*, Kevelaer 1989.
Sinus-Institut, *Die verunsicherte Generation*, Opladen 1983.
Solantaus, T., M. Rimpelä u. V. Taipale, *The threat of war in the minds of the 12-18 year olds in Finland*, Manuskript, 1983.

Hakki Keskin
Ausländerfeindlichkeit und Rassismus – Eine Bedrohung für den sozialen Frieden

Wer hätte sich vorstellen können, daß in der Bundesrepublik Deutschland ein Tag käme, an dem Menschen Angst hätten, zur Arbeit zu gehen oder ihre Kinder in die Schule zu schicken, weil sie *keine Deutschen* sind?

Dies geschieht nicht in irgendeinem Land, sondern in diesem demokratischen Staat Bundesrepublik Deutschland, in dessen Vorgängerstaat Millionen von Juden aus rassischen Gründen auf unvorstellbare Weise noch zu unseren Lebzeiten vernichtet wurden. Als ich vor Jahren viele Gespräche mit Ausländern über ihre Verbleibeabsichten in der Bundesrepublik Deutschland führte, erfuhr ich nicht selten von Ängsten, wie sich die Stimmung bei der deutschen Bevölkerung entwickeln würde, wenn es zu einer ökonomischen und sozialen Krise käme. Die aus der Vergangenheit abgeleiteten Befürchtungen fand ich extrem übertrieben. »Gerade aus diesem Grunde«, erwiderte ich, »kann hier keine rassistische Bewegung mehr Fuß fassen.« Nach den Wahlen in West-Berlin und Hessen und vor allem seit dem 20. April 1989 muß ich feststellen, daß ich mich geirrt habe.

Ich bin seit rund 22 Jahren in der Bundesrepublik Deutschland. So betroffen und so fassungslos wie am 20. April 1989 war ich noch nie. Ich konnte und wollte es kaum glauben, als mich zwei Tage zuvor viele Türken fragten, ob sie an diesem als »Reichskristallnacht gegen Türken« angekündigten Tag zur Arbeit gehen und ihre Kinder zur Schule schicken sollten. Die meisten Einwandererkinder sind in der Tat an diesem Tag nicht zur Schule geschickt worden und viele ihrer Eltern sind nicht zur Arbeit gegangen. Als ich am 19. April meine siebenjährige Tochter von der Schule abholte, wollte sie wissen, was eigentlich los sei. Auch in ihrer Klasse wurde darüber gesprochen, »Weshalb wollen die Skinheads uns schlagen?« Ich war nicht imstande, meiner Tochter – gebürtige Berlinerin – zu erläutern, worum es geht. Wie sollte ich das?

Diese Entwicklung ist in höchstem Maße alarmierend. Ohne Unterschied der politischen Gesinnung und Parteizugehörigkeit sollten alle Demokraten in diesem Lande diesen Zustand als Herausforderung begreifen und unverzüglich mit allen demokratischen Mitteln und Möglichkeiten diesem Trend zur Erneuerung der rassistisch-faschistischen Ideologien entgegenwirken.

Wie kam es zu einer solchen Entwicklung?

Die Analysen und historischen Erfahrungen zeigen uns einige wesentliche Charakteristika für die Entstehung und das Erstarken rassistisch-faschistischer Ideologien. Diese entstehen und können Zulauf bekommen, wenn ökonomische, soziale und politische Konflikte sich zuspitzen und dafür Sündenböcke gefunden werden sollen.

Die Bundesrepublik Deutschland lebt nunmehr seit rund 10 Jahren mit einer Massenarbeitslosigkeit, die nach amtlichen Angaben seit 1983 jeden zehnten Beschäftigten erfaßt. Noch wichtiger ist jedoch, daß sich keine Aussichten zur deutlichen Minderung der Arbeitslosigkeit abzeichnen. Im Gegenteil, es wird angenommen, daß die Arbeitslosigkeit bis Mitte oder gar bis Ende der 90er Jahre in dieser Höhe bestehen bleibt. Hunderttausende ältere und meist Langzeitarbeitslose haben bei diesen Prognosen die Hoffnung verloren, je wieder Arbeit finden zu können. Diese Arbeitslosigkeit wird für die Betroffenen von einer relativen Verarmung begleitet. Zählt man die Familienangehörigen dazu, so leidet ein Drittel der Gesellschaft unter den Folgen der langandauernden Massenarbeitslosigkeit.

Dies stellt einen wichtigen Nährboden für rassistisch-faschistische Ideologien dar. Dazu kommen eine Reihe anderer Engpässe und Konflikte. In den Großstädten und in verschärftem Maße in Hamburg erleben wir, daß gerade untere Einkommensgruppen große Schwierigkeiten haben, eine Wohnung zu finden. Gleichzeitig machen seit Jahren Berichte Schlagzeilen, daß Zehntausende von Asylsuchenden und Hunderttausende Aussiedler nach Deutschland strömen. Die parteipolitisch kontrovers geführte Diskussion über Zahlen und Kosten der Asylbewerber, die angeblich den Staat jährlich Milliarden kosten, verstärkt die Unzufriedenheit bei den von der Krise betroffenen Menschen. Sie hören auch, daß die Aussiedler leichteren Zugang zu Wohnungen und Arbeit finden und angeblich höhere Renten beanspruchen als

Menschen, die jahrzehntelang dafür gearbeitet haben. Die anhaltenden Berichte, es würden in den nächsten Jahren weitere Hunderttausende Aussiedler in die Bundesrepublik kommen, die ja im Vergleich zu den Benachteiligten bevorzugt behandelt würden, verstärkt nicht nur die Hoffnungslosigkeit in bezug auf Arbeit und Wohnung, sondern auch die Verärgerung und Empörung über diese undurchschaubare Politik.

Die seit Jahren vorhandenen Schwierigkeiten gerade der zu den unteren Einkommensgruppen zählenden deutschen Bevölkerung in den sogenannten Ballungsgebieten der Ausländer sind bis zum heutigen Tage von der Politik nicht ernstgenommen und reflektiert worden. Diese historisch von der arbeitenden Bevölkerung bewohnten Stadtteile (Kreuzberg und Wedding in Berlin, Wilhelmsburg in Hamburg) waren schon immer infrastrukturell benachteiligt. Die ausländischen Arbeiter fanden gerade in diesen Stadtteilen Wohnungen, die nicht selten abrißreif, dafür aber billig waren. Im Laufe der 60er und 70er Jahre konzentrierten sich auf diese Weise immer mehr Ausländer in diesen Stadtteilen, die von Beginn an in bezug auf vorschulische und schulische Einrichtungen benachteiligt waren. In den meisten Schulklassen dieser Stadtteile entstanden beachtliche Beschulungsprobleme, weil die nachgezogenen Ausländerkinder erhebliche sprachliche Schwierigkeiten aufwiesen. Das Lerntempo in diesen Klassen verlangsamte sich insgesamt. Die betroffenen deutschen Eltern versuchten nicht selten, aus diesem Grund aus solchen Stadtteilen wegzuziehen. Nicht zuletzt auch dadurch erhöhte sich der Anteil der Ausländer in solchen Stadtteilen. Die wiederholten Forderungen nach Sondermaßnahmen zur Behebung der vorhandenen Defizite für alle Kinder von Ausländern in den Schulen der sogenannten Ballungsgebiete fanden nur selten und viel zu spät Gehör. Auch hierdurch entstand ein Potential an unzufriedenen und verärgerten Menschen. Diese Schulpolitik hatte auf der anderen Seite für die Ausländerkinder bis vor wenigen Jahren dramatische Folgen. Viele von ihnen haben ohne einen Abschluß die Schulen verlassen müssen. Die meisten von ihnen fanden keine Ausbildungs- und Arbeitsplätze. Das Potential zur Straftat und nicht selten zur Kriminalität nahm auch bei ausländischen Jugendlichen zu. Anstatt mit einer Reihe von Maßnahmen dieser Entwicklung entgegenzuwirken, versuchten rechts-konservative Politiker wie der ehemalige Berliner Innensenator Lummer und Bundesinnenminister Zimmermann, hieraus ihre gegen die ausländische Bevölkerung gerichtete Politik zu begründen. Nicht selten wurde und wird mit verfälschten Zahlenangaben, die Stimmung gegen die ausländische Bevölkerung machen, eine gezielte Ausländerpolitik betrieben.

Mehr noch: Nach der Wende kündigte die Bundesregierung die Halbierung der Zahl der ausländischen Bevölkerung als eine ihrer Aufgaben an. Wenn auch nicht explizit, so wurde doch implizit bei Teilen der deutschen Bevölkerung der Eindruck erweckt, die Halbierung der Zahl der Ausländerbevölkerung sei für die ebenfalls proklamierte Minderung der Arbeitslosigkeit erforderlich. Aus zahlreichen Erklärungen mancher politisch Verantwortlicher konnten die nicht oder nur sehr oberflächlich über diese Zusammenhänge informierten Menschen glauben, daß die ausländische Bevölkerung für die fehlenden Arbeitsplätze und Wohnungen wie auch für die Schwierigkeiten in den von Ausländern bewohnten Ballungsgebieten verantwortlich sei.

So wurde versucht, mit parteipolitischen Kalkülen auf Kosten der politisch rechtlosen Ausländer/Einwanderer die Parteiprofilierung zu erreichen. Für das Versagen der eigenen Politik mußten Sündenböcke gefunden werden und sie wurden gefunden: Asylsuchende, Ausländer und nunmehr auch Aussiedler. Etablierte Parteien haben mit ihrer bisherigen Ausländerpolitik und mit vielen ihrer unüberlegten und zum Teil bewußten Erklärungen gegen Ausländer mittelbar die Ausländerfeindlichkeit geschürt und objektiv ausländerfeindlich-rassistischen Gesinnungen und Strömungen den Nährboden bereitet.

Da konservative Politiker ihre Ausländerhalbierungsprogramme und »Scheinasylanten-Stop«-Bekundungen nicht realisieren konnten, entstand für die von der sozialen und ökonomischen Krise betroffenen Menschen auch ein politisches Vakuum. Dieses mußte mit einer auf dem rechtesten Spektrum »glaubwürdigeren« Partei gefüllt werden. So gesehen ist falsche Parteienpolitik primär verantwortlich für den unerwarteten Erfolg der Republikaner in West-Berlin und der NPD in Hessen.

Es wäre fatal zu glauben, die meisten Stimmen der rechtsradikalen Parteien kämen von Protestwählern. Die von Arbeitslosigkeit, Wohnungsnot etc. betroffenen und relativ verarmten Wähler, die die Einwanderer und Aussiedler als Konkurrenten sehen, werden an ihrer Suche nach einer »eisernen Hand« so lange festhalten, bis sich ihre reale Lebenslage konkret verbessert.

Der Glaube, wenn zwei Drittel der Bevölkerung bei anhaltender Massenarbeitslosigkeit, Wohnungsnot und Verarmung von der Krise verschont bleiben, d. h. zufrieden sind, könne die Unzufriedenheit des davon betroffenen einen Drittels der Gesellschaft in Kauf genommen werden, hat sich spätestens seit den Wahlen in Berlin und Hessen als Absurdität erwiesen. Auch in einem demokratischen Wohlfahrtsstaat kann die langanhaltende Unzufriedenheit und Verärgerung der von der Krise betroffenen Menschen als Wählerpotential für rechtsradikale und rassistisch-faschistische Parteien mobilisiert werden. Die Ankündigung des ehemaligen Vorsitzenden der Republikaner, Schönhuber, daß er mit einem Wählerpotential von 25 % rechnet, muß – langfristig gesehen – sehr ernstgenommen werden. Dafür spricht auch das Ergebnis einer in der FAZ veröffentlichten Umfrage, wonach ca. 30 % der Bevölkerung in der Bundesrepublik über eine latent faschistische Geisteshaltung verfügen.

Als eine wesentliche Voraussetzung für die Entstehung und das Erstarken rassistisch-faschistischer Bewegungen sehen wir eine soziale und ökonomische Krise und das Versagen der Politik, mit der Krise fertig zu werden. In den Augen vieler von der Krise betroffener Menschen ist dies seit einigen Jahren der Fall. Die andere wesentliche Voraussetzung war die Existenz von Sündenböcken. Wie erläutert, wurden die Ausländer/Einwanderer/Asylsuchenden und nunmehr auch die Aussiedler durch die falsche Politik zu Sündenböcken gemacht.

Die dringendste Aufgabe wäre neben der Beseitigung – zumindest aber Minderung – der Folgen der Massenarbeitslosigkeit, der Wohnungsnot etc., die Befreiung der Ausländer/Einwanderer/Asylsuchenden und Aussiedler von der Verantwortlichkeit für diese Engpässe und somit ihre Befreiung von der Funktion als Sündenböcke.

Dazu möchte ich konkrete Vorschläge formulieren. Weshalb eigentlich machen die Arbeitslosen, Wohnungssuchenden, Verarmten und die die mangelhafte Infrastruktur in den von den Ausländern/Einwanderern vorwiegend bewohnten Stadtteilen beklagenden Menschen gerade die Asylsuchenden, Ausländer/Einwanderer und Aussiedler für ihre Misere verantwortlich oder sehen sie als Konkurrenten? Weshalb wird nicht der deutsche

Nachbar ebenfalls als Konkurrent angesehen? Diese Frage bedarf einer Antwort.

Die politische und rechtliche Betrachtung und Behandlung der »Gastarbeiter« oder »Ausländer« gibt uns eine klare Antwort. »Gastarbeiter« und »Ausländer« gehören, wie diese Begriffe bereits verraten, nicht zu der deutschen Gesellschaft und zu diesem Lande. Sie haben einen nur befristeten Auftrag, in der Bundesrepublik zu sein. »Wir haben sie geholt, weil die Wirtschaft sie brauchte, jetzt haben wir über zwei Millionen Arbeitslose, nun brauchen wir sie nicht mehr.« Das ist die schlichte Schlußfolgerung der Durchschnittsbürger aus der bisherigen Ausländerpolitik. In der Tat kann diesen Menschen wegen dieser, von der offiziellen Politik gestützten Schlußfolgerung kein Vorwurf gemacht werden.

Zahlreiche Politiker beharren darauf, daß die sogenannten Ausländer »Gäste« seien und sie als deutsche Politiker die Pflicht haben, sich zunächst um die Deutschen zu kümmern. Noch klarer kann nicht unterstrichen werden, daß die hier lebenden Ausländer ein »Gastrecht« haben und im Vergleich zu den Deutschen anders behandelt werden. Diese Position besagt auch, daß diese »Gäste« und »Ausländer« letztendlich keinen Anspruch haben, als zu dieser Gesellschaft gehörig behandelt zu werden.

Das war und ist seit drei Jahrzehnten die offizielle Linie der Ausländerpolitik. Mit welchem Recht können wir nun die von der Krise betroffenen Menschen für ihre Schlußfolgerungen aus dieser Politik verantwortlich machen, wenn sie sagen: Als Deutscher habe ich das Recht, zuerst eine Arbeit, eine Wohnung usw. zu haben und nicht die Ausländer.

Diese bewußt angesteuerte Politik der rechtlichen, politischen und gesellschaftlichen Absonderung und Sonderbehandlung der hier dauerhaft lebenden nichtdeutschen Bevölkerung stellt meines Erachtens *eine Art legalisierte strukturelle Gewalt gegen diese Menschen dar.*

Per Gesetze werden u. a. selbst die in der Bundesrepublik Deutschland geborenen und aufgewachsenen Menschen ungleich behandelt. Dies soll auch in Zukunft nach dem vom Bundeskabinett im Dezember 1989 verabschiedeten Gesetzentwurf »zur Neuregelung des Ausländerrechts« so bleiben. Diesen Menschen wird durch schwer überwindbare Einbürgerungshürden auch die Annahme der deutschen Staatsbürgerschaft unmöglich gemacht. So gesehen wird eine Ausländerpolitik verfolgt, die die rechtliche Dauer-Minderbehandlung als eine Normalität ansieht und praktiziert.

Das Beharren auf diesem »Ausländer-Gast-Rechtsstatus« für die Menschen, die ein Dauer-Bestandteil dieser Gesellschaft geworden sind, ist eine offene Diskriminierung und *eine organisierte Gewaltanwendung des Staates gegen diesen Bevölkerungsteil.*

Deshalb fordern die Einwandererorganisationen seit langem eine radikale Abkehr von der bisherigen Ausländerpolitik. Es ist ein rein deutsches Phänomen, daß Menschen, die zu 70 % länger als 10 Jahre und zu 50 % länger als 15 Jahre in der Bundesrepublik Deutschland leben und arbeiten, von denen jeder Dritte hier geboren oder großgeworden ist, nach wie vor als »Ausländer« oder gar als »Gäste« angesehen und rechtlich behandelt werden. In keinem einzigen europäischen Nachbarland finden wir eine ähnliche Politik. In den Nachbarländern wird klar differenziert zwischen denjenigen, die sich nur zeitweilig als Touristen, Geschäftsleute, Diplomaten oder Studierende in diesen Ländern aufhalten und daher auch als Ausländer gelten, und denjenigen, die als Arbeiter angeworben wurden oder kamen und eine Arbeits- und Aufenthaltserlaubnis erhielten, und den anerkannten politischen Flüchtlingen. Begrifflich und rechtlich und im Verständnis der Bevölkerung wird klar unterschieden zwischen Ausländern mit vorübergehendem Aufenthalt und den Einwanderern, wie sie in Schweden, Norwegen und Finnland, den Immigranten, wie sie in Großbritannien und Frankreich, den kulturellen Minderheiten, wie sie in den Niederlanden und Dänemark genannt werden. Die Einwanderer, Immigranten oder die kulturellen Minderheiten haben einen Rechtsstatus, welcher sie den einheimischen Bürgern weitestgehend angleicht, und werden als fester Bestandteil der Gesellschaften dieser Länder angesehen. Sie sind zumeist auch im Bewußtsein der Bevölkerung keine Fremden, Gäste oder Ausländer mehr. Sie sind Inländer.

Seit Jahren wird gegen diese Forderung mit dem Hinweis polemisiert, die Bundesrepublik Deutschland sei kein Einwanderungsland. Dabei werden die Augen vor der Realität verschlossen, daß die sogenannten Ausländer sich längst hier niedergelassen haben, familiär hier verwurzelt sind, ihre Kinder meist ihre Muttersprache nicht sprechen können und hier zur Schule gehen und großgeworden sind. Selbst wenn weitere Einwanderung nicht erlaubt sein soll, hat eine faktisch unumkehrbare Einwanderung stattgefunden. Diese Menschen sind Einwanderer geworden.

Eine dieser Realität Rechnung tragende und zukunftsorientierte »Ausländer«-Politik muß mit dieser Selbst-Belügerei und -Täuschung aufhören; sie muß sich ohne Wenn und Aber zu diesen Einwanderern als festem Bestandteil dieser Gesellschaft, als Inländer, bekennen und bei der deutschen Bevölkerung um ein neues Verständnis und Bewußtsein hierfür werben. Nicht nur verbale Bekenntnisse sind gefragt, sondern die rechtliche Angleichung der Einwanderer müßte in allen Bereichen der Gesellschaft realisiert werden. Dem kommunalen Wahlrecht als erstem Schritt in diese Richtung müßten weitere Schritte folgen. Eine generelle Lösung wäre die Einführung der *»Doppelstaatsbürgerschaft«* für Einwanderer. Genauso wie die Aussiedler neben ihrer alten Staatsangehörigkeit die deutsche Staatsbürgerschaft bekommen können, müßte es möglich sein, nach einer Aufenthaltsdauer von beispielsweise 8 Jahren einen Rechtsanspruch auf die deutsche Staatsangehörigkeit zu erhalten ohne die Voraussetzung, die alte aufgeben zu müssen, wie dies heute der Fall ist. Hierbei kann die alte Staatsangehörigkeit ruhen, solange diese Menschen hier leben. Die Einwanderer brauchen das Gefühl, wenn sie wollen, eines Tages in ihr ehemaliges Herkunftsland zurückkehren zu können. Die Doppelstaatsbürgerschaft könnte für die Einwanderer ihre rechtliche Gleichstellung ermöglichen, ihnen eine klare Zukunftsperspektive erleichtern und den Weg für ihre vielseitige Integration in die deutsche Gesellschaft freimachen. Dies würde auch mit Sicherheit dazu führen, daß die deutsche Bevölkerung die neuen Deutschen nicht mehr als »Fremde«, »Gäste« oder »Ausländer« betrachtet. Ein neues Miteinander, ein neuer Umgang, eine neue Toleranz, ein neues Verständnis und eine neue politische Kultur würden entstehen, welche diese Menschen von ihrer Sündenbock-Funktion befreien hilft.

Die seit über einem Jahrzehnt andauernde Diskussion über die Asylfrage müßte baldmöglichst eine Lösung erfahren, wenn ein weiterer Nährboden für das Erstarken des rechtsradikalen und rassistischen Wählerpotentials eingedämmt werden soll. Hier ist eine breite Konsenspolitik aller demokratischen Parteien und Kräfte erforderlich. In der Tat müssen Lösungen gefunden werden, wie ein Asylantrag rasch bearbeitet werden kann. Solange die Diskussion pro und contra in dieser Frage mit Begriffen wie »Asylantenschwemme«, »Scheinasylanten«, »Wirtschaftsasylanten« etc. geführt wird, solange es Probleme bei der Unterbringung gibt, die zu Schlagzeilen führen, in welchen Luxushotels sie untergebracht werden und was das den Steuerzahler kostet, können wir sicher sein, Wählerpotential für rechtsradikale und rassistische Parteien bereitzustellen.

Die Bundesrepublik Deutschland als eines der reichsten Länder der Erde müßte in der Lage sein, die politisch Verfolgten aufzunehmen und ihnen menschliche Lebensbedingungen zu gewähren. Auch die Bundesrepublik wird aber nicht imstande sein, Menschen, die aus ökonomischen Gründen zu Zehntausenden kommen, auf Dauer aufzunehmen. Dies führt und muß zu Spannungen und polemischen Diskussionen führen, die nur den rechtsradikalen und rassistischen Strömungen nutzen. Deshalb steht die Neugestaltung der Wirtschaftsbeziehungen zwischen den industrialisierten Ländern und den Ländern der »Dritten Welt« als drängendes Problem auf der Tagesordnung.

Auch die Frage der bisherigen Aussiedlerpolitik müßte gründlich neu durchdacht werden. Die Bundesrepublik Deutschland wird es sich offenkundig bei der anhaltenden Massenarbeitslosigkeit und Wohnungsnot nicht leisten können, jährlich Hunderttausende Aussiedler aufzunehmen. Die Bundesregierung scheint die Dimension des Problems erkannt zu haben, wenn Bundeskanzler Kohl erklärt, die Bundesregierung wolle sich um die Verbesserung der Lebensverhältnisse der Aussiedler vor Ort bemühen. Auch hierbei ist eine gemeinsame Neuorientierung aller demokratischen Parteien erforderlich, die die alte, auf dem Kalten Krieg basierende Politik durch eine den neuen Realitäten sowohl in diesen Ländern wie in der Bundesrepublik entsprechende ersetzt.

Isabel Basterra

»Fremdenhaß« als Ursache von Gewalt? Staatliche (Des-)Information nährt Feindbilder

Was ist Ausländerfeindlichkeit?

Die Xenophobie, die Angst vor dem Fremden, dem Unbekannten (Albert Memmi[1] spricht hier auch von Heterophobie, der Angst vor dem Andersartigen), ist ein nicht nur bundesdeutsches Phänomen, das umfassend untersucht worden ist.

Wie aber wird aus der Angst (Fremden-)Haß? Es bedarf einer Negativ-Besetzung des Fremdenbildes durch tradierte Vorurteile und durch mittelbare oder unmittelbare Informationen. Und in diesem Prozeß kann es, bewußt oder nicht, zur Schaffung oder Bestärkung von Feindbildern kommen, die (evtl. für wen?) sehr »nützlich« sein können.

Zuerst aber zu den Begriffen »Fremdenhaß« oder »Ausländerfeindlichkeit«. Schon hier fällt etwas auf: In der Bundesrepublik ist der Begriff »Fremdenhaß« durch den der »Ausländerfeindlichkeit« ersetzt worden, wenn man von diesem immer virulenter werdenden Phänomen im Zusammenhang mit den hier lebenden nichtdeutschen Menschen redet. Und dies ist kein Zufall (Sprache reflektiert ja immer gesellschaftliche Prozesse): Wie könnte man problemlos von Fremden sprechen, wenn es sich um Menschen handelt, die z. T. schon seit Generationen (und somit länger als viele junge Deutsche) in diesem Land leben?

Wichtig ist, daß diese Begriffe – entgegen der Definition – weder alle Ausländer noch alle Fremden umfassen, sondern (und ich meine, nicht zufällig) eine ganz bestimmte soziale Gruppe, deren Mitglieder alle oder mehrere folgende Merkmale aufweisen:

– Sie haben ein deutlich abgrenzbares, anderes Aussehen als Deutsche.
– Sie gehören der Unterschicht oder unteren Mittelschicht an.
– Sie sind – vermeintlich – unmittelbare Konkurrenten der Deutschen, z. B. auf dem Arbeitsmarkt, bei der Wohnungssuche, im Schulbereich.

– Sie weisen andere Lebensformen auf, haben andere Sitten und Gebräuche.
– Sie tendieren dazu, sich »abzukapseln«, nur unter ihresgleichen zu sein.

Die Gegenbeispiele zeigen es recht deutlich: es gibt koreanische Krankenschwestern, die sehr wohl angesehen sind – sie üben einen »wichtigen« Beruf aus, in welchem zudem Mangel an ›einheimischen‹ Frachkräften herrscht (und es sind alles *nur* Frauen ...).

Und in meiner (deutschen) Stadt die größte japanische Kolonie in Europa: mehrere tausend Menschen, die nicht nur Ausländer sind, sondern auf welche einige der genannten Merkmale eindeutig zutreffen, aber eben nicht alle ...

Zum Fremden*haß* kommt es und kann es also erst dann kommen, wenn diese Ausprägungen negativ besetzt werden, wenn aus »anders« schlechter oder gefährlich oder bedrohlich wird.

Alle seriösen Umfragen der letzten Jahre haben eindeutig gezeigt, daß Ausländerfeindlichkeit vor allem bei Gruppen oder Menschen besteht, die *keinen* unmittelbaren Kontakt zu Ausländern/Fremden haben. Dies erlaubt den Schluß, daß in der direkten (konstruktiven) Auseinandersetzung mit diesen »anderen« Menschen sich sehr wohl herausstellt, daß anders weder schlechter noch gefährlicher zu bedeuten braucht.

Wir kennen aber auch alle Fälle, vor allem bei Jugendlichen, in denen man einzelne ausländische Freunde hat und sich dennoch in der Abstraktion ausländerfeindlich zeigt und sich sogar dazu offen bekennt: »Mein Freund, ja, der ist ein *guter* Ausländer.«

Dadurch stellt sich die Frage, wer oder was diese Zementierung der Vorurteile, diese Bestärkung (oder sogar Schaffung?) eines solchen Feindbildes, das selbst persönliche Freundschaften »überwindet«, betreibt oder fördert, und evtl. warum.

Es gibt dazu sicher mehrere Antworten: Einzelne Gruppen oder Individuen können aufgrund von real erlebten, negativen Erfahrungen diese verallgemeinern, und die Medien tragen mit ihrem Bedarf an »Nicht-Alltäglichem« sicherlich auch dazu bei. Aber es stellt sich die Frage, ob nicht auch der Staat durch
– gesetzgeberische Maßnahmen,
– eine bestimmte (Des-)Informationspolitik

zu dieser Negativ-Besetzung des »Anderen« beiträgt und durch das Bestärken eines solchen Feindbildes die Aggressionen und das Konfliktpotential der Bürger – deren Ursachen ganz woanders liegen können und zum Teil sogar in einer falschen oder schlechten Politik zu suchen sind – kanalisieren, d. h., auf diese Weise »Objekte der Gewaltausübung« schaffen oder stärken.

Somit würde ich meine Eingangsfrage verneinen. Nicht der Fremdenhaß ist die Ursache von Gewalt. Wenn wir Gewalt definieren als Mittel der Konfliktlösung, als Ausdrucksform persönlicher Unzufriedenheit und Verbitterung, wenn keine anderen Verständigungsmöglichkeiten gesehen werden, dann braucht der Fremdenhaß in den seltensten Fällen die *Ursache* der Gewalt zu sein, aber das geschaffene (nicht nur ›entstandene‹) Feindbild »Ausländer/Fremde« wird zu einem konkreten entpersonalisierten, »nützlichen« Objekt der Gewaltausübung. Die verhältnismäßig hohe Wehrlosigkeit dieser sozialen Gruppe – aufgrund von Status und Machtlosigkeit – begünstigt dies.

Das »Ausländerproblem« oder Die vorhandene Information über uns

Auch hier verrät schon die Sprache einiges. Wenn man über die nichtdeutsche Bevölkerung in der Bundesrepublik redet, spricht man fast ausnahmslos von einem *Problem*. Die ersten Weichen sind damit gesetzt.

Drei andere grundsätzliche Informationen sind:

– Wir neigen dazu, uns zu »gettoisieren«, uns abzukapseln, nur unter unseresgleichen wohnen/leben zu wollen.

Abgesehen davon, daß es nichts Natürlicheres gibt, als sich in einer zuerst fremden Umgebung – Land oder Stadt – zunächst einmal an Verwandten, Freunden oder Bekannten zu orientieren, wird bei der genannten Aussage nicht – fairerweise – auf die Rolle hingewiesen, die die Wohnungssituation und -politik hier spielt, auf die Tatsache, daß wir oft darauf angewiesen sind, die Wohnung zu nehmen, die man uns (endlich!) anbietet – und diese Wohnungen konzentrieren sich oft in bestimmten Stadtteilen.

– Wir sind in die Bundesrepublik gekommen, um an den Früchten des deutschen Wirtschaftswunders teilhaben zu können.

Ich bin immer wieder erstaunt, und traurig darüber, wie wenige – auch gutwillige – deutsche Mitbürger über die ›Geschichte‹ unseres Zuzugs in die Bundesrepublik wissen – von der damaligen Existenz der deutschen Anwerbestellen, jenen Stellen der regel-

rechten Vorauswahl von guten Arbeitskräften, hat kaum jemand gehört.
– Wir (unsere Kinder) mindern die Qualität der bundesdeutschen Schulbildung.

Ohne Zweifel bestehen hier objektiv Probleme. Aber die Streichung oder Nicht-Besetzung von Lehrerstellen, die vielen Unterrichtsstunden, die aufgrund fehlender Vertretungs-Lehrer ausfallen – und dies bei der hohen Anzahl arbeitsloser Lehrer –, zeigen bei näherem Hinsehen ganz deutlich, daß hier einmal wieder manches »vermengt« wird. Eine offensive Schulpolitik hätte hier die Chance, natürlich bei einem ›gesunden‹ Lehrer/Schüler-Verhältnis, die Schulausbildung zu bereichern und den Horizont *aller* Schüler zu erweitern, denn eine *lebendige* Auseinandersetzung und ein unmittelbares Kennenlernen anderer Länder, Menschen und Kulturen ist sicher durch kein noch so gutes Schulbuch zu ersetzen.

Zu diesen drei ›Informationen‹, die ich als Beispiele ausgewählt habe, weil sie sich auf den unmittelbaren Lebenszusammenhang der Menschen beziehen, kämen u. a. auch abstraktere ›Informationen‹ in Verbindung mit Begriffen wie ›deutscher Kultur‹ usw., auf welche ich in diesem Rahmen aber ganz bewußt nicht eingehen möchte.

Daß ich mich hier konkret mit einigen Beispielen befaßt habe, hat einen Grund: Diese ›Informationen‹ zwingen uns Nichtdeutsche permanent in eine Position der Defensive, die den Dialog zwischen Deutschen und Nichtdeutschen entscheidend erschwert und dadurch auch nicht ›friedenstiftend‹ ist und nicht sein kann.

Der nichtdeutsche Bevölkerungsteil steht immer unter Rechtfertigungs-Zwang, muß immer seine ›Unschuld‹ beweisen und beweisen, daß auch Ausländer gut sein können. Wir müssen, um es anders zu formulieren, unsere Daseinsberechtigung in diesem Land mit Worten ›erkämpfen‹. Und dies ist nicht nur äußerst schwierig, es ist vor allem die denkbar ungeeignetste Grundlage für einen Dialog – der immer zwischen Gleichen stattfinden sollte –, und somit auch für eine gleichberechtigte und gleichwertige, *friedliche* und echte Integration.

Das Begriffspaar »Gewalt-Ausländer« im Gutachten der Gewaltkommission

Drei Punkte fallen hier unmittelbar auf:

– Die Ausländer erscheinen *nur* als Subjekte der Gewalt, nicht als Opfer. Und sogar in diesen zwei Fällen – politisch motivierte Gewalt und Gewalt auf der Straße – erscheinen mir die aufgezeigten Tatbestände einerseits inhaltlich des kritischen Hinterfragens würdig, andererseits »wie geschaffen«, um die Bedrohung, die diese soziale Gruppe für die bundesrepublikanische Bevölkerungsmehrheit vermeintlich darstellt, in der von mir eingangs beschriebenen Weise der Feindbild-Bestärkung zu untermauern.

– Über Gewalt gegenüber Ausländern wird in diesem wichtigen, sehr ausführlichen Gutachten nicht gesprochen, Fremdenhaß und/oder Ausländerfeindlichkeit als Phänomen nicht untersucht, und lediglich im Kapitel über Gewalt auf Straßen und Plätzen wird unter Hinweis auf die britische (!) Lage – für mich ein unzulässiger Vergleich – von Gewalt mit ethnischem Hintergrund gesprochen.

Unzulässig erscheint mir der Vergleich einerseits deshalb, weil Ursprung und Zusammensetzung der Immigranten in Großbritannien und in der Bundesrepublik sehr unterschiedlich sind und auch die historische ›Konstellation‹ (Stichwort: ehemalige britische Kolonien) eine ganz andere ist. Andererseits ist in der Bundesrepublik die zweite Generation der Immigranten zum großen Teil bereits erwachsen geworden, ohne daß solche Phänomene der Bandenbildung wie in Großbritannien auch nur im Ansatz zu beobachten gewesen wären – ich würde behaupten, daß man in unserem Land von *ausländerspezifischer* Bandenbildung bei Jugendlichen nicht sprechen kann.

– Die vorgeschlagenen Maßnahmen haben einen eindeutig repressiven Charakter: Hier geht es weniger um Verminderung oder Vermeidung von Gewalt, sondern viel eher um eine »fast gewalttätige Verhinderung von Gewalt«.

Drei Punkte werden konkret in den beiden Vorschlägen (56/57) formuliert:

– Verstärkung der Angebote zur Integration.

Eine echte und friedliche Integration setzt die Bereitschaft und die Akzeptanz auch der Mehrheitsbevölkerung bei diesem Prozeß unabdingbar voraus. Die stärkere Beteiligung von ausländischen Jugendlichen an Ausbildungs- und Beschäftigungsprogrammen hat also als Instrument der Integration in unserem Verständnis nur dann einen Sinn, wenn parallel dazu bei den Deutschen das Gefühl der unmittelbaren Bedrohung durch Konkurrenten auf dem Arbeitsmarkt abgebaut wird.

Eine Integration, wie sie bis jetzt nicht nur von staatlicher Seite definiert und propagiert worden ist und wird, trägt höchstens zu einer Anpassung oder sogar »Ruhigstellung« der Ausländer bei, nicht zu einem gewaltfreien, friedvollen Zusammenleben von deutscher Bevölkerungsmehrheit *und* nichtdeutscher Minderheit.

In diesem Zusammenhang wird oft von der Erleichterung der Einbürgerung, vom »deutschen Paß« als *der* Integrationsmaßnahme gesprochen. Und hier zeigt sich auch ganz deutlich wieder das Dilemma.

Die Erleichterung der Einbürgerung ist sicher für viele Immigranten, die in der Bundesrepublik bleiben möchten, die keine Probleme mit der Aufgabe der ursprünglichen Staatsangehörigkeit haben (oder diese gar nicht aufgeben müssen), eine sehr wichtige Maßnahme: sie gewährleistet die rechtliche Gleichstellung und ermöglicht die volle politische Partizipation. Aber sie bewirkt kaum etwas in bezug auf die Integrationsbereitschaft und die Akzeptanz seitens der (deutschen) Bevölkerungsmehrheit. Die soziale Anerkennung wird dadurch de facto kaum beeinflußt oder gefördert.

– Eindeutige Begrenzung des weiteren Zuzugs von Ausländern.

Bei der Umsetzung dieses Vorschlags – der ja nicht neu ist, sondern seit 1973 durch den »Anwerbestopp« bereits Realität – muß allerdings gewährleistet sein, daß Menschenwürde und Verfassung nicht verletzt werden. Die bisherige Praxis – vor allem in den Bereichen Familiennachzug (Artikel 6 GG) und politische Flüchtlinge (Artikel 16 GG) – läßt hier Zweifel angebracht erscheinen.

Die Aussage, daß »ein unkontrollierter Zustrom die Integrationsfähigkeit der Gesellschaft der Bundesrepublik rasch überfordern würde«, läßt ihrerseits die Frage aufkommen, ob nicht von staatlicher Seite versucht werden sollte und/oder könnte, zuerst einmal die Integrations*bereitschaft* der Bevölkerungsmehrheit zu unterstützen und zu fördern – übrigens eine Aufgabe, die durch die neue politische und soziale Entwicklung in den Ländern Osteuropas und insbesondere in der DDR eine ganz andere Dimension erhält.

– Kontinuierliche Präsenz der Polizei in Problemgebieten.

Der Entstehung von städtischen Problemgebieten, die überwiegend von Ausländern bewohnt werden, dadurch entgegenzuwirken, daß die Polizei (!) dort frühzeitig eine kontinuierliche Präsenz sicherstellt und gewährleistet, erscheint mir als Vorschlag nicht nur nicht gewaltmindernd, sondern geradezu Gewalt heraufbeschwörend – kurz gesagt, eine staatliche Provokation für Deutsche und Nichtdeutsche.

Für Deutsche deshalb, weil die polizeiliche Präsenz immer eine – vermeintliche – Gefahrensituation reflektiert, eine Bedrohung also, die es den Deutschen sehr erschwert, sich mit ihrer Lebenssituation in diesem »Problemgebiet« konstruktiv und möglichst sachlich auseinanderzusetzen.

Für die Nichtdeutschen bedeutet die Aussage über »Problemgebiete, die überwiegend von Ausländern bewohnt werden«, wieder einmal eine eindeutige Stigmatisierung.

Zudem weiß man, daß bei uns Nichtdeutschen – größtenteils aufgrund von Erfahrungen, von Aufgaben- und Machtstellung der Polizei in unseren jeweiligen Ursprungsländern – schon die Erwähnung der Polizei sehr schnell das Gefühl der Angst entstehen läßt. Es ist in diesem Zusammenhang sicher kein Zufall, daß man in der Bundesrepublik eine Aufenthaltserlaubnis bei einer Ausländer*behörde* beantragt und erhält (oder auch nicht), jeder Nichtdeutsche aber davon spricht, er müsse zur Polizei, wenn er einen solchen Antrag stellen möchte.

Schlußbemerkungen

Ein gewaltfreies, friedliches und bereicherndes Zusammenleben der verschiedenen Bevölkerungsgruppen in der Bundesrepublik – eine echte Integration – setzt voraus und wird erst dann möglich sein, wenn *alle* sozialen Gruppen die Bereitschaft und die Akzeptanz gegenüber diesem sicher nicht immer einfachen Prozeß aufweisen und dies auch subjektiv so empfinden.

Seitens des Staates ist hierfür eine ›zweigleisige‹ Verfahrensweise geboten:

– Eine sachliche und aufklärerische Informationspolitik.

Eine solche Politik würde entscheidend dazu beitragen, bei der (deutschen) Bevölkerungsmehrheit die Ängste gegenüber dem und den »Fremden« abzubauen und somit ermöglichen oder erleichtern, daß die Bürger und die Gruppen bereit sind, sich unmittelbar, konstruktiv und *angstfrei* mit dem »Anderen« auseinanderzusetzen, um dann evtl. festzustellen, daß ein Zusammenleben nicht nur nichts Bedrohliches darstellt, sondern sehr wohl auch positive und bereichernde Elemente für das eigene Leben beinhalten kann.

– Eine ›Ausländer‹-Politik, welche die nichtdeutschen Bevölkerungsgruppen als *gleichwertige* Bestandteile der bundesrepublikanischen Gesellschaft anerkennt.

Erst eine solche Politik, eine Politik der rechtlichen Absicherung, der sozialen Gleichstellung und der politischen Partizipation ermöglicht eine echte gesellschaftliche Integration in dem von mir beschriebenen Sinne.

Und sie würde uns Ausländer/Nichtdeutsche erstmals in eine Lage versetzen, aus der heraus unsere Bereitschaft und unsere Möglichkeiten, uns nicht nur defensiv, sondern offensiv (konstruktiv, kreativ und bereichernd) mit dieser *unserer* Gesellschaft auseinanderzusetzen, entscheidend größer wären.

Anmerkung

1 A. Memmi, *Rassismus,* Frankfurt am Main 1987.

Teil 2
Sozialwissenschaftliche Perspektiven vor dem Hintergrund des Berichts der Gewaltkommission

Fritz Sack

Die Eskalation von Gewalt: Die Transformation politischer in gewaltbesetzte Konflikte

1. Vorbemerkung

Das Gutachten der unabhängigen Regierungskommission zur Verhinderung und Bekämpfung von Gewalt rühmt sich in mehrfacher und auffälliger Weise der wissenschaftlichen Fundierung der von ihr an die Bundesregierung und die verschiedenen staatlichen, politischen, öffentlichen und privaten Adressaten gerichteten, streckenweise außerordentlich minutiös formulierten gesetzgeberischen, exekutiv-staatlichen und kontrollbezogenen Handlungsempfehlungen und Politikvorschläge. Den Anspruch der Wissenschaftlichkeit hat die Kommission auf unterschiedliche Weise einzulösen versucht.

Da die Kommission infolge ihres außerordentlich knapp kalkulierten und vorgegebenen zeitlichen Rahmens verständlicherweise – mit Ausnahme zweier survey-generierter Datensätze zur Gewaltproblematik – keine originären empirischen Untersuchungen vorzubereiten und durchzuführen in der Lage war, beschränkte sich die Aufgabenstellung der Wissenschaftler in der Gewaltkommission im wesentlichen darauf, eine Sekundärauswertung bereits durchgeführter und vorhandener empirischer Untersuchungen und theoretischer Analysen unter dem Gesichtspunkt vorzunehmen, welche Schlußfolgerungen sich daraus in bezug auf die empirische Lage und die daraus resultierenden politischen und praktischen Handlungsempfehlungen ziehen lassen.

Ein besonderes Augenmerk für die Arbeit der Gewaltkommission wurde nach ihrem eigenen Zeugnis auf die einschlägigen ausländischen Erfahrungen sowie deren wissenschaftliche Aufarbeitung gelegt. So sind im Rahmen der für die Kommissionsarbeit verfügbar gemachten Sondergutachten je ein Bericht über die analoge Arbeit von Kommissionen aus England, Frankreich und den USA erstellt und ausgewertet worden.

Auf den ersten Blick und Beim-Wort-Nehmen einer solchen Intention hat die Kommission damit aus der Not der Knappheit von zeitlichen und sonstigen Forschungsressourcen die Tugend einer wissenschaftlich sinnvollen Allokation ihrer verfügbaren Möglichkeiten angestrebt. Insbesondere in den USA haben die Arbeiten, Publikationen und Dokumente der im Jahre 1968 eingesetzten »U.S. National Commission on the Causes and Prevention of Violence« (1969) – die sog. Eisenhower-Kommission – zum Teil den Rang hochkarätiger wissenschaftlicher Publikationen und den von Bestsellern erreicht. Eine analoge Prominenz und Beachtung über die nationalen Grenzen hinweg hat der englische Scarman-Report (1982) erreicht, benannt nach Lord Scarman, der im Anschluß an gewaltsame, rassistisch geprägte Konfrontationen zwischen Jugendlichen und der Polizei beauftragt war, eine unabhängige Untersuchung über Ursachen, Verlauf und Präventionsmöglichkeiten solcher Gewalteskalationen anzufertigen. Damit stand der Gewaltkommission ein reicher Fundus ausländischer wissenschaftlicher Forschungen für ihre Arbeit zur Verfügung.

Sucht man indessen genauer und gezielter danach, in welcher Weise diese wissenschaftlichen Ergebnisse über die Gewaltproblematik in anderen westlichen Demokratien ihren Niederschlag im Endbericht der Gewaltkommission gefunden haben, läßt sich weitgehend nur Fehlanzeige im großen Konzept wie im kleinen Detail registrieren. Weder lassen sich nachhaltige Bezüge und Auseinandersetzungen mit dem wissenschaftlichen und theoretischen Zugriff dieser ausländischen Vorbilder zur Gewaltproblematik ausmachen, noch verraten die politischen und praktischen Ratschläge der Kommission eine auch nur entfernte Inspiration und »Belehrung« durch die entsprechenden Vorschläge aus den USA und Großbritannien. Die Vollmundigkeit, mit der der Kommissionsbericht auf diese ausländischen Erkenntnisquellen verweist, wird nicht im mindesten durch den Text in seinen diagnostischen und therapeutischen Teilen gedeckt. Die Gewaltkommission hat diese Chance schlicht vertan. Der Bezug auf diese Erkenntnismöglichkeiten hat kaum einen anderen Stellenwert als den, den Schein seriöser und objektiver Wissenschaftlichkeit zu erzeugen.

Jenseits aller Kritikpunkte, Rezeptionsblockaden und Ignorierungen im einzelnen möchte ich eine grundlegende Differenz im wissenschaftlichen Zugriff auf das Problem sozialer und politischer Gewalt zwischen dem darüber in anderen westlichen Ländern geführten Diskurs und demjenigen konstatieren, der als Ausgangskonzept der Arbeit der Gewaltkommission zugrunde liegt.

Bezugspunkt der wissenschaftlichen Thematisierung, vor allem aber der praktisch-politischen Empfehlungen der Gewaltkommission ist eine durch und durch jurizentrierte Perspektive. Fluchtpunkt aller wissenschaftlichen Anstrengung sowie des selektiven Zugriffs auf einschlägige theoretische Analysen und empirische Befunde ist der isolierte Gewaltakt, der individuelle Gewalttäter, die ihrer sämtlichen Bezüge und Kontexte sozialer, politischer und ökonomischer Art entkleidete einzelne Handlung. Die Logik dieses Vorgehens ist die des Strafrechts und seiner Abstraktionen und normativen Fiktionen. Das Strafrecht aber kann Gewalt – wie jede andere Rechtsverletzung – nur in der Retortenform von Geschichtslosigkeit, sozialer Ungebundenheit und biographischer Leere verarbeiten. Nur so vermag es Zurechnungen vorzunehmen, Verantwortlichkeiten auszumachen und Sanktionen zu verhängen.

Damit verfehlt die Gewaltkommission in ihren Analysen und ihren politischen Vorschlägen zwei zentrale Einsichten, die sie bei einer vorurteilsfreien und offenen Rezeption gerade der ausländischen Befunde auf diesem Gebiet für sich hätte entnehmen können. Zum einen ignoriert sie den Prozeßcharakter der Entwicklung und Entstehung von Gewalt. Gewalt ist nicht auf den einsamen Willensentschluß eines in sozialer Isolierung und Ungebundenheit lebenden Individuums zurückzuführen, sondern das Endprodukt eines in der Regel langen sozialen und politischen Weges von Konflikten und Auseinandersetzungen – und das selbst bei denen, die im Bericht der Gewaltkommission nur noch als »Desperados oder politische Fanatiker (...), mit deren bizarren Denkweisen eine erfolgversprechende Auseinandersetzung nur schwer möglich ist« (S. 26), in den Blick geraten.

Die zweite Einsicht, die sich die Gewaltkommission trotz ihres vermeintlichen Rückgriffs auf die wissenschaftlichen Befunde aus dem Ausland hat entgehen lassen oder nicht zumuten wollen, ist darin zu erblicken, daß sie die ursächliche Zirkularität von Gewalteskalationen in den analytischen Teilen des Berichts kaum, in den präventions- und kontrollbezogenen Passagen überhaupt nicht zur Kenntnis genommen hat. Sie hat statt dessen Ursachen von Gewalt in einer Weise ausgemacht, festgestellt und präpariert, wie sie wissenschaftlich nicht mehr zulänglich zu identifizieren sind, strafrechtlich jedoch gebraucht werden.

Ich möchte im folgenden den Versuch unternehmen, ein Stück der Rezeptionsleistung des ausländischen wissenschaftlichen Gewaltdiskurses vorzuführen, wie die Gewaltkommission es gegen ihre eigene Intention und den selbstgestellten Anspruch versäumt hat. Ich werde mich dabei auf die Gewaltkonstellation beschränken, die erklärtermaßen im Mittelpunkt der Arbeit und vor allem der politischen und praktischen Handlungsempfehlungen der Kommission gestanden hat: auf die Formen und Strukturen der sogenannten politisch motivierten Gewalt.

2. Kollektive Akteure und kollektives Geschehen: Ein Akteurmodell politischer und sozialer Konflikte

2.1 Die Verkürzungen der Gewaltkommission

Als eine weichenstellende Fehlkonzeption der Arbeit der Gewaltkommission ist erneut der nahezu kompromißlose Verzicht auf eine analytische und politische Sichtweise zu betrachten, die ihren Akzent darauf legt, daß Handlungen von politischen Akteuren und Institutionen miteinander und gegeneinander verknüpft und aufeinander bezogen sind. Sie sind dies nicht nur im Sinne eines zeitlichen Nacheinander, einer situativen und örtlichen Nachbarschaft, sondern diese Verknüpfung stellt vor allen Dingen eine solche der wechselseitigen Motivation und Handlungsstimulierung dar.

Die Gewaltkommission hat sich dieser Erkenntnismöglichkeiten weitgehend entschlagen, obwohl sie nicht nur – bei aller Schwierigkeit, soziale Verknüpfungen und Relationen statt individuelle Eigenschaften und soziale Zustände wissenschaftlich zu erfassen und darzustellen – darauf in Form einer reichhaltigen theoretischen und empirischen Literatur vor allem im angelsächsischen Bereich hätte zurückgreifen können. Der Verzicht auf eine solche Perspektive auf den Gegenstand des Gutachtens schlägt sich unter anderem in drei Aspekten nieder, die theoretisch wie praktisch weitreichende Implikationen haben:

Der *politische* Charakter einer Handlung ist erstens der Gewaltkommission nichts anderes als eine zusätzliche Qualifizierung oder Eigenschaft einer rechtswidrigen Tat, die sich ansonsten in nichts von jeder beliebigen anderen Rechtsverletzung unterscheidet. Unterschlagen wird dabei das spezifisch »Politische«. Dieses aber verweist auf den ebenso trivialen wie wissenschaftlich längst erkundeten und vielfach bestätigten Sachverhalt, daß Tat und Täter gerade nicht mit sich alleine sind, sondern Teil eines überindividuellen und kollektiven Zusammenhangs darstellen. Wer von politisch motivierten Taten und Tätern redet, hat nicht nur theoretisch, sondern auch praktisch die Existenz von Bezugsgrößen unterschiedlicher Art in Rechnung zu stellen.

Der zweifelhafte, trügerische und – offensichtlich – gewollte »Gewinn« einer solchen isolierenden Betrachtung von Gewalthandlungen besteht zweitens darin, diesen von vornherein und undiskutiert jeglichen Aspekt von Rationalität eines instrumentellen oder sozialen Zusammenhangs abzusprechen. Gewalthandlungen als isolierte und kontextfreie betrachten bedeutet, sie umstandslos dem Reich der Irrationalität, des Pathologischen, des Fremden, des fehlenden Sinnzusammenhangs zuzuordnen. In der wissenschaftlichen Ausarbeitung und Diskussion ist eine solche Betrachtung mit Theoriepositionen verknüpft, die eine Art Zwei-Reiche-Vorstellung über die Gesamtheit politischen Handelns stülpen. Auf der einen Seite die Welt strukturierter und institutionell gebundener, angeleiteter und geordneter Politik, auf der anderen Seite eine Welt eruptiver, unkalkulierbarer, politisch motivierter Handlungen von blanker Emotionalität, situativer Unmittelbarkeit und spontaner Entgrenzung und »Verantwortungslosigkeit«.

Der *dritte* Lohn, den sich die Gewaltkommission mit der weitgehenden Ignorierung des sozialen, politischen und ökonomischen Kontextes, in den insbesondere der Handlungstypus »politisch motivierte Gewalt« immer und geradezu definitionsgemäß eingelassen ist, erwirtschaftet, besteht in der Ignorierung der Einsicht, daß das »Böse« in einer Weise ein Bestandteil und eine »Leistung« des »Guten« darstellt, die es verbietet, kausaltheoretische und empirische Zurechnungen und Abhängigkeiten nach der Art des wissenschaftlichen Zugriffs der Gewaltkommission vorzunehmen und die gleichwohl vorgenommene strafrechtliche Verantwortlichmachung allenfalls als »staatsnotwendige Fiktion«, nicht jedoch als in einem wissenschaftlichen empirischen Sinne begründ- und herleitbar auszuweisen.

Die hier gezeichnete Struktur der Argumentation der Gewaltkommission ist von mir etwas stilisiert worden. Dies ist die immanente Logik des Großteils ihrer detaillierten Praxis- und Politikvorschläge, auch wenn sie diese streckenweise mit Versatzstücken eines utilitaristischen Handlungsmodells – menschliches Handeln als Resultate individueller Kosten-Nutzen-Abwägungen – unterlegt. Die stärker analytisch geprägten Teile des Gutachtens enthalten gelegentlich Überlegungen und Verweise auf prozeßorientierte und kontextbezogene Sichtweisen, die jedoch weitgehend in eine Sprache der Variablen, Faktoren und Bedingungen übersetzt werden, die den theoretischen Gewinn einer dynamischen Betrachtungsweise schnell wieder kassieren.

2.2 Skizze einer alternativen Perspektive

Zur Einsicht in die Strukturabhängigkeit auch gewaltbesetzten politischen Handelns hätte man sich etwa eine genauere und produktive Lektüre der Arbeiten eines politisch so unverfänglichen und unverdächtigen Wissenschaftlers wie N. Luhmann (1972) gewünscht, dessen rechtssoziologische Einsichten für die wissenschaftlichen Ambitionen der Gewaltkommission Erträge bereithalten, hinter die zurückzufallen wohl dem Stellenwert eines wissenschaftlichen Kunstfehlers gleichkommt. In bezug auf eine stärkere dynamische und prozeßgewendete wissenschaftliche Erschließung des Phänomens der politischen Gewalt wiegt hingegen das Versäumnis insofern noch ungleich schwerer, als die Gewaltkommission nicht nur einzelne wissenschaftliche Autoren und Publikationen weitgehend aus ihrer Optik ausgeblendet hat, sondern ein ganzes theoretisches und empirisches Forschungsterrain folgenreich nicht zur Kenntnis genommen hat.

Ich meine damit das in der amerikanischen Soziologie und Politologie seit Jahrzehnten existierende Forschungsfeld auf dem Gebiet des sogenannten kollektiven Verhaltens einschließlich dem ihm verwandten Terrain der Soziologie sozialer Probleme. Gerade in der wissenschaftlichen Aufarbeitung des seit den 60er Jahren gewachsenen politischen und sozialen Gewaltpegels hat sich dieses sozialwissenschaftliche Teilgebiet zum einen in theoretischer wie empirischer Hinsicht außerordentlich intensiv entwickelt, zum anderen ist es zunehmend zu einem reichen Fundus an theoretischen und empirischen Einsichten in genuin politische Zusammenhänge und Mechanismen geworden. Eine Reihe vorzüglicher Forschungsmonographien entstammt dabei unmittelbar den oben erwähnten Forschungsarbeiten aus der amerikanischen Regierungskommission zur Erforschung gesellschaftlicher Gewalt (H. D. Graham und D. R. Gurr 1969; J. H. Skolnick 1969, R. Stark 1972). In der durch Raum und Anlaß gebotenen Kürze wollen wir die wichtigsten Aspekte und Akzente der wissenschaftlichen und politischen Perspektive nachzeichnen, die sich aus einer Betrachtungsweise ergibt, die politische Gewalthandlungen in kollektive Prozesse sozialer und politischer Konfliktverläufe einbettet.

Die zentralen Elemente einer solchen theoretischen Perspektive möchten wir in vier Gesichtspunkten zusammenfassen. Sie beziehen sich erstens auf die Akteure eines solchen Prozeß- und Konfliktgeschehens, zweitens auf deren Handlungsmöglichkeiten und Konfliktressourcen, drittens umfassen sie die Eigenart und Struktur des Prozeßgeschehens, und viertens ist der mit diesem Geschehen inhärente Typ des Handelns näher zu charakterisieren.

Die Theorie des kollektiven Verhaltens bzw. der sozialen Bewegungen spricht erstens von Akteuren auch in jenem Zwischenbereich sozialen Geschehens, der einerseits unterhalb der Schwelle formalisierter, hierarchisch strukturierter, durch eindeutige Innen- und Außengrenzen markierter sozialer Gebilde, andererseits oberhalb der Schwelle des Individuums und des einzelnen Handelns angesiedelt ist. Für diese kollektiven Akteure hat sich in der Bundesrepublik mittlerweile auch der Begriff der sozialen Bewegung eingebürgert. Die Wissenschaft, insbesondere die politologische Forschung hat sich diesem »Handelnden« zwar zögernd, aber sichtbar theoretisch und empirisch zugewandt, indessen haben Politik und Öffentlichkeit nach wie vor Schwierigkeiten, mit diesem strukturell neuen und an Gewicht und Bedeutung zunehmenden Phänomen im gesellschaftlichen und politischen Konfliktgefüge umzugehen.

Soziale Bewegungen und kollektive Akteure dieser Art haben definitiv die Arena gesellschaftlicher und politischer Auseinandersetzungen in modernen Gesellschaften betreten und bestimmen und prägen die Auseinandersetzungen und Konfliktverläufe um gesellschaftliche Macht und soziale und politische Chancen sichtbar und, so will mir scheinen, unumkehrbar mit. Dieser strukturelle Trend zu einer Entinstitutionalisierung und Destrukturierung gesellschaftlichen und politischen Geschehens, der sich in sämtlichen hochdifferenzierten modernen Gesellschaften beobachten läßt, taucht in dem Konzept der Gewaltkommission nur in seinen negativen Erscheinungen wie »Parteiverdrossenheit«, »Staatsverdrossenheit« auf und wird gleichsam durch eine Orientierung konterkariert, die gesellschaftliche und politische Abläufe und Auseinandersetzungen angemessen und »rational« nur in den Spuren bestehender institutioneller, organisatorischer und rechtlicher Vorgaben, Institutionen und Grenzen zu denken vermag.

Schneidet man dieses Modell stärker auf den engeren Raum von Politik und politischem Handeln zu, ergänzt das Modell vor allem um die zentralen Interaktionspartner in der politischen Arena, so hat man zum einen den kollektiven Akteuren in der Form sozialer Bewegungen und lose strukturierter Handlungszusammenhänge die Akteure aus der Welt der institutionalisierten Formen von Politik und Staat gegenüberzustellen. Zum anderen hat man als einen für den Ablauf und den Ausgang politischer Auseinandersetzungen ganz entscheidenden Akteur die sogenannte Öffentlichkeit mit ihren verschiedenen Foren – Medien, Demoskopie, Wahlen, Demonstrationen –, in Rechnung zu stellen. Gerade was die Rolle und die Bedeutung dieser öffentlichen Institutionen, insbesondere die der Medien, angeht, erweist sich der Zugriff der Gewaltkommission auf politisches Konfliktgeschehen einschließlich seiner Verlängerung in die Gewalt als geradezu hilflos, theoretisch wie empirisch gleichermaßen uninformiert und politisch demaskierend folgenlos.

Dieses akteurorientierte Szenario politischen Handelns und Geschehens verweist vor allem auf eine fundamentale strukturelle Besonderheit, die zwar der politischen Auseinandersetzung um Macht und Einfluß prinzipiell und wesenhaft eigen ist, aber in dieser Konstellation der Konfrontation institutioneller und kollektiver Akteure und Bewegungen eine qualitativ neue Dimension erfährt. In besonderer Weise nämlich ist die Relation und Beziehung zwischen den Akteuren durch eine *Asymmetrie* ausgezeichnet, die sich auf die verschiedensten Aspekte und Dimensionen bezieht und die gerade für das Auftreten und die Generierung von Gewalt zwei Implikationen enthält, die man in den Überlegungen und Vorschlägen der Gewaltkommission vergeblich sucht. Strukturelle Asymmetrie in sozialen Beziehungen begünstigt, um nicht zu sagen »verführt« den privilegierten Partner zum Ausspielen seiner Position und läßt umgekehrt den sozialen und politischen »underdog« ständig in die Versuchung geraten, die konstitutiven und institutionellen Bedingungen dieser strukturellen Asymmetrie in Frage zu stellen, zu unterlaufen und zu verletzen. Dieser strukturelle Mechanismus asymmetrischer Sozialbeziehungen ist der vermutlich wirksamste »Generator« von Gewalt in sozialen Auseinandersetzungen und politischen Konflikten.

Ein *zweiter* Aspekt eines solchen Akteur-Modells politischer Konflikte bezieht sich auf die den Akteuren zugänglichen und verfügbaren Ressourcen für ihr Handeln. Ausdruck und Indikator für die strukturelle Asymmetrie zwischen den Konfliktpartnern sind das unterschiedliche Ausmaß, die differente Struktur sowie der voneinander abweichende zeitliche Handlungsrhythmus der Konfliktpartner. Neben den materiellen Ressourcen, wie Geld, manpower, Organisationstechnologie etc., deren Bedeutung für Gestaltung und Verlauf politischer Auseinandersetzungen auf der Hand liegt, springen insbesondere zwei Aspekte der unterschiedlichen Ressourcenstruktur der Konfliktpartner ins Auge.

Der eine bezieht sich auf den Zugang zur Öffentlichkeit, das Erreichen dritter, nicht unmittelbar in das Konfliktgeschehen involvierter »Parteien«. Hierzu gibt es eine Reihe von wissenschaftlichen und empirischen Befunden, die sich zu der These verdichten lassen, daß der Zugang zur Öffentlichkeit, zu sozialer und politischer Aufmerksamkeit von seiten der ressourcenarmen kollektiven Akteure und sozialen Bewegungen nur um den Preis spektakulärer, außergewöhnlicher, auch regelverletzender Handlungen zu gewinnen ist. Der zweite Aspekt betrifft den Einsatz und die Rolle, die den sogenannten ideologischen Ressourcen in politischen Auseinandersetzungen zukommt. Erfahrungsgemäß – und auch dies läßt sich der wissenschaftlichen Literatur über Struktur, Funktion und Verlauf sozialer Bewegungen und kollektiven Handelns entnehmen – kommt der theoretischen und ideologischen Argumentation, der Formulierung und Ausarbeitung gesellschaftlicher und politischer Utopien für die Wirkung und die Mobilisierungschancen sozialer Bewegungen und kollektiver Akteure eine ungleich größere Bedeutung zu, als dies für die institutionellen Akteure in Politik und Staat der Fall ist.

Ein *dritter* Gesichtspunkt eines solchen prozeßorientierten und akteurbetonten Modells politischen Handelns und konfliktbestimmter Auseinandersetzungen bezieht sich auf den Handlungstypus, der konstitutiver Bestandteil dieses Geschehens ist. Unzulänglich erscheint mir eine Vorstellung, die mit einem verkürzten Konzept eines instrumentell, zweck-rational, Kosten und Nutzen sorgfältig abwägenden Akteurs operiert. Mit einer solchen Vorstellung landet man bei einer empirisch entleerten Monade, die gleichsam in Einsamkeit und Freiheit Handlungspläne entwirft, Handlungsfolgen saldiert und diskontiert und enthoben sozialer, ökonomischer, politischer und situativer Bindungen und Beziehungen schlicht drauflos agiert. Der Wirklichkeit solchen sozialen und politischen Geschehens kommt dagegen ein Konzept *strategischen Handelns* ungleich näher, das sich vor allem dadurch auszeichnet, daß es systematisch die eigenen Handlungsziele und -bedingungen bricht und an denjenigen – aktuellen, erwarteten, vermuteten oder unterstellten – des Konfliktpartners orientiert.

Weiterhin ist für strategisches Handeln, zudem im Raum der Konkurrenz um politische Macht, die Tatsache begründend, daß nach der Art eines Null-Summen-Spiels der Erfolg der einen Seite tendenziell den Mißerfolg des anderen Konfliktpartners bedeutet. Das Konzept strategischen Handelns, das selbstverständlich für beide Konfliktpartner gleichermaßen gilt, läßt Aspekte und Dimensionen von Konflikthandeln in den Blick treten, die üblicherweise nicht oder völlig unzureichend thematisiert werden, im Denken und in der Argumentation der Gewaltkommission kaum einen Platz für sich beanspruchen.

Eine wissenschaftlich begründete und realitätsadäquate Analyse politischen Konflikthandelns ginge besser davon aus, daß es den Konfliktpartnern jeweils um den Schaden, die Einbuße und Beeinträchtigung der Position und Handlungsmöglichkeiten des anderen geht. Das Repertoire an Techniken zur Erreichung dieses Ziels ist reichhaltig, situationsflexibel, sozialem und technischem Wandel unterworfen und ausgesetzt. Zu seinen Handlungsstilen gehören die systematische Desinformation, das Simulieren und Dissimulieren von Handlungsabsichten und -zielen, die Einschüchterung des Partners, das Vorgeben und die Darstellung von Handlungsmacht und »bargaining power«, der verdeckte Zugang ins Lager und den Einflußbereich des Konfliktpartners, die Herstellung von Handlungszwängen bis hin zu der »stellvertretenden« Besorgung von Handlungen der Gegenseite, von der man sich für den weiteren Konfliktverlauf eigene Vorteile und eine Verbesserung der eigenen Position erwartet, das systematische Ins-Unrecht-Setzen des Konfliktpartners u.v.a. mehr.

Insbesondere erscheint mir wichtig, daß in politischen Konflikten auch das Handeln des strukturell überlegenen Partners, d.h. der institutionellen Akteure von Politik und Staat, unter solchen strategischen Aspekten gesehen und analysiert wird. Statt dessen findet man in der Regel eine Perspektive vor, die davon ausgeht, daß die Akteure auf seiten kollektiver und sozialer Bewegungen sich all der beschriebenen Momente und Techniken der Konfliktführung bedienen, während das staatliche und politische Handeln auf seiten der institutionellen Akteure in den Euphemismus staatlicher Benevolenz und gesellschaftlichen Gemeinwohls eingetaucht wird. Diese Art institutionalisierter staatlicher Selbstgerechtigkeit scheint sich gerade im politischen Klima und Selbstverständnis der Bundesrepublik bis in alle institutionellen und personellen Poren staatlichen Handelns eingelassen zu haben, gegen die anzugehen, und sei es nur argumentativ, das Risiko staatlicher Verfolgung in sich birgt, wie es Anfang der 80er Jahre der Hannoveraner Psychologieprofessor Peter Brückner bis zu seinem zeitigen Tode erfahren hat. Er hatte die schlimme Vermutung geäußert, daß der politische Terrorismus der 70er Jahre eine zum Teil staatsinduzierte und -gewollte Entwicklung gewesen sei, ohne allerdings für diese Vermutung schon die Vorgänge um das sogenannte »Celler Loch« zur Verfügung zu haben.

Auch die Überlegungen, Analysen und Vorschläge der Gewaltkommission betreten dieses Terrain nicht. Im Gegenteil: Die strukturelle Asymmetrie des gewaltgenerierenden politischen Geschehens wird auf der Basis einer seitenverkehrten strukturellen Asymmetrie der Handlungsstrukturen und -motive der Konfliktpartner analysiert: Das Reich des Bösen wird eng verknüpft mit dem kollektiver Akteure und sozialer Bewegungen, das Reich des Guten ist in fester Hand und zuverlässiger Verwaltung auf seiten der institutionellen politischen und staatlichen Akteure. »Desperados oder politische Fanatiker, mit deren bizarren Denkweisen eine erfolgversprechende Auseinandersetzung nur schwer möglich ist«, gibt es auf der einen Seite, der Staat und seine institutionellen politischen Strukturen scheinen auf eine nicht näher bezeichnete Weise für solche Figuren und Typen sozialen und politischen Handelns unzugänglich zu sein.

Als *viertes* Moment eines politischen Konfliktmodells des Verlaufs und der Gewaltträchtigkeit politischer Auseinandersetzungen möchte ich auf eine Eigenschaft sozialen Geschehens aufmerksam machen, die in der sozialwissenschaftlichen und politologischen Diskussion in den letzten Jahren – vor allem vor dem Hintergrund der Erfahrung reduzierter und geringer Steuerungs- und Gestaltungsfähigkeit sozialer und politischer Prozesse – vermehrt in den wissenschaftlichen Blick geraten ist. Es handelt sich dabei um sogenannte »eigendynamische soziale Prozesse« (R.

Mayntz und B. Nedelmann 1987), die insbesondere im Raum der Politik jenseits, unabhängig und oft gegen die Intentionen und Handlungsziele der hier agierenden Akteure eine eigene Handlungslogik entfalten und durchsetzen. Die interaktionistische Verkettung, das Konfliktpartner und soziale Akteure verknüpfende Moment strategischer Handlungssysteme, wie sie in der Politik die Regel sind, etabliert und konsolidiert eine Abfolge sowie einen Richtungsverlauf politischer Auseinandersetzungen, deren eines herausragendes Merkmal darin zu bestehen scheint, daß ihnen eine große Chance der Eskalation innewohnt. Die entscheidende Pointe solcher Verläufe ist darin zu sehen, daß sie sich nicht auf der Ebene individueller Handlungsziele und normativer Vorgaben erklären und durch Interventionen dieser Art regulieren lassen, sondern daß sie sich weitgehend unabhängig vom guten oder bösen Willen der in solche Prozesse involvierten und sie ausmachenden Akteure ins Werk setzen.

Ich habe damit die zentralen Merkmale, Mechanismen und Strukturelemente eines Modells politischer Handlungen und Auseinandersetzungen skizziert, das mir ungleich geeigneter als das der Arbeit und den Empfehlungen der Gewaltkommission zugrundeliegende erscheint, um das Auftreten und die Entwicklung politischer Gewalt zu erklären und um politische Strategien und Maßnahmen ihrer Kontrolle und Begrenzungen zu entwerfen. Dies erscheint mir vor allem das wissenschaftliche Gerippe zu sein, das den von mir zitierten, von der Gewaltkommission vorgeblich ausgewerteten wissenschaftlichen Analysen des Gewaltphänomens in der ausländischen einschlägigen Literatur, vor allem in der amerikanischen Tradition der Soziologie kollektiven Verhaltens und sozialer Bewegungen und Probleme, zugrunde liegt.

3. Die Rolle des Rechts und seiner Instanzen im Ablauf sozialer und politischer Konflikte

Wenn und wo vom Staat die Rede ist, ist unter den Bedingungen eines demokratisch und republikanisch verfaßten Gemeinwesens von Recht zu sprechen. Staatliches Handeln darf sich nur entsprechend – so jedenfalls die vielfach rechtlich, institutionell und ideologisch abgesicherte Doktrin – den im Recht vorentworfenen Prinzipien und Regeln vollziehen. Wo andererseits von Recht die Rede ist, da läßt sich von Gewalt nicht schweigen. Auch dies gehört zur vielgepriesenen Tugendseite moderner Staatlichkeit und zum verfassungsmäßig garantierten Selbstverständnis demokratischer Gesellschaften. Ausdruck dafür ist das staatliche Gewaltmonopol, das Recht und die Legitimation zur physischen Gewaltanwendung, das ausschließlich dem Staat und seinen Institutionen und Funktionsträgern zusteht.

Angesichts dieser strukturellen Ausgangssituation ist es um so verwunderlicher, daß in den Schriften des Rechts, sowohl in denen aus dem Bereich der praktischen Rechtsdurchsetzung und Rechtsanwendung wie denen der Rechtswissenschaft, diesem Aspekt staatlichen und rechtlichen Handelns so wenig Bedeutung und Platz eingeräumt wird. Nicht anders verhält es sich mit dem Bericht und den Überlegungen der Gewaltkommission. Staatliches Handeln, die Bereitstellung weiterer und detaillierterer Instrumente und Befugnisse dazu werden nicht in ihren Implikationen für den Gewaltaspekt staatlichen Handelns diskutiert, sondern werden alleine in der euphemistischen Rhetorik des Rechts erörtert. Als ob physische Gewalt weniger fatal, verletzend, für Leib, Leben und Sachen beeinträchtigend und psychisch folgenreich wäre, wenn sie im uniformierten Gewande staatlicher Legitimität und Legalität verabreicht wird.

Für das Auftreten und die Entstehung der politisch motivierten Gewalt erscheint mir die Ignorierung und Außerachtlassung dieser Seite des Rechts und des staatlichen Gewaltmonopols ein Versäumnis zu sein, dem man nicht nur politische Einäugigkeit, sondern auch eine zumindest grob fahrlässig unterlassene Berücksichtigung und Auswertung einer Unzahl wissenschaftlicher Befunde anzukreiden hat.

Ich möchte im folgenden dieses Argument in drei Einzelpunkten etwas ausführlicher ausbreiten und begründen. In einem ersten Schritt möchte ich den im allgemeinen unterschlagenen gestalterischen Aspekt und das aktive Moment rechtlichen Handelns betonen – im Gegensatz zu seinem eigenen rein *»reaktiven«* Selbstverständnis. In einem zweiten Abschnitt möchte ich auf einige empirische Befunde über die Rolle der auf Recht gestützten Einführung der Gewalt in politische Auseinandersetzungen von seiten des Staates zu sprechen kommen. In einem dritten Punkt möchte ich die Kontrolle rechtlichen und staatlichen Handelns und deren Stellenwert für den Verlauf politischer Konflikte erörtern.

a) Das gestalterische und strategische Moment des Rechts

Zur Beleuchtung und Betonung der Rolle des Rechts auf dem Feld politischen Handelns ist es erforderlich, einer Sichtweise des Rechts entgegenzutreten, die als eigenes Selbstverständnis ebenso sorgsam gepflegt wird, wie sie als eine zentrale Voraussetzung seiner Legitimität zu betrachten ist. Dieses dem Recht innewohnende und von der Rechtswissenschaft sorgfältig gehegte und ausbuchstabierte Konzept setzt Recht, Gesetze und sonstige rechtsgleiche normative Vorgaben gleich mit einem System von Bedingungen, bei deren Eintritt bestimmte Handlungen von seiten der Funktionsträger des Rechts ausgelöst werden. Die rechtlichen Regeln staatlichen Handelns haben danach einen weitgehend passiven, reaktiven und bedingten Charakter, womit impliziert ist, daß Recht in Aktion tritt, nachdem ein Ereignis zeitlich vorangegangen ist, das von außen induziert ist und dessen Trägerschaft nicht im Bereich des Rechts und seiner Instanzen und Funktionsträger liegt.

Um dieses reaktive Selbstverständnis des Rechts stärker auf den uns interessierenden Kontext zuzuschneiden, nämlich vor allem auf das Strafrecht, sei auf das in diesem Bereich herrschende sogenannte Legalitätsprinzip verwiesen, das dieses passive Selbstverständnis des Rechts am deutlichsten ausdrückt. In politischen und öffentlichen Auseinandersetzungen über staatliches Handeln, insbesondere auf der Ebene der Polizei, dürfte keine Einlassung, Verteidigung und Rechtfertigung einer bestimmten staatlichen Maßnahme oder Intervention in ähnlicher Stereotypie, reflexartiger Promptheit und unreflektierter Automatik den Hinweis unterlassen, daß das, was Polizei und andere Funktionsträger des Staates getan haben, genau und einzig das ist, was die rechtlichen Vorgaben und Regeln zu tun gebieten, gleichsam alternativlos erzwungen haben.

Im Gegensatz hierzu wird dem tatsächlichen Handeln und Durchsetzen des Rechts eine Perspektive eher gerecht, die sich geradezu spiegelbildlich zu der staatlicherseits gehegten verhält. Danach ist das Recht nicht als ein schlummernder Apparat zu betrachten, der nur durch das von ihm selbst nicht zu verantwortende Eintreten von Bedingungen in Aktion tritt, sondern dem ein *strategisches, aktiv steuerndes Gestaltungspotential* innewohnt, dessen sich Akteure und Konfliktparteien, wenn nicht gerade beliebig, so doch in einem weiten Spielraum bedienen können. In diesem Sinne kann man das Recht auch als eine wichtige Ressource der Konfliktführung betrachten, die von den jeweiligen Konfliktpartnern zur Betreibung, Forcierung, Vorteilsgewinnung, Nachteilszufügung eingesetzt werden kann.

Diese Auffassung des Rechts ist dann nicht so fremd, wenn es darum geht, Fragen wie Zugang zum Recht, Klage- und Anzeigebereitschaft der Bevölkerung und analoge Fragen und Probleme politisch zu thematisieren oder empirisch zu klären. Sie wird indessen unterschlagen, zurückgewiesen oder als nebensächlich abgetan, wenn dieser dem Recht inhärente Strategieaspekt auch in bezug auf den Staat selbst und seinen Rechtsstab sowie die das Rechtsprogramm formulierenden und implementierenden Akteure angewandt wird.

Auf diese Seite und Perspektive des Rechts im Zusammenhang mit seiner strafrechtlichen Ausgestaltung macht der Begriff der »Kriminalisierung« aufmerksam. Ein Begriff, dem von seiten des Rechts selbst, seinen Instanzen und Trägern der Vorwurf der Ideologisierung und Politisierung des Rechts entgegengehalten wird. Ebenso läßt sich dieses Strukturmerkmal des Strafrechts – aber auch über dieses hinausgreifend – als ein Instrument verstehen, das die Transformation von Konflikten, politischen zumal, aus ihrem sozialen, ökonomischen oder politischen Kontext in einen solchen des Rechts ermöglicht. Ich habe diesen Aspekt an anderer Stelle etwas detaillierter herausgearbeitet (F. Sack 1987) und möchte mich hier lediglich auf einige wenige Erläuterungen beschränken.

Einen Konflikt zu kriminalisieren, ihn in die Arena rechtlicher Auseinandersetzung zu überführen, bedeutet an allererster Stelle, ein soziales Geschehen in all seiner Komplexität in inhaltlicher und personeller Hinsicht in ein partikulares und isoliertes Handlungsgerüst mit identifizierbaren, darin involvierten Individuen zu pressen, auf die Aspekte hin zu trimmen und zu gestalten, die sich als Handlungs- oder Betroffenenanteile je einzelner Personen ausmachen lassen. In diesem Sinne bedeutet der Transformationsvorgang die Individualisierung und Personalisierung von sozialem und politischem Konflikt.

Darüber hinaus und auf die Ebene der konkreten, organisatorischen und logistischen Konfliktaustragung bezogen, hat die Inszenierung eines rechtlichen Konflikts, eines Strafverfahrens oder auch von Konflikten in anderen Rechtsbereichen, Implikationen weitreichender Art. Diese bestehen etwa darin, daß eine spezifische Kompetenz zur Führung solcher Rechtskonflikte mobilisiert werden muß, daß Beteiligungsmöglichkeiten und -chancen von Dritten und anderen Parteien, die etwa für den politischen Konflikt konstitutiv sind, drastisch beschnitten werden. Handlungsinitiativen werden neu verteilt, der Konfliktverlauf mit Bezug auf seine zeitliche Struktur, Terminierung, seine Dialogstrukturen werden entscheidend verändert und umgestaltet.

Insgesamt und mit Blick auf politische Konflikte und Auseinandersetzungen laufen diese Formen, Voraussetzungen und Begleiterscheinungen rechtlicher Konfliktführung auf eine entscheidende Beeinträchtigung und Schwächung der Handlungsressourcen des beim politischen Konflikt strukturell unterlegenen Partners hinaus. Es liegt deshalb auf der Hand, daß die strategische Versuchung, politisch motivierte Konflikte, politische Auseinandersetzungen und Kontroversen, insbesondere dann, wenn diese aus dem Raum der nichtinstitutionalisierten Politik kommen und von sozialen und politischen Bewegungen sowie kollektiven Akteuren getragen sind, von seiten der politischen und staatlichen Akteure mit Rechtskonflikten zu konterkarieren, Prozesse wegen Rechtsverletzungen der verschiedensten Art anzustrengen, eine Strategie des systematischen Ins-Unrecht-Setzens zu praktizieren und zu verfolgen.

Um die Möglichkeiten und die Strategiepotentiale von seiten der staatlichen und etablierten Politik in ihrer ganzen Reichweite zu erfassen, genügt es dabei nicht, nur das Strafrecht ins Auge zu nehmen, sondern es müssen auch die Regelungsstrukturen bedacht werden, die gerade für das sogenannte »unkonventionelle politische Verhalten« in Form von öffentlichen Demonstrationen und Protestartikulationen jenseits von Wahlurne, Leserbriefaktionen, Zeitungsanzeigen und gesetzlichen Petitionsmöglichkeiten eine Rolle spielen. Zu denken ist dabei vor allem an die unterschiedlichen Regelungsmaterien im Bereich des sogenannten Gefahrenabwehrrechts, des Organisationsrechts bis hin zum Urheberrecht. Bekanntlich herrschen in diesen Rechtsbereichen erheblich geringere Anforderungen an Rechtsklarheit, Bestimmtheitsprinzipien und Eindeutigkeiten im Sinne vorentworfener und vorgeschriebener Handlungsoptionen. Als Stichworte mögen hier genügen das »Opportunitätsprinzip«, »Verhältnismäßigkeitsprinzip« bis hin zu Zweckmäßigkeitsregeln der unterschiedlichsten Art, für die geradezu konstitutiv ist, daß den staatlichen Akteuren und Institutionen Spielräume der Beurteilung, der einzuschlagenden Handlungen sowie der zu treffenden Maßnahmen offenstehen.

Die Neigung der staatlichen und politischen Akteure zur Überführung politischer Konflikte in solche des Rechts erfährt zudem dadurch eine zusätzliche Wahrscheinlichkeit, daß für diese Akteure der Zugang zum Recht, die Nähe zu seinen Instanzen und Institutionen sowie die Kompetenz im Umgang mit ihnen ungleich größer, leichter erreichbar und quasi routinehaft praktizierbar ist, als dies für die staatlichen und politischen Kontrahenten gilt. Dieser strategische Vorteil in der Nutzung des Rechts als einer Ressource zur Schwächung, Konterkarierung und zur Zerschlagung kollektiver Bewegungen und Akteure stellt einen der Hauptmechanismen dar, die in solchen Konflikten zu beobachten sind und die diese in eine größere Nähe zu den gewaltbestimmten Phasen im Bereich politischer Konflikte bringen.

Ich möchte diese Überlegungen zu dem strategischen Gestaltungspotential, das das Recht den politisch institutionalisierten Kräften und dem Staat in der Auseinandersetzung mit politischen Bewegungen und kollektiven Akteuren bietet, mit einem Hinweis auf das wissenschaftliche Substrat eines Sozialhistorikers, der wie kein anderer Fragen und Probleme dieser Art historisch untersucht hat, beschließen. Der amerikanische Soziologe und Sozialhistoriker Charles Tilly, der eine Reihe empirisch-akribischer Untersuchungen über Formen des bürgerlichen und gesellschaftlichen Protests im 18. und 19. Jahrhundert verschiedener europäischer Staaten und Gesellschaften vorgelegt hat, konfrontiert das übliche Modell staatlicher Sicherheitspolitik, demzufolge der Staat und seine Sicherheitsorgane als ein Service-Unternehmen zu betrachten sind, das dem gesellschaftlichen Bedürfnis nach innerer und äußerer Sicherheit Rechnung trägt, mit einer diametral entgegengesetzten Vorstellung (Ch. Tilly 1985). Danach verhält sich der Staat in vielerlei Hinsicht auf diesem Terrain als ein Akteur, der in einem durch sein Handeln die gesellschaftliche Verunsicherung und Bedrohung erst herstellt, die er dann mittels seines Gewaltpotentials und -monopols wieder zu domestizieren und zu bekämpfen vorgibt. Eskalationsprozesse auf dem Feld der politischen Auseinandersetzungen bieten eine Fülle von Beispielen und Demonstrationen, die dem von Tilly vorgeschlagenen theoretischen Modell des Ablaufs und der Beendigung solcher Konflikte entsprechen.

b) Einige empirische Hinweise der Einführung von Gewalt in politische Konflikte von seiten staatlicher Akteure

Unsere theoretischen Überlegungen über die strategische Struktur und Qualität des Rechts und ihre Auswirkungen für den Verlauf und die Eskalation von politischen Konflikten machen einerseits die Wahrscheinlichkeit und die Erwartbarkeit des Einsatzes dieses Instruments der Konfliktführung von seiten politischer Parteien und staatlicher Instanzen, den gewöhnlichen Adressaten politischer Forderungen und politischen Protests, plausibel. Andererseits ist die Konfliktführung unter Einsatz rechtlicher Repression auf dem Gebiet der Politik auch oft für die damit verfolgten Ziele und Konfliktvorteile kontraproduktiv. Jenseits der Frage rechtlicher Zulässigkeit und gesetzlicher Konformität des staatlichen und politischen Handelns ist dieses dem Risiko ausgesetzt, in der Öffentlichkeit mit Blick auf den inhaltlich-politischen Gehalt des Konflikts selbst als unangemessen, sachinadäquat, über das Ziel hinausschießend und als Überreaktion beurteilt zu werden. In diesem Falle stellt sich nicht selten die Konsequenz ein, daß die Konflikt- und Protestgruppen, gegen die das Recht eingesetzt wird, zusätzliche Unterstützung und Ermunterung aus der Öffentlichkeit und Gesellschaft erfahren.

Dieser Mechanismus versagt und verkehrt sich je mehr in sein Gegenteil, desto gravierender die vorwerfbaren tatsächlichen oder vermuteten Anlässe und Rechtsverletzungen sind, derentwegen solche repressiven staatlichen Reaktionen ausgelöst und eingesetzt werden. In dieser Hinsicht kommt der Rolle der Gewalt in solchen Auseinandersetzungen gleichsam der Stellenwert eines Katalysators zu. Hat eine politische Auseinandersetzung oder Konfrontation die Schwelle der Gewalt überschritten, lassen sich Protestbewegungen, Bürgerinitiativen oder kollektiven Akteuren tatsächliche Gewalt oder latente Gewaltbereitschaft nachweisen und anhängen, setzt in der Regel jener Prozeß der Entsolidarisierung und Entdifferenzierung von Trägern, Anhängern oder »Sympathisanten« der politischen Bewegungen und Protestgruppen ein.

Neben dem technologischen Vorteil, den Staat und etablierte Politik auf der gewaltbestimmten Ebene politischer Auseinandersetzungen daraus beziehen, daß infolge des staatlichen Gewaltmonopols und des zu seiner Durchsetzung etablierten Gewaltapparates der Staat und seine Institutionen in den meisten empirischen Fällen strukturell auf der Gewinnerseite marschieren, verschafft die Einführung der Gewalt in den Konflikt den politischen Vorteil der Legitimierung des eigenen Handelns und der Diskriminierung des Handelns der Protestgruppen. Dieser doppelte »Nutzen«, den der Staat und seine Institutionen aus der Gewalt im Kontext politischer Auseinandersetzungen zu ziehen vermögen, stellt eine Größe in solchen Konfliktverläufen dar, deren Stellenwert nicht hoch genug veranschlagt werden kann.

Überlegungen dieser Art hat die Gewaltkommission in ihren analytischen Passagen und Teilen kaum angestellt, die dazu vorhandenen empirischen Befunde hat sie völlig ignoriert. Einige dieser empirischen Befunde seien im folgenden nachgetragen und erinnert.

Ich möchte zunächst den bereits zitierten Ch. Tilly zu Wort kommen lassen, der seine Befunde über das Auftreten und den Ursprung von Gewalt in politischen Konflikten so zusammenfaßt: »Ein zweites bedeutendes Merkmal kollektiver Gewalt, das in der modernen europäischen Geschichte herausragt, ist die massive Beteiligung der staatlichen Instanzen an der Gewaltanwendung, insbesondere die der Polizei und des Militärs ... Denn in der modernen europäischen Geschichte stellen die repressiven Gewalten selbst die beständigsten Initiatoren und Akteure kollektiver Gewalt dar« (1975, S. 515). Zu sehr ähnlichen Ergebnissen kommt der amerikanische Politologe T. R. Gurr, der Co-Direktor einer der sieben ursprünglichen »Task-Forces« (Historical and Comparative Perspectives) der oben erwähnten »National Commission on the Causes and Prevention of Violence« aus dem Jahre 1968, wenn er schreibt: »Ein Blick auf politische Reformbewegungen zeigt, daß ihre Mitglieder eher Opfer als Täter der Gewalt sind ... Es ist eine der Ironien der Demokratie in Amerika: Reformer waren immer so optimistisch in bezug auf ihre Erfolgsaussichten, daß sie gewaltsame Opposition gegen das Establishment zu vermeiden trachteten, während das Establishment sich oft durch die Erfolgsaussichten der Reformbewegungen so bedroht wähnte, daß es repressive Gewalt für erforderlich hielt« (Graham/Gurr 1979, S. 496).

Will man solchen empirischen Verallgemeinerungen im einzelnen nachgehen und sie auf der Ebene des konkreten Konfliktgeschehens zu erfahrbaren Anschauungen und methodisch gesicherter Darstellung bringen, hat man die Episoden und Ereignisse von

Protestgeschehen, Demonstrationsvorgängen in ihrer alltäglichen Vollzugswirklichkeit zu beobachten und der Analyse zuzuführen. Obwohl die Routinen der empirischen Sozialforschung kaum auf die Erfassung dieser sozialen politischen Wirklichkeit zugeschnitten sind, Sozialwissenschaftler, erst recht Kriminologen, wenig Neigung, Bereitschaft und Furchtlosigkeit für derartige Forschungen aufzubringen bereit sind, steht die empirische Forschung auch in dieser Hinsicht nicht mit ganz leeren Händen da. Und dabei braucht man nicht nur zum Beispiel auf jenen berühmten Walker-Report aus dem Jahre 1968 zurückzugreifen, der ebenfalls im Rahmen der schon erwähnten amerikanischen Regierungskommission zur Gewalt angefertigt worden ist und die gewaltbestimmte Konfrontation von Demonstranten und Polizei aus Anlaß des Nationalkonvents der Demokratischen Partei in Chicago im gleichen Jahr zum Gegenstand hatte. Es bedarf keiner Anleihen bei anderen ähnlichen Forschungen aus dem angelsächsischen Raum, etwa den bereits erwähnten Scarman-Report, bei der sorgfältigen historisch-quantitiven Studie von W. A. Gamson (1975, 1989) über den Verlauf, das Schicksal und das Gewaltvorkommen von sozialen Bewegungen, oder auch bei einer weiteren empirischen Studie aus dem Zusammenhang der amerikanischen Gewaltkommission – der von R. Stark (1972) über »Police Riots« –, um sich genauer kundig zu machen über die Frage des Einsatzes, des Vorkommens und der Initiatorenseite von Gewalt und Rechtsverletzungen im Zusammenhang mit Episoden, Ereignissen und Konfrontationen zwischen kollektivem Bürgerprotest und den repressiven Kräften des Staates.

Nicht nur diese ausländische Evidenz auf diesem Feld läßt die Gewaltkommission bei ihren analytischen und präventiven Überlegungen und Handlungsvorschlägen unter dem Tisch, sondern geradezu von Berührungsangst scheinen all ihre Wissenschaftler und wissenschaftlichen Aktivitäten heimgesucht worden zu sein, wenn es darum ging, einschlägige deutsche und deutschsprachige Untersuchungen und vielfältige, der sekundären Auswertung zugängliche Informationsquellen und empirische Materialien auf diesem Gebiet für das angestrengte Nachdenken über Ursachen der politisch motivierten Gewalt (und Vorkehrungen gegen sie) verfügbar zu machen.

Auch auf die Gefahr hin, einer lehrmeisterlichen und zeigefingerhaften Attitüde geziehen zu werden, lassen sich der Hinweis und die Anfrage nicht unterschlagen, wo und wie sich in der Arbeit der Gewaltkommission etwa die gewalteskalierenden Erfahrungen und weitgehend und amtlich dokumentierten und bestätigten Rechtsverletzungen, Gewaltanwendungen staatlicher Institutionen und Funktionsträger im Zusammenhang mit den Studentenunruhen der 60er und 70er Jahre niedergeschlagen haben, deren wissenschaftliche Verarbeitung selbst Eingang gefunden haben in einer Art Vorgängerkommission dieser Gewaltkommission (Bundesminister des Innern 1981 ff.).

Daß die dort dokumentierten und bloßgelegten gewalttreibenden Mechanismen und repressiven Reaktionen staatlicher Institutionen, insbesondere der Polizei, nicht Geschichte und mit einem neuen organisatorischen, technologischen und praktischen Outfit der repressiven Organe verschwunden sind, läßt sich mühelos an vielfachen Bild- und Textdokumenten, Zeugnissen, Protokollen und Untersuchungsmaterialien über – hier müssen Stichworte genügen – die Hausbesetzerbewegung Ende der 70er/Anfang der 80er Jahre, an den Auseinandersetzungen und Konfrontationen um die Startbahn-West, um die Atomanlagen in Brokdorf und Wackersdorf demonstrieren. Nur als – freilich sehr beredte – Fußnote sei der Gewaltkommission nachträglich in ihr Notizbuch geschrieben: Es hätte sich gewiß gelohnt, und die Gewaltkommission hätte nicht auf so aus ihrer Sicht sicherlich anrüchige Publikationen, wie das CILIP-Heft »Politik, Protest und Polizei« über die Vorgänge in Berlin, Zürich und Amsterdam Anfang der 80er Jahre (1981) oder auf die sorgfältige Dokumentation des Schweizer Juristen P. Schneider (1982), eines teilnehmenden Beobachters der staatlichen Seite über die Zerschlagung der Züricher Jugendunruhen – *Unrecht für Ruhe und Ordnung* – zurückgreifen müssen, wenn sie sich die regierungspolitik- und gerichtsamtlichen Vorgänge und Feststellungen um den bundesweit bekannten sogenannten »Hamburger Kessel« zu wissenschaftlichem Gemüte geführt hätte.

Alle diese Dokumentationen, Materialien und zum Teil wissenschaftlich aufbereiteten Informationen zur Rolle staatlich-repressiven Handelns im Umgang mit politischem Protest, sozialen und politischen Bewegungen hätten freilich die Gewaltkommission eines der bequemsten und am meisten gebrauchten Argumente gegenüber der Triftigkeit und Einschlägigkeit ausländischer Erfahrungen und Befunde beraubt, nämlich das der mangelnden Übertragbarkeit wissenschaftlicher Forschung auf diesem Gebiet in den Kontext der Bundesrepublik.

Freilich hätte dieser Griff auf die zitierten Materialien der Gewaltkommission eine Distanz, Unbefangenheit und Kritikbereitschaft gegenüber dem staatlichen Auftraggeber, seinen Archiven, vielerlei amtlichen Darstellungen, Dokumenten und Sichtweisen abverlangt, die sie sich offensichtlich nicht zugemutet und zugetraut hat. Nicht einmal hat sie es für nötig befunden, in ihren Katalog von Forschungsdesiderata – neben u. a. der »›Dauerberichterstattung‹ über die Thematisierung von Gewalt in den Medien und in den Schulbüchern« — auch dieses zugegebenermaßen schwierige Forschungsfeld intensiver aufzunehmen.

c) Die Kontrolle rechtlichen und staatlichen Handelns

Entsprechend den im vorangegangenen Abschnitt dargelegten Befunden und Zusammenhängen kommt für die Regulierung, Kontrolle und Bekämpfung der Gewalt in politischen und gesellschaftlichen Konflikten und Auseinandersetzungen einem politischen und staatlichen Handlungsfeld eine Bedeutung zu, deren Stellenwert gar nicht überschätzt werden kann, von dem sich im Bericht der Gewaltkommission jedoch allenfalls ein entfernter und blasser Widerschein ausmachen läßt. Es geht dabei um das rechtliche, institutionelle und administrative Instrumentarium, das dem Staat, der Öffentlichkeit und den Kontrahenten staatlicher Politik zur Verfügung steht, die Handlungen, Maßnahmen und Strategien staatlicher und politischer Akteure in der Auseinandersetzung und der Abwehr politischer Forderungen auf ihre Recht- und Zweckmäßigkeit zu überprüfen und zu kontrollieren. Diese Fragen sind in der Gewaltkommission offensichtlich nicht unerörtert geblieben, haben jedoch – wie das Beispiel der erwähnten Kennzeichnungspflicht der Polizei zeigt – keine mehrheitliche Unterstützung und damit Eingang in die Politikvorschläge gefunden.

Die Rolle, die der mangelnden Kontrollmöglichkeit staatlichen Handelns und Vorgehens gegenüber politisch motivierten Auseinandersetzungen in der angelsächsischen einschlägigen Literatur beigemessen wird, mag an einem Zitat eines der führenden amerikanischen Experten auf dem Forschungsfeld sozialer Bewegungen und kollektiven Verhaltens, A. Oberschall, demonstriert werden: »Das Ausmaß an Verlusten (casualties) tendiert in dem Maße nach oben, wie die Chance der Verantwortlichmachung (accountability) von Handlungen der Kontrollinstanzen und für die durch sie verursachten Verluste gering und uneffektiv ist. Die Beschränkungen, denen die Instanzen sozialer Kontrolle bei ihren ... Möglichkeiten, dem Gegner Schaden zuzufügen, unterworfen sind, sind für das Geringhalten der Gewaltanwendung wichtiger als die Beschränkungen gegenüber Protestierenden und Demonstranten« (1973, S. 337).

Wiederum ist es nicht nur das Versäumnis der Nichtbeachtung der Bilanzierung einschlägiger Befunde eines einzelnen, wenn auch renommierten Lehrbuchs, dem das Zitat entnommen ist, das der Gewaltkommission entgegenzuhalten ist. Die Ausblendung und Ignorierung einschlägiger ausländischer Diskussionen geht viel weiter und bezieht sich auf ein breites Spektrum wissenschaftlicher Erforschung, politischer Diskussion und öffentlicher Auseinandersetzung – hier insbesondere in Großbritannien – über Fragen und Probleme dieser Art, die dort unter dem Stichwort der »accountability of police behavior« geführt wird. Die Arbeiten und Publikationen hierzu sind Legion, die sich einer Vergegenwärtigung und inhaltlichen Skizzierung an dieser Stelle sperren.

Aber auch hier würde ein Einwand mangelnder Triftigkeit und Übertragbarkeit auf die Situation in der Bundesrepublik nur wenig verfangen. So unergiebig und vergleichsweise schmal zwar eine Spurensuche nach einer wissenschaftlichen Aufarbeitung und Behandlung solcher Fragen und Befunde im deutschen Bereich ausfallen würde, so wenig würde doch ein gezielter und gewollter Blick auf diesen Wirklichkeitsausschnitt im Kontext politischer Auseinandersetzungen in der Bundesrepublik mit einer Fehlanzeige enden. Zu verweisen wäre dabei auf die im vorigen Abschnitt bereits angemahnte Literatur, auf vielfältige Dokumentationen, Materialien aus den unterschiedlichsten Kontrollebenen und Institutionen über fehlgeschlagene, im Sande verlaufene Strafverfahren – durch Gegenanzeigen, Beweismittel, Manipulation, vorgegebene Nichtidentifizierung von Tätern aus dem staatlichen Bereich u. a. – auf Vereitelungen, Erschwernisse und Behinderungen von Versuchen, das Handeln staatlicher Akteure an den ihnen vorgegebenen Rechten, Gesetzen und Regeln zu messen.

Wenn die Gewaltkommission ernsthaft, wie sie pathetisch vorgibt, an der Entwicklung einer veränderten »Demonstrationskultur« interessiert gewesen ist, dabei ihren durchdringenden Blick und ihre gesetzesverschärfende Phantasie im wesentlichen auf die Kontrolle politisch motivierter Regelverletzer richtet und die ihrer staatlichen und politischen Kontrahenten im Nebel des staatlichen Gewaltmonopols beläßt, dann läuft das schlicht auf eine Halbierung jener beschworenen Kultur hinaus.

Ein genaueres Eingehen auf dieses zentrale Thema hätte sich nicht nur mit der Struktur und Funktion der justitiellen Kontrolle in den Bereichen des Strafrechts und des Verwaltungsrechts zu beschäftigen, sondern sie hätte auch das Problem der politischen Kontrolle durch das Parlament und durch staatliche Untersuchungsausschüsse thematisieren müssen, auch einen Blick zu werfen gehabt auf die sogenannte öffentliche Kontrolle über Medien und andere nichtstaatliche Institutionen, und sie hätte – gleichsam in selbstreflexiver Zuwendung – auch die Rolle und die Funktionsweise wissenschaftlicher und »unabhängiger« Regierungskommissionen, wie sie selbst eine darzustellen behauptet, mitbedenken müssen.

Die Kontrolle staatlichen Handelns, nicht in den oberen Rängen und nicht in den unteren Rängen – dafür bietet auch die Bundesrepublik genügend Anschauungsmaterial –, läßt sich nicht durch den Amtseid auf und die Verpflichtung zur Vermehrung des Gemeinwohls ersetzen. Vielmehr führen fehlende und fehlgeschlagene Kontrolle des Handelns staatlicher Institutionen und Akteure zu gleichsam institutionalisierter staatlicher Selbstgerechtigkeit einschließlich dem ihr eng verwandten Zynismus. Heftigkeit, Militanz, auch Gewaltbereitschaft seitens derjenigen, die die Adressaten und Opfer solcher obrigkeitsstaatlicher Attitüden und Verhaltensweisen sind, sind damit nicht nur als Wahrscheinlichkeit zu erwarten, sondern können für sich noch eine Art Interaktions- und Konfliktrationalität beanspruchen.

4. Schlußfolgerungen

Ich möchte abschließend meine Überlegungen und Anmerkungen zu dem Teil der politisch motivierten Gewalt des Berichts der Gewaltkommission, den sie selbst – auch im Sinne des Auftraggebers – als den wichtigsten und zentralsten Akzent ihrer analytischen Bemühungen und politischen Empfehlungen erachtet, in einigen wenigen Punkten zusammenfassen.

– Entgegen eigener Bekundung und Absichtserklärung hat es die Gewaltkommission weitgehend versäumt, einschlägige wissenschaftliche Analysen und Befunde über das Auftreten, die Verbreitung und die Entstehung gewaltbestimmter politischer Auseinandersetzungen und Konflikte für ihre eigene Arbeit nutzbar zu machen. Selbst verfügbare und zugängliche deutschsprachige Forschung auf diesem Gebiet findet kaum Widerhall in den Denkanstrengungen der Kommission.

– Die prozeßhafte Dynamik und die interaktionsbestimmte Logik der Entstehung, Verfestigung und Verselbständigung politisch motivierter Gewalt entgeht der Kommission infolge einer Denkweise, die politische Gewalt nur aus der Perspektive des einzelnen Täters und der je individuellen Tat zu sehen vermag. Jegliche Vorgeschichte, alle Kontextbedingungen politischen Handelns werden ausgeblendet und nicht in Rechnung gestellt. Insbesondere erscheinen Handeln und repressive Maßnahmen staatlicher Akteure nicht als systematische und die Dynamik entscheidende und mitprägende Größen bei der Eskalation politischer Konflikte in ihre Gewalthaftigkeit.

– Die Rolle des Rechts und sonstiger normativer Vorgaben für staatliches Handeln wird als eine statische und rein »reaktive« Größe verstanden, die das strategische Potential und die Handlungsalternativen rechtlichen und staatlichen Handelns ausblendet und damit sowohl für die Analyse als auch für den Vorschlagskatalog an den politischen und staatlichen Gesetzgeber unterschlägt.

– In einer Weise, die es nicht zuläßt, statt von unterlassener Kenntnisnahme von fehlender Information zu reden, ignoriert die Gewaltkommission eine Fülle von empirischen und wissenschaftlich aufgearbeiteten Befunden darüber, daß die Einführung und die Anwendung von Gewalt in politisch bestimmten Auseinandersetzungen in der Mehrzahl historischer und zeitgenössischer Fälle politischer Konfrontationen auf das Konto der staatlichen und staatsnahen politischen Akteure geht.

– Nahezu Fehlanzeige läßt sich in dem Bericht der Gewaltkommission in bezug auf die Bedeutung fehlender und nichteffizienter Kontrollinstitutionen und -mechanismen gegenüber staatlichem Handeln verzeichnen. Die dazu vorliegenden empirischen Befunde und theoretischen Analysen über die gewalteskalierenden Folgen solcher Kontrolldefizite gegenüber dem Handeln und den repressiven Maßnahmen von Staat und Politik sind so nachhaltig belegt und eindeutig, daß ihre Unterbelichtung durch die Gewaltkommission einen tiefen Schatten sowohl auf ihre Befunde wie auf ihre praktischen und politischen Handlungsempfehlungen wirft.

Alles in allem nimmt sich dieser Teil des Berichts der Gewaltkommission wie eine nur mühsam kaschierte Beschwörung und Aktivierung einer obrigkeitsstaatlichen Perspektive aus, deren durch die Gewaltkommission bekräftigtes und geschärftes Instrumentarium zur Gestaltung, Durchsetzung und Kontrolle politischer Konflikte in der Bundesrepublik nicht im mindesten der Tatsache und dem Trend Rechnung trägt, daß die politische Kultur in der Bundesrepublik seit etlichen Jahren und vermutlich dauerhaft mitgeprägt wird von Akteuren und Kräften, die nicht in der Form der traditionellen und etablierten Parteien agieren, sondern als vielfältige soziale und politische Bewegungen mündig gewordener und demokratiebewußter Bürger. Eine angemessene strukturelle Bewegung auf der staatlichen Seite hätte meines Erachtens in einer »inneren Abrüstung« des staatlichen Gewaltmonopols und -apparates zu bestehen – die Antwort der Gewaltkommission auf diesen politischen Strukturwandel ist diktiert von dem genauen Gegenteil, nämlich einer inneren Aufrüstung.

Literatur

Bundesministerium des Innern (Hg.), *Analysen zum Terrorismus*. Bde. 1, 2, 3, 4/1, 4/2, Opladen 1981 ff.

Berlin, Zürich, Amsterdam – Politik, Protest und die Polizei. Eine vergleichende Untersuchung. In: CILIP, Heft 9/10, 1981.

W. A. Gamson, *The Strategy of Social Protest*, Homewood, Ill. 1975, ²1989.

H. D. Graham und T. R. Gurr, *Violence in America. Historical and Comparative Perspectives*, Vol. I u. II. A Report to the National Commission on the Causes and Prevention of Violence. Washington, D.C., 1969 (Neuauflagen: 1979, 1989).

N. Luhmann, *Rechtssoziologie*, 2 Bde. Reinbek bei Hamburg 1972.

R. Mayntz und B. Nedelmann, *Eigendynamische Prozesse. Anmerkungen zu einem analytischen Paradigma*. In: *Kölner Zeitschrift für Soziologie und Sozialpsychologie* 39 (1987), S. 648-668.

A. Oberschall, *Social Conflicts and Social Movements*, Englewod Cliffs, New Yersey 1973.

F. Sack (unter Mitarbeit von U. Berlit, H. Dreier und H. Treiber), *Staat, Gesellschaft und politische Gewalt: Zur »Pathologie« politischer Konflikte*. In: F. Sack und H. Steinert, *Protest und Reaktion. Analysen zum Terrorismus 4/2*. Opladen 1984, S. 17-386.
F. Sack, *Recht und soziale Bewegungen. Die Transformation politischer in rechtliche Konflikte*, in: W. F. Haug und H. Pfefferer-Wolf (Hg.), *Fremde Nähe. Festschrift für Erich Wulff. Argument-Sonderband AS 152*, Hamburg u. Berlin 1987, S. 146-170.
Lord Scarman, *The Report. The Brixton Disorders 10.-12. April 1981*, Harmondsworth, 1982.
P. Schneider, *Unrecht für Ruhe und Ordnung. Ein Lehrbuch*, Zürich 1982.
J. H. Skolnick, *The Politics of Protest and Confrontation. Staff Report No 3 to the National Commission on the Causes and Prevention of Violence*, Washington, D.C. 1969.
R. Stark, *Police Riots. Collective Violence and Law Enforcement*, Belmont, Cal., 1972.
Ch. Tilly, *War Making and State Making as Organized Crime*, in: P. B. Evans, D. Rueschemeyer und Th. Skocpol (Hg.), *Bringing the State Back In*, Cambridge u. a. 1985, S. 169-191.
U.S. National Commission on the Causes and Prevention of Violence: To Establish Justice, to Ensure Domestic Tranquility, Washington, D.C. (U.S. Government Printing Office), 1969.
D. Walker, *Rights in Conflict. The Violent Confrontation of Demonstrators and Police in the Parks and Streets of Chicago During the Week of the Democratic National Convention of 1968. A Report to the National Commission on the Causes and Prevention of Violence*, New York 1968.

Michael Voß
Staatsschutz statt Bürgerschutz. Gewaltanalyse im strafjuristischen Wirklichkeitsmodell

Untersuchungsobjekte einer wissenschaftlichen Gewaltanalyse haben zuvörderst die Definitionsverhältnisse und Aushandlungsbedingungen zu sein, die in einer Gesellschaft normieren, was als Gewalt zu gelten hat. Insoweit bietet ein im Regierungsauftrag von Wissenschaftlern und Praktikern erstelltes Gutachten »zur Verhinderung und Bekämpfung von Gewalt« (Schwind u. a. 1990) selbst Stoff für eine Analyse der herrschenden kulturellen Akzeptanznormen für die Wahrnehmung von Gewalt, auch der Verdrängungsnormen, die bei der öffentlichen oder wissenschaftlichen Thematisierung von Gewalt den Blick verengen.

Nachfolgend werden zwei Strukturmerkmale herausgegriffen und diskutiert, die im genannten Gutachten der »Gewaltkommission« die Analyse der Gewalt und die zugehörigen Bekämpfungsvorschläge auszeichnen. Auffällig ist zum einen, daß weniger der Bürger als vielmehr der *Staat durch Gewalt gefährdet* erscheint: Der Staat ist das Opfer (Absatz 1.). Demzufolge richtet sich zum anderen die Suche nach den Ursachen und den Strategien zur Bekämpfung von Gewalt auf den *gewaltausübenden Bürger:* Der Bürger ist der Täter (Absatz 2.).

1. Die Gefährdungsanalyse der Gewaltkommission

1.1. These: Die Gewalt des Bürgers gefährdet den Staat

Der individuelle Gewaltakt schädigt nicht nur Personen oder Sachen; er ist darüber hinaus eine Verletzung des staatlichen Gewaltmonopols. Die konsequente Durchsetzung des staatlichen Gewaltmonopols ist in den Augen der Kommission die *Voraussetzung* für seine friedenstiftende Funktion (S. 49, S. 135 f.). Den Schutz des staatlichen Gewaltmonopols plaziert die Kommission damit – gleichsam im wohlverstandenen Interesse der friedliebenden Menschen – vor den Schutz des Bürgers. Staatsinteresse und Bürgerinteresse werden eins, so sahen es schon die klassischen Kontrakttheorien.

Politische Ermessensentscheidungen, die etwa durch die Duldung von Hausbesetzungen Gewalteskalationen im Interesse des Bürgers vermeiden wollen, werden demgemäß verurteilt. Unnachgiebigkeit wird gefordert (S. 51f., S. 137f.). Der strikten Anwendung und Durchsetzung formalen Rechts dort, wo dem Bürger Rechtsverletzungen vorgeworfen werden, stehen im Gutachten Forderungen nach der »Praktikabilität«, sprich: einer geringen Bindungswirkung, von Rechtsvorschriften und anderen Regelungen gegenüber, die das Handeln der Strafverfolgungsorgane steuern sollen. Das gilt etwa für die verlangten Rechtsgrundlagen der Rasterfahndung (S. 219), die rechtliche Ausdehnung der Höchstfrist für den polizeilichen Präventionsgewahrsam (S. 218), den Abbau der staatsanwaltschaftlichen Kontrolle der Polizei durch die stärkere Verzahnung dieser Institutionen (S. 212), die Absenkung der polizeilichen Daten-»Erfassungsschwelle« auf Personen, auf die sich nur ein »Verdacht« richtet (S. 211), den Verzicht auf Namensschilder oder Dienstnummern für im Einsatz befindliche Polizeibeamte (S. 210).

Die eigentliche Bedrohung durch Gewalt, das wird in diesen Vorschlägen deutlich, richtet sich gegen den Staat, dem die Gewaltkommission den »Libanon« (Schwind u. a. 1990, S. 50) drohend vor Augen führt und insistierend rät, jeden Gewaltakt mit den Mitteln der Strafjustiz nachdrücklich und ohne Ausnahme zu verfolgen. Der *Staat ist in Gefahr*, so lautet die Problemstellung der Kommission, die *Gewährleistung von Staats-Sicherheit* ist die im Kern gestellte Aufgabe. Die *Strafjustiz* ist gefordert.

Die These von der Gefährdung des Staates bestimmt auch die interne Schwerpunktsetzung, die die Gewaltkommission gegenüber dem breit gestellten Untersuchungsauftrag vornimmt. Entgegen ihrer Feststellung, daß die Gewalt in der Familie die »verbreitetste Form von Gewalt« (S. 75) ist, wählt die Kommission in freier Interpretation des Regierungsauftrags die *politisch motivierte* und die *Gewalt auf Straßen und Plätzen* zu den Schwerpunkten ihrer Untersuchung und ihrer Bekämpfungsempfehlungen (S. 35). Für die *Auswahlentscheidung* dürften die von der Kommission antizipierten Erkenntnisinteressen des staatlichen Auftraggebers leitend gewesen sein, nämlich an

– einer *unter den Augen der Öffentlichkeit* praktizierten Gewalt, die das staatliche Gewaltmonopol in besonderer Weise herausfordert;
– einer *von den Massenmedien besonders beachteten* und damit in symbolischer Hinsicht potenzierten Gewalt;
– einer *unerklärten*, weil »uneigennützigen« Gewalt, die wahlweise als irrationales (Vandalismus) oder als durch das Gesamtinteresse rationalisiertes Handeln (Politische Gewalt) erscheint und aus dem vorherrschenden kriminologischen Devianz-Diskurs herausfällt.

1.2. Gegenthese: Die Gewalt des Staates gefährdet den Bürger

Die Formel vom staatlichen Gewaltmonopol erhebt den Anspruch, die Bürger einer Gesellschaft vor inneren und äußeren Gefahren zu schützen. Die Ausklammerung staatlicher Gewalt als erklärungsbedürftigen Gegenstand durch die Kommission stützt per Verzichtsentscheidung die öffentlich geläufige Legitimierung staatlicher Gewalt
– als vom Bürger an den Staat *delegierte* und von ihm *kontrollierte* Gewalt und
– als auf die Nachfrage des Bürgers *reagierende*, ohne eigene staatliche Interessen vollzogene Gewalt.

Diese Rechtfertigung kontrastiert in der Geschichte der Nationalstaaten mit der Beobachtung, daß der *Staat die Gefahren*, gegen die er Schutz offeriert, zu einem wesentlichen Teil *selbst herbeiführt.* Auch die formal-rechtliche Domestizierung staatlicher Gewalt vermochte die freiheitssichernde Funktion des Gewaltmonopols bislang nicht zu garantieren. Die staatlich inszenierte Bekämpfung innerer und äußerer Feinde hat in der Vergangenheit in einem Ausmaß Menschenopfer gefordert, welches die von der Kommission in den Vordergrund gestellten, strafrechtlich definierten »Formen physischen Zwanges als nötigender Gewalt« (Schwind u. a. 1990, S. 38) zu einer gesellschaftlichen Randerscheinung werden läßt.

Wenn der Staat in der Vergangenheit die Gefahren, die das Gewaltmonopol begründen, »simuliert, stimuliert oder fabriziert« (Tilly 1985, S. 171) hat, so kann die Frage nach der durch den Staat heute verursachten, bedingten oder gedeckten Gewalt nicht einfach definitorisch ausgegrenzt – und obendrein, in der Gestalt des geehrten Gewaltmonopols, mit einem Positivtabu umgeben werden. Die Vernachlässigung einer solchen Frage kann auch nicht mit dem schlichten Verweis auf eine ressourcenbedingte Themenbeschränkung begründet werden. Im Bedeutungshorizont einer regierungsamtlich eingesetzten, mit der Autorität der Wissenschaft vortragenden »Gewalt«-Kommission ist die *Auswahlentscheidung*, was als Gewalt zu gelten hat, bereits der *Kern der gutachterlichen Äußerung*. Das gilt zumal dann, wenn die Kommission angesichts der selektiven Verwendung des Gewaltbegriffs durch gesellschaftliche Gruppen schreibt, die Auswahl der Gewaltbegriffe erfolge »keineswegs wertfrei«: »Strategische Zwecke scheinen auf allen Seiten durch« (Schwind u. a. 1990, S. 36).

Der Ausschluß staatlicher und struktureller Gewalt aus den Erkenntnisinteressen des Gutachtens ist weit mehr als eine schlichte Beschränkung des Gegenstandsbereichs. Die Kommission verengt auf diese Weise gezielt den *analytischen Zugriff*, klammert die gewaltstiftende Funktion staatlichen Schutzes für mächtige strukturelle Interessen und das gewalteskalierende Potential staatlicher Kontrollorgane aus. Derartige Faktoren kommen im Gutachten nur in einer gleichsam entschärften Version vor, nämlich als Randbedingungen für soziales Handeln, nicht aber als »Gewalt«, d. h. als selbst erklärungs- und interventionsbedürftige soziale Phänomene.

Auf diese Weise werden ganz wesentliche Gefährdungen des Bürgers ignoriert. Dem hohen Sicherheits- und Repressionsniveau gegenüber bestimmten Formen physischer Gewaltausübung von Individuen, das die Kommission einfordert, steht die *Zumutung historisch unvergleichlicher Gefahren* für die Menschen gegenüber, deren Darstellung unterbleibt oder mit unglaublicher Gelassenheit in Nebensätzen stattfindet. Ulrich Beck hat dies das »Gesetz der umgekehrten Bedeutung von Gefahr und institutioneller Wahrnehmung« genannt: »Je weitreichender, offensichtlicher und unbeherrschbarer Gefahren werden, desto bedeutungsloser sind sie in den Sicherheitsdarstellungen offizieller Instanzen ...« (Beck 1988, S. 154). Zu nennen sind hier insbesondere

– existentielle Gefährdungen und alltägliche Belastungen der Menschen durch die zerstörerische Bewirtschaftung von Boden, Luft und Wasser;

– existentielle Gefährdungen und alltägliche Belastungen der

Menschen durch die Betreibung von großtechnischen Anlagen der Atom- und Chemieindustrie;
– existentielle Gefährdungen und alltägliche Belastungen der Menschen durch die Aufstellung und den militärischen Umgang mit Massenvernichtungswaffen.

Aber auch im Kontext des gewählten Gegenstandsbereiches, der individuell zurechenbaren physischen Gewaltausübung, schließt die Kommission für die *alltägliche Gewalterfahrung* wichtige Bereiche aus. So wird – analog zur geringen strafjuristischen Schwerebewertung – der Straßenverkehr mit jährlich 8000 Toten und 430000 Verletzten aus der Untersuchung ausgenommen. Aber auch die klassische Gewaltkriminalität zählt nicht zum Untersuchungsgegenstand, soweit sie eben nicht in expressiver Weise auf »Straßen und Plätzen« vorgeführt wird. Dann nämlich ist in erster Linie der Staat betroffen – und für diesen forscht die Kommission.

Für die reale Bedrohung durch Gewaltkriminalität konstatiert die Kommission nüchtern (und zutreffend), das Risiko, Opfer einer solchen Straftat zu werden, sei »noch recht gering« (Schwind u. a. 1990, S. 42). Demgegenüber werde vom Bürger jedoch die »Bedrohung durch Gewalt ... zunehmend stärker empfunden« (S. 44f.) – und dies sei ein Indiz für die »beginnende(r) Verwahrlosung des öffentlichen Raumes« (S. 45).

Der geringen realen Bedrohung des Bürgers wird die wachsende *Gefährdung der öffentlichen Ordnung* als das durch die Kriminalitätsbedrohung induzierte Kernproblem gegenübergestellt. Dem ist entgegenzuhalten, daß Kriminalitätsfurcht nicht in erster Linie durch Kriminalität bewirkt wird; auch steht sie im Problemhorizont der Menschen nicht im Vordergrund. Richtig ist, daß sich Menschen von Kriminalität bedroht fühlen und dies eine Viktimisierung darstellen kann. In der viktimologischen Forschung wird jedoch vertreten, daß
– Kriminalitätsfurcht in erster Linie durch soziale Isolation gefördert wird (vgl. Pepinsky 1986, S. 100) und
– besonders ausgeprägte Kriminalitätsfurcht bei den Menschen zu finden ist, deren Risiko, Opfer einer Straftat zu werden, eher gering ist (vgl. Schneider 1987, S. 767ff.).

Die Angst vor Gewalt und Kriminalität ist demnach mit dem *Abbau von sozialer Isolation* und mit der Förderung von Informationsaustausch zu bekämpfen, nicht jedoch mit der Aufrüstung von Polizei und Justiz (vgl. auch Pepinsky 1986, S. 100f.).

In demoskopischen Erhebungen, die danach fragen, wovor die Menschen Angst haben, rangieren »innere Unruhen« oder »Terrorismus«, das sind Beispiele für die im Gutachten herausgehobenen expressiven Gewaltformen, im übrigen weit hinter Faktoren wie Krieg, Krankheit oder Arbeitslosigkeit (vgl. Emnid-Informationen 1/2 1986, S. 26). Und in den Umfrageergebnissen, die ein Mitglied der Gewaltkommission im Jahre 1986 u. a. zur Beurteilung der Problemlage in ausgesuchten politischen Bereichen veröffentlichte, rangiert die »Innere Sicherheit« bei 18 Problemangeboten weit abgeschlagen an 16. Stelle, hinter Arbeitsmarkt, Umwelt, Renten etc. (vgl. Kaase 1986, S. 26).

2. Die Ursachenanalyse der Gewaltkommission

2.1. These: Der Bürger ist der Täter

Das polizeiliche Erkenntnisinteresse ist darauf gerichtet, künftige Gefahren für die soziale Ordnung abzuwehren. Die Polizei benötigt hierzu operatives Wissen zur Kontrolle sozialer Prozesse. Die Bürger erscheinen als die *Störfaktoren* der sozialen Ordnung. Der Strafjustiz geht es um die Aufklärung der in der Vergangenheit abgeschlossenen Sachverhalte. Die Bürger erscheinen als die *verantwortlichen Urheber* inkriminierter Handlungen (vgl. Preuß 1981, S. 111). Beide Prinzipien durchziehen als Prämissen für die Ursachenanalyse wie auch als Vorgaben für die Bekämpfungsvorschläge den Bericht der Gewaltkommission. Der *Täter* wird auf diese Weise zur wesentlichen Quelle der Gewalt, unter der andere Menschen und der Staat zu leiden haben. Die Beeinflussung potentieller (Erziehung, Prävention) und aktueller (Kontrolle, Repression) Täter wird zur wesentlichen Gegenstrategie. Der Bürger steht konsequenterweise als Krimineller oder als Präkrimineller im Mittelpunkt der Kommissionsempfehlungen zur Bekämpfung der Gewalt.

2.2. Gegenthesen

Einer Suche nach Gewaltursachen und Bekämpfungsstrategien, die sich an Erkenntnisinteressen der Strafverfolgungsorgane bindet, ist zunächst entgegenzuhalten, daß das Strafverfahren nicht auf die sozialwissenschaftliche Rekonstruktion eines historisch gewordenen, in gesellschaftliche Lebensverhältnisse eingebetteten Ereignisses gerichtet ist. Vielmehr wird ein komplexes Geschehen im Strafverfahren ganz bewußt und mit gutem Grund zu Tatbestandsmerkmalen und Schuldquanten verkürzt und abstrahiert. Ein solches Verfahren hat zur Herstellung von Streitfähigkeit über den Tatvorwurf und als Voraussetzung für eine verfahrensförmig zu erzielende, konsensfähige Entscheidung seinen rechtsstaatlichen Sinn (vgl. Preuß 1981, S. 112f.). Die strafjuristischen Abstraktionen zum Ausgangspunkt für die Suche nach Kriminalitätsursachen und Präventionsmitteln zu machen, setzt den *wissenschaftlichen Erkenntnismöglichkeiten nachdrücklich Grenzen und lenkt die Analyse systematisch auf Nebenschauplätze*. Behindert ein strafrechtlich gefaßter Gewaltbegriff aber die wissenschaftliche Gewaltanalyse, so ist seine Verwendung im Gewaltgutachten auf andere als wissenschaftliche Gebrauchswerte zu untersuchen.

Erste Gegenthese: Gewalt wird im strafrechtlichen Rahmen entpolitisiert

Die strafjuristisch angeleitete Gewaltanalyse folgt der modernen technokratischen Rationalität: Handlungen werden von ihrem moralischen oder politischen Kontext abgehoben und in einen behavioristischen Diskurs verbracht (vgl. Sumner 1983, S. 189). Der gewalttätige Bürger, so die Kommission, erlernt sein Handeln am Modell, bekräftigt es am Erfolg, wiederholt es, weil angemessene strafrechtliche Reaktionen ausbleiben (sozialpsychologisch-lerntheoretische Individualvariablen). Das Gewaltpotential wird bereits in der gewaltsamen Familie gelegt, in der Schule nicht unter Kontrolle gebracht, vielmehr durch mangelnde Stringenz bei der Tabuisierung individueller Gewaltanwendung im Geschichtsunterricht verstärkt und durch eine übertriebene Leistungsorientierung beim Schulsport herausgefordert (soziologische Sozialisationsvariablen). Auch begünstigen Armut, Arbeitslosigkeit und unzureichende Freizeitmöglichkeiten die Entstehung von Gewalt, allerdings nur insoweit, als persönliche, »genetische und andere biologische Prädispositionen« (Schwind u. a. 1990, S. 77) vorliegen (soziologische Strukturvariablen als Randbedingungen). Gewalt erscheint in dieser Analysekette letztlich als *Bürgerdefekt*.

Dabei tauchen im Erklärungskanon auch die aus der Terrorismusbekämpfung bekannten *Wegbereitertheorien* wieder auf, mit deren Hilfe die Ablehnung von Gewalt per Konvergenzfunktion der Strafjustiz (vgl. Hall u.a. 1982, S. 223) auf das »Vorfeld der Gewalt« gelenkt werden kann: Schule und Hochschule vermitteln statt klarer Ordnungsvorstellungen ein übertriebenes Kritikbewußtsein, verherrlichen (Bürger-)Gewalt als Fortschrittsstimulus und rücken den Ordnungsstaat in die Nähe des Faschismus; Bürgergewalt wird in den Geschichtsbüchern, so problematisiert die Kommission, »heroisiert« (vgl. Schwind u.a. 1990, S. 111).

Gesellschaftliche Probleme werden durch den strafjuristischen Zugriff *personalisiert und entpolitisiert.* Soziale Konflikte werden in die Hände der Pädagogik, der Psychologie und der Medizin gelegt. Sie erscheinen als private Auseinandersetzung, als Krankheit oder als Kriminalität. Der strafrechtliche Rahmen bindet das wissenschaftliche Erkenntnisinteresse in eine binäre »gut/böse«-Logik ein und beschränkt das Differenzierungsvermögen. Er setzt einen Ausblendungsmechanismus in Kraft: Historisch gewachsene Prozesse werden zu Momentaufnahmen, Systemzusammenhänge gerinnen zur individuellen Schuld (vgl. Schumann 1987, S. 84). Die Übernahme des strafrechtlichen Präventionsanspruchs als theorie- und forschungsleitende Fragestellung in die kriminologische Wissenschaft hat Matza als deren wesentliche Erkenntnisschranke bezeichnet (Matza 1973, S. 22; siehe auch Sumner 1983, S. 189). Sie verhindert auf der Mikroebene einen verstehenden Ansatz gegenüber dem moralisch verurteilten Akteur, und sie versperrt auf der Makroebene eine funktions- und herrschaftsbezogene Betrachtungsweise von Delinquenz und ihrer Kontrolle.

Unter den im Gutachten analysierten Bedingungen der individuell ausgetragenen Gewalt sind der Kommission die folgenden gewaltförderlichen Felder offenbar besonders wichtig:

Normen und Werte

Hier werden einerseits gewaltförderliche soziale und Gruppennormen aufgeführt. Andererseits – und wichtiger – sind es der ethisch-moralische Relativismus, ein »negatives Weltbild« (Schwind u.a. 1990, S. 83), die »innere(n) Distanz zu den schulischen Wertstrukturen« (S. 94), die »Erosion der Lehrerautorität« (S. 96), die »Sinnarmut« (S. 97) der Jugend, die »abnehmende Normakzeptanz« (S. 267) oder das Fehlen der »traditionelle(n) Pflicht- und Akzeptanzwerte« (S. 108), die der Gewalt den Boden bereiten.

Institutionen

Institutionen wie Schule und Hochschule haben, so der Tenor des Gutachtens, ihre Sozialisations- und Handlungssteuerungsfunktion eingebüßt. Ihre autoritätsstiftende Funktion geht verloren, wenn beispielsweise ein Teil der Lehrkräfte sich »sogar destruktiv zu der Problematik staatlicher Kontrolle politisch motivierter Gewalt äußert und verhält« (S. 268). Die einseitige Anleitung zur Reflexion, zur Autonomie und »eine zu starke Betonung der Individualität und der Rechtsansprüche gegen die Gemeinschaft« (S. 111) werden beklagt und der nicht hinreichenden Vermittlung von Pflicht und Autorität gegenübergestellt.

Politik

Hier sind es die unter den Schlagworten der Politik- oder Parteienverdrossenheit bekannten mangelhaften Partizipationsangebote der politischen Institutionen, die nach Auffassung der Kommission den Bürger dazu führen, die verselbständigten politischen Apparate mittels spektakulärer Gewalt zu umgehen und herauszufordern (S. 107).

Die Thesen vom Wertverlust, von den Funktionsmängeln autoritätsstiftender Institutionen und den Partizipationsdefiziten politischer Einrichtungen sind *Versatzstücke aus konservativen Krisentheorien,* in welchen die beklagten Zustände nicht dem gesellschaftlichen System, sondern der *Systemkritik* zugeschrieben werden. Auf diese Weise wird vermieden, die Werterosion als Folge des verlorenen gesellschaftlichen Realitätsprinzips ausweisen zu müssen; es wird vermieden, die Funktionsmängel von Sozialisationseinrichtungen als Folge der staatlichen Durchdringung lebensweltlicher Reproduktionsbedingungen und die Partizipationsdefizite der Politik als Folge einseitiger, am ökonomischen Interesse profitabler Kapitalverwertung orientierter Entscheidungen interpretieren zu müssen (vgl. Kreissl 1987, S. 101ff.). Dagegen wird der Wertemangel der von Bildungsplanern betriebenen »Erziehung zur Unwirklichkeit« (Schelsky 1975, S. 302ff.) angelastet, die Institutionenschwäche auf die Verunsicherung ihrer Träger durch Herrschaftskritik (vgl. Rohrmoser 1972, S. 52f.) und das

Partizipationsdefizit des politischen Apparats auf die Verunsicherung des politischen Bewußtseins durch den »totalen Kritizismus« zurückgeführt (Sontheimer 1979, S. 89).

Zweite Gegenthese: Gewalt bleibt im strafrechtlichen Rahmen unverstanden

Das der strafrechtlichen Bewertung entnommene Unwerturteil über Gewalt verhindert, diese auch als positives, strategisches Handeln der Gewaltausübenden und als Reaktion auf eigene Gewalterfahrung zu analysieren. Strukturelle gesellschaftliche Bedingungen für individuelle Gewaltakte bleiben daher außerhalb des eingeschränkten Blickwinkels der Kommission. Wenn das Gewalttabu bereits das *Verstehen* von Gewaltausübung verhindert, bleiben die Präventionsvorschläge zwangsläufig un-verständlich: In künstlichen, beaufsichtigten Abenteuerarealen sollen Jugendliche beispielsweise ihren Bewegungsdrang und ihre Abenteuerlust ausleben können und »in eher unwesentlichen Bereichen wie Bemalen von Wänden« an der Gestaltung der Umwelt beteiligt werden, ohne den »Zorn der Bürger« auf sich zu ziehen (S. 195). Als lebte nicht das Abenteuer vom Zorn der Bürger, als lebten nicht die Graffiti davon, daß sie als »Zeichen ohne Ziele« darauf gerichtet sind, das »städtische Signalsystem durcheinanderzubringen« (Baudrillard 1982, S. 126)!

Dritte Gegenthese: Gewalt wird nach ihrer strafrechtlichen Erfassung als politisch greifbar und bekämpfbar ausgewiesen

Ist Gewalt mit den Mitteln der Strafjustiz als individuell zurechenbares Problem rekonstruiert, dann steht das gesamte Repertoire präventiver und interventiver Bürgerbeeinflussung bereit, das in 100 Jahren als »soziale Infrastruktur« in Gestalt von Kontrollorganen und »Anstalten« aller Art entwickelt und erprobt wurde. Das gilt selbst für die zunächst anonymen Bedrohungen durch die »Fortschrittsgefahren«. Können mit den Mitteln des Umweltstrafrechts Schuldige namhaft gemacht und Gegenmaßnahmen plakativ in Szene gesetzt werden, so ist der *politische Tätigkeitsnachweis* symbolisch erbracht.

Gewalt erscheint im strafrechtlichen Rahmen als Anpassungsverlust, als Folge mangelnden Rechtsbewußtseins. Strafrechtliche

Normen leben von ihrer Unverrückbarkeit. Sie stehen heute in scharfem Kontrast zu einer *begrifflichen Erosion von Normalitätsstandards* und einer *faktischen Erosion von Normalität* im Verhalten des modernen Menschen (vgl. Bettmer u. a. 1988, S. 205 ff.). Im Gutachten wird zutreffend das »Empfinden allgemeiner Unordnung« (S. 45) festgestellt. In der ideellen Unordnung wird offenbar eine wesentliche Bedingung für Gewalt gesehen. In einer Vorabstellungnahme des Kommissionsvorsitzenden wurde dieser Erklärungsfaktor den Gutachten bereits vorweggenommen: Dort sind es der Abbau »religiöser Werte«, belegt durch die zurückgehende Zahl der Kirchgänger, die veränderte Einstellung zur Ehe, gemessen an der steigenden Quote ›wilder Ehen‹, und das verbreitete Mißtrauen gegenüber »Autorität«, die den Verlust »traditioneller Werte« indizieren und die Ordnung bedrohen (Schwind 1988, S. 23 f.).

Es handelt sich bei dem beklagten Zustand aus sozialwissenschaftlicher Sicht allerdings nicht um eine vorübergehend eingetretene Werte-Unordnung, die durch eine Werte- und Rechtsschulung zu beseitigen ist. Dagegen ist das Bewußtsein, daß nichts mehr unmöglich ist, die Folge eines rasenden technischen Fortschritts, zusammenwachsender Märkte, zerfließender politischer und kultureller Grenzen, einer Weltordnung von heute, die schon morgen nicht mehr gilt, einer realen Komplexitätssteigerung der Weltgesellschaft, die vom Weltbürger mit einem immer tieferen Kontingenzbewußtsein beantwortet wird.

In Verkennung dieses Zusammenhangs fordert die Kommission in der typischen Manier derer, die mit der Öffnung der Märkte den wirtschaftlichen Profit des 20. Jahrhunderts genießen, sozio-kulturell aber im 19. Jahrhundert belassen werden wollen, die Rettung des erodierenden Rechtsbewußtseins. Sie fordert ›sprachpolizeiliche‹ Interventionen zur Herstellung verbindlicher »gesellschaftliche(r) Sprachregelungen« (S. 48) für die öffentliche Thematisierung von Gewalt. Eine im Gutachten verlangte institutionalisierte Expertenkommission soll hierzu eine »Dauerberichterstattung über die Thematisierung von Gewalt in den Medien und in den Schulbüchern« gewährleisten und der Regierung fortlaufende »Lageberichte« geben (S. 235). Das ist eine Kontrollstrategie, die zuletzt George Orwell für sein »Wahrheitsministerium« beschrieben hat. Die Kommission klagt die Reaktivierung traditionaler Wertvorstellungen eingedenk des Zusammenhangs ein, daß »Menschen, bei denen traditionelle Pflicht- und Akzeptanzwerte im Sinne einer materialistischen Werthierarchie« überwiegen, zu den »Ruhigen im Lande« gehören (S. 108). Die empfohlene »Stärkung des Rechtsbewußtseins« (S. 120) der Bürger zielt dementsprechend vorrangig auf die Vermittlung von Bürgerpflichten und auf die Akzeptierung des Rechts (S. 192; siehe auch Schwind 1988, S. 23). Denn gegenüber den herrschenden Sozialisationseinflüssen wird gerade beklagt, »den Rechten der Bürger werden Pflichten nur unverhältnismäßig selten gegenübergestellt« (S. 111). Konsensproduktion soll Disziplinierung erwirken.

In der Erinnerung an die unsägliche Gewalt, die vom deutschen Obrigkeitsstaat mit den Mitteln des »gesetzlichen Unrechts« (Radbruch) angeordnet und von deutschen Untertanen vollzogen wurde, ist die autoritäre Staatsgesinnung, die den Bericht der Kommission durchzieht, besonders unerträglich. Folgerichtig ist dann, daß in dem umfangreichen Gutachten der »Gewaltkommission« nicht mit einem Wort erwähnt wird, daß bis in die jüngste Geschichte der Menschheit die furchtbarsten Gewalttaten und die existentielle Bedrohung des Menschen vom Inhaber des im Gutachten gerühmten Gewaltmonopols ausgingen und ausgehen.

Literatur

J. Baudrillard, *Der symbolische Tausch und der Tod*, München 1982.

U. Beck, *Gegengifte. Die organisierte Unverantwortlichkeit*, Frankfurt am Main 1988.

F. Bettmer, R. Kreissl, M. Voß, *Die Kohortenforschung als symbolische Ordnungsmacht. Zur Neuordnung von Kriminalität zwischen Diversion und »Selective Incapacitation«*, in: *Kriminologisches Journal*, H. 3 (1988), S. 191-212.

St. Hall u. a., *Policing the Crises. Mugging, the State, and Law and Order*, London 1982.

M. Kaase, *Die Entwicklung des Umweltbewußtseins in der Bundesrepublik Deutschland*, in: *Emnid-Informationen*, H. 1/2 (1986), Anhang B.

R. Kreissl, *Die Krise der Theorie des Wohlfahrtsstaates*, in *Kritische Vierteljahresschrift für Gesetzgebung und Rechtswissenschaft*, 1987, S. 89-111.

D. Matza, *Abweichendes Verhalten. Untersuchungen zur Genese abweichender Identität*, Heidelberg 1973.

H. E. Pepinsky, *A Sociology of Justice*, in: *Annual Review of Sociology*, H. 12 (1986), S. 93-108.

U. K. Preuß, *Justizielle und polizeiliche Wahrheit im Strafverfahren*, in: *Kritische Justiz*, H. 2 (1981), S. 109-126.
G. Rohrmoser, *Die Krise der Institutionen*, München 1972.
H. Schelsky, *Die Arbeit tun die anderen*, Opladen 1975.
H. J. Schneider, *Kriminologie*, Berlin/New York 1987.
K. F. Schumann, *Kriminologie als Wissenschaft vom Strafrecht und seinen Alternativen*, in: *Monatsschrift für Kriminologie und Strafrechtsreform*, H. 2 (1987), S. 81-88.
H.-D. Schwind, *Mandate, Structure, and Working Methods of the German »Independent Federal Commission for the Prevention and Combat of Violence (Violence-Commission)«*, in: J.-M. Jehle, *Criminological Research and Planing in State, International and Supranational Institutions*, Paper, 10th International Congress on Criminology, Hamburg 1988, S. 19-26.
H.-D. Schwind, J. Baumann, u. a. (Hrsg.), *Ursachen, Prävention und Kontrolle von Gewalt.* Bd. I, *Endgutachten und Zwischengutachten der Arbeitsgruppen*, Berlin 1990.
K. Sontheimer, *Die verunsicherte Republik*, München 1979.
C. Sumner, *Rethinking Deviance: Toward a Sociology of Censures*, in: *Research in Law, Deviance and Social Control*, Vol. 5, 1983, S. 187-204.
Ch. Tilly, *War Making and State Making as Organized Crime*, in: P. B. Evans, D. Rueschemeyer, T. Skocpol, *Bringing the State Back In*, Cambridge u. a. 1985, S. 169-191.

Wilhelm Heitmeyer

Rechtsextremismus, Fremdenfeindlichkeit und die Entpolitisierung von Gewalt

1. Fremdenfeindlichkeit als soziale und politische »Strömungsgröße«

Fremdheitsgefühle gegenüber anderen sind ein gesellschaftliches Massenphänomen, das sich in der Regel in einer Haltung der *Distanz* ausdrückt. In ihr liegen Toleranz und *Abwertung*, die über Stereotypenbildung und Vorurteile zutagetritt, hautnah beieinander.

In der *Fremdenangst* wird die Distanz bereits überlagert von einer Haltung der *Konkurrenz*, die sich aus materiellen und/oder kulturellen Quellen speist und zumeist nach Soziallagen differiert. Das Verhältnis von Toleranz und Abwertung »kippt«. Toleranz wird eingeengt auf jene kleinen Bereiche, die jenseits »eigener« Räume, Positionen, Rechte etc. liegen. Die Abwertung auf kommunikativer Ebene wird mit *Abwehr* verbunden, die sich z. T. politisch-konzeptuell (z. B. Ethnopluralismus: »Bleibt da, wo ihr seid«), z. T. politisch-handelnd (z. B. durch Blockaden von Anwohnern bei geplanten »Asylanten«-Heimen) ausdrückt.

Fremdenhaß eliminiert Toleranz völlig. An deren Stelle tritt, aufbauend auf Distanz- und Konkurrenzhaltung, eine *Feindschaft*, die »Klarheit« durch die Unterscheidung von Freunden, den »Einheimischen«, und Feinden, den Fremden, bringen will und die Legitimation einer offensiven *Bekämpfung* (»Wenn ihr nicht verschwindet, passiert was«) erleichtert, zu der alle Varianten des aufgezeigten Feldes »Fremdenfeindlichkeit« (vgl. Schema) herangezogen und genutzt werden.

Die politisch motivierten Handlungsformen nehmen ihren Ausgangspunkt von den politisch unauffälligen, subtilen und offenen Abwertungen, die sich aufgrund der gesellschaftlichen Massenverbreitung legitimatorisch nutzen lassen: »Da die meisten so denken . . .«; darauf kann die Abwehr von materieller (Wohnung, Arbeit etc.) und kultureller Konkurrenz (»Überfremdung«) aufbauen, so daß auch die offensive Bekämpfung durch die verschiedensten Formen von Gewalt gerechtfertigt erscheint: »Zwei Drittel des Deutschen Volkes sind für Ausländer raus. Des Volkes Wille ist unser Auftrag«.[1] Es ist die Umsetzung der Befürchtung, daß man ein Land mit »geringem Selbstbehauptungswillen«[2] sein könnte und nur dann überlebensfähig sei, wenn der Rest Deutschlands den Deutschen vorbehalten bleibe.[3]

Fremdenfeindlichkeit

Subjektive Gefühlslagen	Haltung gegenüber Fremden	Politisch motivierte Handlungsformen
Fremdheitsgefühle	Distanz	Toleranz/Abwertung (Vorurteile/Stereotypen)
Fremdenangst	materielle/kulturelle Konkurrenz	(Defensive) Abwehr (Blockaden von »Asylanten«-Heimen etc.)
Fremdenhaß	Feindschaft	(Offensive) Bekämpfung (Gewaltanwendung mittels psychischer und physischer Mittel)

Fremdenfeindlichkeit wird vor diesem Hintergrund nicht vorrangig als ein Persönlichkeitsmerkmal, sondern als eine soziale und politische »Strömungsgröße« begriffen, deren Anschwellen und Abebben politisch beeinflußbar sind, mithin auch durch das Agieren gesellschaftlicher Gruppen sowie staatlicher Instanzen und ihren Definitionen von Gewalt bestimmt sind.

Die Bekämpfung von Fremden mittels vielfältiger Varianten von Gewalt durch rechtsextremistische Organisationen, unorganisierte Gruppierungen oder »Normalbürger« ist daher nicht zu trennen von den unbearbeiteten Fremdheitsgefühlen und damit einhergehender Distanz als Massenphänomen. Fremdenhaß baut gerade darauf seine legitimatorische Grundlage und kalkuliert mit der Distanz, indem zutreffenderweise unterstellt wird, daß diejenigen, die einer solchen Haltung zuneigen, nicht eingreifen, wenn Befürworter von Fremdenhaß zur offensiven Bekämpfung schreiten.

Die dem Fremdenhaß erst eine »sichere« Basis gebenden Abwertungen und die zur offensiven Bekämpfung von Fremden dienende, zumeist *verdeckte Gewalt* werden – so die leitende These – weder durch die vorherrschende Politik noch durch staatliche Institutionen hinreichend bearbeitet, um die Unversehrtheit von fremden Personen und Sachen zu gewährleisten. Dadurch gerät das im Grundgesetz formulierte Postulat, daß die Menschenrechte aus der Würde des Menschen und nicht aus der Würde des Deutschen hergeleitet werden, mittels einer *definitorischen Entpolitisierung von rechtsextremistisch motivierter Gewalt* in die Gefahr einer sukzessiven Aushöhlung.

2. Was heißt definitorische Entpolitisierung von rechtsextremistisch motivierter Gewalt?

Eine erste Ebene der definitorischen Entpolitisierung basiert auf dem favorisierten *Gewaltbegriff*, der im Endgutachten der »unabhängigen Regierungskommission« auf physische Gewaltanwendung reduziert ist und eine Sensibilisierung für psychische Formen der Einflußnahme als Gewalt nur dort zeigt, wo sie sich auch gegen Vertreter des Staates richten.[4] Dabei wird unterstellt, daß sich klare Abgrenzungskriterien entwickeln lassen, wo die Verletzung der Unversehrtheit beginnt und endet. Spätestens durch die medizinischen Erkenntnisse über die komplexen psycho-somatischen Zusammenhänge ist deutlich, daß das Kriterium der physischen, mithin vor allem »äußerlichen« Versehrtheit nur eine trügerische Scheinklarheit verspricht, die im Zeitalter raffinierter technischer Möglichkeiten der Beeinträchtigung von Lebensäußerungen von Menschen sich fast wie ein mittelalterlicher Anachronismus ausnimmt und damit hinter den derzeitigen Erkenntnisstand zurückfällt. Darin wird deutlich, daß die Erzeugung von Angst als das bevorzugte Mittel zum Unterlaufen des »oberflächlichen« physischen Kriteriums gerade nicht »nur« eine Gefühlslage erzeugt, sondern in körperliche Versehrtheit umschlagen kann. Insofern sind dann auch globale Einschätzungen zur Verbreitung von Gewalt, die darauf hinauslaufen, daß wir es heute *insgesamt* mit einem im wesentlichen gewaltärmeren Zeitalter in der Bundesrepublik zu tun haben, skeptisch zu betrachten. In ihnen wird eine Ungleichzeitigkeit übersehen, weil mit einem scheinklaren physisch ausgerichteten Gewaltbegriff noch versucht wird, die »weiterentwickelten« Gewaltformen zu fassen, obwohl diese den »alten« Begriff längst unterlaufen haben.

Eine zweite Ebene der definitorischen Entpolitisierung betrifft den dominierenden *Politikbegriff*. Im Hinblick auf politisch motivierte Gewalt wird von einer Koppelung von politischen Orientierungen und Mitgliedschaftsrollen in entsprechend institutionalisierten Gruppen und Parteien ausgegangen. Gewalttätige Personen, die politische Orientierungen öffentlich oder auch privat vertreten, aber nicht in entsprechenden Organisationen eine Mitgliedschaftsrolle einnehmen, werden so in politisch motivlose, »vandalierende« Einzeltäter umdefiniert, mithin entpolitisiert, d. h. den Handlungsweisen werden die macht- und herrschaftsbezogenen Interessen und Ursachenzusammenhänge entzogen und aus der Öffentlichkeit verdrängt. Die gesellschaftlichen Entstehungszusammenhänge und Prozeßverläufe von den Fremdheitsgefühlen bis zur offensiven Bekämpfung (vgl. Schema) geraten aus dem Blick. Übrig bleibt bestenfalls der individuelle Gewalttäter.

Weder der angeführte Gewaltbegriff noch der unterlegte Politikbegriff erfassen wesentliche Bereiche rechtsextremistisch motivierter Gewalt, die sich aus Haßgefühlen, Feindschaftshaltungen und offensiver Bekämpfung zusammensetzt und sich nicht vorrangig in spektakulären Brandanschlägen etc. ausdrückt, sondern in breiter Erzeugung von Angst, deren Diffusität besonders günstig und erfolgversprechend scheint. Diese Gewalt ist zumeist auch ungezielt[5], was die einzelnen Personen angeht, aber nicht motivlos.

Unter der definitorischen Entpolitisierung von spezifischen Formen rechtsextremistischer Gewalt wird ein Vorgehen von staatlichen Institutionen verstanden, durch das ihnen sowohl die Gewaltförmigkeit als auch die politischen Motive entzogen werden.

3. Gewaltverständnis im rechtsextremistischen Spektrum

Geht man davon aus, daß Rechtsextremismus sich zusammenfügt aus einer Ideologie der Ungleichheit und Gewaltakzeptanz bzw. -anwendung, so wird darin deutlich, daß es einerseits politische Orientierungsmuster sind, die vorrangig der Abwertung dienen und so den universalistischen Anspruch auf Unversehrtheit der

Personen bereits zur Disposition stellen und über die Fremdendistanz weite Verbreitung finden, sowie andererseits Gewaltanwendung als politische Handlungsform, als Entsprechung des ideologischen Musters. Während die Ideologie der Ungleichheit bereits gewaltförmig aufgeladen und im gesamten rechtsextremistischen Spektrum gültig ist, differieren die gewaltbezogenen Handlungsformen, um das politische Konzept durchzusetzen.

Die sogenannten »Republikaner« setzen auf Koppelung einer Ideologie der Ungleichheit mit institutioneller Gewalt. Sie können sich dabei auch auf die sozial weitgehend akzeptierten Abwertungen beziehen wie die eines Landesinnenministers[6], daß man eine »durchrasste« Gesellschaft nicht zulassen werde oder eines ehemaligen Bundesrichters[7], daß »die auf Dauer angelegte Vermehrung der in der Bundesrepublik lebenden Ausländer (...) mit dem ihrer Zahl entsprechenden Verbrauch an Energie ein Mehr an Kraftwerken und zugleich erhöhte Umweltbelastung durch auch auf anderen Wegen anfallende Schadstoffe« bedeute.

Sie können darauf setzen, daß diese »honorigen« Abwertungen in Teilen der distanzierten Bevölkerung eine immer offenere Artikulation ermöglicht, die auch die Abwehr »normal« erscheinen läßt. Gleichzeitig setzen sie als »Legalisten« programmatisch auf den starken Staat und das Gewaltmonopol, um gleichzeitig »spielerisch« mit Andeutungen zu drohen, wie dies im Werbespot mit der Musik »Spiel mir das Lied vom Tod« zur Berliner Senatswahl 1989 geschehen ist.

Damit verbunden ist das Bekenntnis zur Verfassung, wie im neuen Programm von 1990, das zu einem Programm für den Verfassungsschutz geworden ist in dem Sinne, daß es extra auch für ihn geschrieben wurde. Da aber das penible Bekenntnis nicht ein hinreichender Prüfstein für demokratisches Handeln ist, sondern ein wesentlicher die Gleich- und Ungleichbehandlung von Fremden, läuft eine nur politisch-verfassungsrechtliche »Prüfung« der sogenannten »Republikaner« Gefahr, daß die spezifischen Formen von Gewalt nicht erfaßt werden, die mit neuer »*Rambo*listik« in den Bierzelten vorbereitet wird. Diese wird um so notwendiger, desto weniger das Programm zur »Bedienung« der Klientel reichen kann, also die holzschnittartige Kurz-und-bündig-Strategie auftaucht, wie noch im Programm von 1987. Herr Schönhuber bringt den Schaum bis zur obersten Kante des Bierglases; für das Überschäumen des »Gärungsprozesses« gibt er sich nicht mehr verantwortlich: die »Ja, aber...«-Taktik soll geradezu das Gegenteil unterstreichen. Eine so vorbereitete Abwertung verdichtet sich je nach Lebens- und Gefühlslage zur Angst und Abwehr, der häufig noch der offensive Charakter fehlt. Gleichwohl ist die Legitimationsbasis für Fremdenhaß und die damit verbundene offensive Bekämpfung von Fremden vorbereitet.

Insofern erfüllen die sogenannten »Republikaner« eine Brükkenfunktion zwischen Teilen des konservativen Lagers und den traditionell rechtsextremistischen Parteien wie NPD und DVU sowie den neonazistischen Gruppierungen und Parteien.

Aufgrund der vielfach eingekehrten sozialen Akzeptanz der verschiedenen Varianten der Ideologie der Ungleichheit, vor allem der autoritär-nationalistischen Orientierungsmuster, erreichen die sogenannten »Republikaner« zweierlei: Einerseits setzen sie auf das angeblich friedenstiftende Gewaltmonopol (werden mithin politisch-verfassungsrechtlich akzeptabel) und können andererseits auf der Ebene von politischen Orientierungen die Abwertung so weitertreiben, daß sie die Distanz in weiten Bevölkerungsteilen in Angst verwandeln, so daß Abwehr entsteht und die Legitimationsbasis für die gewalthaltige Bekämpfung von Fremden durch zwei andere Varianten des rechtsextremistischen Lagers verbreitert wird.

Die parteiähnlichen neonazistischen Aktionsgruppen setzen vor allem nach historischem SA-Vorbild auf eine konsequente Verbindung der Ideologie der Ungleichheit mit personenbezogener Demonstrativgewalt, um das politische Signal zu setzen, die »Straße wieder zu gewinnen«, dadurch einerseits gewissermaßen territoriale Stärke zu demonstrieren, um andererseits darüber Anbindungsmöglichkeiten der Bevölkerung an ihre politisch-institutionelle Wählbarkeit zu offerieren.

Dieses Vorgehen demonstriert vor allem die FAP, die mit dieser »Doppelstrategie« aber wohl gescheitert ist und stärker eine Gemengelage mit der unorganisierten Protestszene anstrebt.

Gewissermaßen »querliegend« dazu findet sich die unorganisierte rechtsextremistische Protestszene von Jugendlichen, die zwischen den verschiedenen parteipolitischen Standorten vagabundiert und sich überall dort anbindet, wo die vorbereitete Abwertung und Abwehr in Bekämpfung umgesetzt werden kann.

Sie agiert mit Hilfe des Leitthemas »Fremdenfeindlichkeit«, indem nach nationalen Zugehörigkeitskriterien und/oder »undeutschem« Verhalten eine personenbezogene Territorialgewalt demonstriert wird. Als Begründungshintergrund tritt weniger eine als parteipolitisches Konzept erkennbare Ideologie der Ungleichheit zutage, sondern eher ein diffuses Gemisch subjektiver Bedrohungsgefühle, das sich aus der Konkurrenz um Arbeit, Wohnraum, Mädchen speist und zu sozialen Vorurteilen verdichtet und insbesondere Fremde in die Sündenbockfunktion einrückt. Das Unbehagen mit der eigenen Lebenslage bekommt so ein eindeutiges Ventil und eine politische Zielrichtung, die mittels Gewalt das Unbehagen »klärt«.

Die definitorische Entpolitisierung von Gewalt hat vor allem für zwei Gruppierungen innerhalb des Spektrums besondere Vorteile: Sie bestehen für die sogenannten »Republikaner« vor allem darin, daß die Abwertung und Abwehr nicht als politisch motivierte Gewalt verstanden und damit unterbewertet werden. Die unorganisierte rechtsextremistische Protestszene zehrt von einer zentralen Lebenslüge der politischen Kultur, die im kritisierten Politikbegriff besteht, daß nur jene politischen Orientierungen als Probleme gesehen werden, die mit der Mitgliedschaft in einer entsprechend definierten Partei verbunden werden. Da aber im Jugendbereich die Abkehr von formellen politischen Gruppen und Parteien immer umfassender wird, zieht auch die definitorische Entpolitisierung der Gewalt immer größere Kreise im Hinblick auf politisch motivierte Gewalt, die nicht als solche begriffen wird.

Insgesamt geraten vorrangig neonazistisch ausgerichtete und parteipolitisch organisierte Gruppen wie z. B. die FAP ins Zentrum von staatlichen Zugriffen und auch Statistikerinteressen, woraus sich u. a. erklärt, daß die Zahlenverhältnisse (zusätzlich zu den altbekannten Zähl- und Zuordnungsproblemen) niedrig sind.

Die Abwertungs-Gewalt, die auf offener politischer Bühne und die angstverursachende und personenzentrierte physische Gewalt, die durch die unorganisierte rechtsextremistische Protestszene im »gesellschaftlichen Dämmerlicht« alltäglicher Situationen vor Haustüren, in Jugendzentren, auf den nächtlichen Nachhausewegen etc. ausgeübt wird, bleiben aufgrund der definitorischen Entpolitisierung unberücksichtigt, »verkleinern« das politische Problem und vereisen doch wirkungsvoll das alltägliche Lebensklima insbesondere der Fremden.

4. Gewaltformen und die gespaltene Funktionalisierung von Gewalt durch staatliche Institutionen

Das Beispiel der »unabhängigen Regierungskommission« zeigt nun, wie im Zuge des Prozesses, daß der Staat sich immer mehr selbst zum Schutzobjekt erklärt (und auch der Verfassungsschutz immer mehr zum Staatsschutz wird)[8], eine gespaltene Funktionalisierung von Gewalt auftritt.

Einerseits wird eine Bedrohung durch Gewalt auf Demonstrationen, Blockaden etc. heraufbeschworen, um Kontrolle und Repression besser legitimieren zu können für die Umsetzung in Sicherheitsgesetze, obwohl sich dies statistisch nicht in toto rechtfertigen läßt, aber dem Staatsschutzinteresse vorbeugender Prävention dient. Andererseits wird Gewalt durch rechtsextremistisch Organisierte und vor allem unorganisiert Motivierte aufgrund der definitorischen Entpolitisierung unterbewertet.

Der Staatsschutz-Optik kommt der Umstand zunutze, daß die Gewalt von »links« (was immer das konkret sein mag) sich gegen macht*volle* staatliche oder private Institutionen und ihre Vertreter wendet. Demgegenüber zeigt die rechtsextremistische Gewalt eine Kontur, die sich gegen macht*lose* unbekannte Fremde, die zumeist in rechtlicher Unsicherheit leben, oder auch gegen unbekannte Andersdenkende richtet.[9]

Je mehr der Staat sich selbst zum Schutzobjekt macht – und das Endgutachten ist ein Beleg dafür – desto stärker werden die verdeckten Gewaltformen gegen Fremde aus dem Blickwinkel verschoben.

Durch diesen Vorrang eines Staatsschutzinteresses geraten staatliche Institutionen in die Gefahr, implizit zur alltäglichen Verletzung der Unversehrtheit vor allem der Fremden beizutragen. Der schon angeführte Verfassungsanspruch, daß Menschenrechte aus der Würde des Menschen – und nicht der Deutschen – hergeleitet und realisiert werden müssen, findet dann keine Entsprechung. Insofern beschreiben die sogenannten »Republikaner« mit ihrem Passus im Programm von 1987, daß sie die Menschenrechte aller *Deutschen* bewahren wollen, auch faktisches Handeln staatlicher Institutionen gegenüber Fremden. Daß dies ausgerechnet durch eine rechtsextremistische Partei geschieht, erzeugt fast schon eine gespenstische Beleuchtung der Szenerie.

Die gespaltene Funktionalisierung von Gewalt führt also zur Verschärfung von Kontrolle und Repression einerseits und Verdeckung andererseits, die im letzteren Strang der Funktionalisierung eine »stille« politische Ausbeutbarkeit enthalten kann, die in der Öffentlichkeit weitgehend tabuisiert wird: Eine Zunahme der Abwertung, eine öffentlich immer ungenierter artikulierte Abwehr und die darauf aufbauende Bekämpfung führen zu einem Angstpegel bei Fremden, der auch für ausländerpolitische Zielsetzungen *stille Helferfunktionen* einnehmen kann, die nicht legitimationsbedürftig sind.

Die gespaltene Funktionalisierung hat Konsequenzen darin, daß nur einseitiger Handlungsbedarf gesehen wird, dem neben ordnungsstaatlichen Kontrollen und Repressionen flankierend vor allem eine politische Bildung zugeordnet wird, deren prägender Kern die Rechtserziehung werden soll. Diese Betonung nimmt auch Versuche wieder auf, die bereits Mitte der 70er Jahre zu beobachten waren und die darin bestanden, gewissermaßen ein Verdrängungsfach wie Rechtskunde als Verpflichtungskunde gegen eine kritische politische Bildung zu setzen. Zum anderen ist versucht worden, sie auf eine Institutionenkunde zu reduzieren. Daran anknüpfend gibt es seit einiger Zeit die Versuche, mit Hilfe der Thematisierung von nationaler Symbolik und Ritualen ohne öffentlichen Diskurs zu inhaltlichen Umorientierungen in der politischen Bildung zu kommen[10], um auch von dieser Seite umstandslose Loyalität zu erzeugen. Wie sich Gutachten und Regierungspolitik nahtlos in dieser Frage ergänzen, zeigen beispielsweise die Finanzierungsvorschläge der konservativ-liberalen Regierung zur politischen Jugendbildung. Die Kürzungen im Haushalt 1990 wurden u. a. auch damit begründet, daß zahlreiche Veranstaltungen »unbefriedigende Leistungen der pädagogischen Innovation bei der Hinführung junger Menschen zu einer positiven Einstellung zum Staat« erbracht haben.[11]

Altbekannte »Wegbereiter«-Theorien zur Entstehung von Gewalt speisen wesentlich diese Überlegungen, die im Gesamtduktus des Gutachtens eine Fortsetzung finden. Der definitorischen Entpolitisierung von spezifischen Formen rechtsextremistisch motivierter Gewalt folgt die didaktische Entpolitisierung von kritischer politischer Bildung[12] auf dem Fuße. Daran schließt sich eine bemerkenswerte Forderung an: »und letztlich auch bei der *Auswahl der Lehrer* muß darauf geachtet werden, daß die Verfassungs- und

Rechtsordnung der Bundesrepublik ausgewogen und angemessen zur Darstellung gebracht wird«.[13]

Konsequenterweise kommen die Ursachen und Formen rechtsextremistischer Gewalt als expliziter und zu forcierender Thematisierungsbereich der politischen Bildung im Endgutachten nicht vor, obwohl solche Betonungen dazu beitragen könnten, daß durch die Analyse des Prozesses von Distanz über Abwehr zur Bekämpfung zumindest ein bescheidener Beitrag zur Verhinderung von Fremdenhaß geleistet werden könnte.

Politischer Handlungsbedarf zur Bekämpfung rechtsextremistisch motivierter Gewalt (nicht nur über politische Bildung in den Köpfen) besteht aus dieser Perspektive daher nicht. Dies wird im Endgutachten scheinbar legitimiert durch das Umfangsargument. Zunächst wird eingestanden, daß es Ermittlungsprobleme von Gewalt gibt. Während man nun davon ausgehen kann, daß jene Gewalt, die sich gegen machtvolle Institutionen und ihre Vertreter wendet, zu Recht penibel registriert wird, um auch dazu die notwendige öffentliche Debatte zu führen, bleibt die Gewalt gegen machtlose Fremde in unsicheren Rechtspositionen weitgehend im »gesellschaftlichen Dämmerlicht« verborgen. Im Endgutachten[14] finden sich dann aber plötzlich Präzision verheißende Angaben über die Zahlenverhältnisse künstlich vereinheitlichter links- und rechtsextremer Gewaltformen, obwohl die Dunkelziffer im rechtsextremistischen Aktionsfeld so ungeheuer groß und außerdem zu berücksichtigen ist, daß die Art und Weise der Registrierung dieser Aktivitäten durch die Verfassungsschutzämter alles andere als offenliegend und in der Vergangenheit von politisch Verantwortlichen im Sinne einer Abwiegelung bearbeitet worden sind.

Das i-Tüpfelchen zu jener gedrechselten Darstellungskonstruktion läßt sich nun daran erkennen, daß – obwohl der Verbreitungsgrad präziser Aufklärung bedürfte – kein Forschungsbedarf gesehen wird.

Der Beleg für das Desinteresse der »unabhängigen Regierungskommission« zur Aufklärung des *gesamten* politisch motivierten Gewaltniveaus und die damit einhergehende gespaltene Funktionalisierung von Gewalt könnte kürzer und präziser nicht ausgedrückt werden. Das Interesse an der Aufklärung von politisch motivierter Gewalt gilt vorrangig jener, die sich gegen Mächtige und vor allem gegen den Staat richtet. Der Zynismus gegenüber Fremden liegt blank.

5. Folgen

Die definitorische Entpolitisierung von Gewalt und die gespaltene Funktionalisierung setzen sich auf der Ebene der Polizeipraxis fort, indem sie dort in Gestalt von Unter-Reaktion und Inkonsistenz des Handelns auftreten. Dies läßt sich an verschiedenen Einseitigkeiten und »Ersatzformen« staatlichen Handelns gegenüber rechtsextremistischen Aktivitäten aufzeigen, die man als Unter-Reaktion zusammenfassen kann:[15]

– So lassen sich zahlreiche Vorfälle[16] dokumentieren, bei denen trotz vorheriger Information durch die Veranstalter, daß gewaltdrohende Aktivitäten oder gewalttätige Angriffe zu erwarten seien, die Polizei nicht erschien, um sie bereits im Vorfeld zu verhindern.

– In anderen Fällen erschien sie so spät, daß sich die Situationen inzwischen so weit zugespitzt hatten, daß nicht nur angreifende Personen, sondern auch gleich noch Angegriffene mit in die polizeilichen Ermittlungen einbezogen wurden. Dies hatte dann den Vorteil, daß sich die Polizei als »neutraler Schlichter« definieren und damit auch noch die Aufschaukelungsthese von »Links« und »Rechts« untermauern konnte.

– Besonderer Beachtung bedürfen auch die vielfachen rechtlichen Vorbehalte, die bei gewaltandrohenden Provokationen deutlich werden. Diese Vorbehalte stehen ganz im Gegensatz zum rigiden Eingreifen der Polizei etwa anläßlich von Großdemonstrationen, bei denen rechtliche Prüfungen oft erst im Nachhinein vorgenommen wurden. Dies ist deshalb von Bedeutung, weil dadurch eine Inkonsistenz staatlichen Handelns deutlich wird, die auch dazu führen kann, daß sich z. B. Autonome oder türkische Jugendgangs nach dem Motto »Deutsche Polizisten schützen die Faschisten« zum Eingreifen ermuntert sehen.

Unter-Reaktion, das geht aus Neidhardts Modellanalyse[17] hervor, und Inkonsistenz[18] staatlichen Handelns begünstigen eskalierende Prozesse.

Nun muß allerdings auch auf Schwierigkeiten zur Intervention mit ordnungspolitischen Handlungsmöglichkeiten gegenüber rechtsextremistisch motivierter Gewalt hingewiesen werden:

– Gegenüber den traditionellen, »gemäßigten« rechtsextremistischen Parteien liegen diese im Normalitätszuwachs und der damit entstehenden Überlappung mit parlamentarisch vertretenen deutsch-national ausgerichteten Personen und Gruppierungen, die zumindest Schnittmengen im Hinblick auf Ausländerpolitik und Law-and-order-Vorstellungen aufweisen.

– Die Intervention gegenüber der Gewalt von seiten der unorganisierten rechtsextremistischen Protestszene ist aus mehreren Gründen schwierig, bekommt aber aus Gründen der Ausweitung dieses Bereichs zusätzliches Gewicht. Zum einen vollziehen sich zahlreiche Gewaltaktionen gegen einzelne über die Mittel der Gewaltandrohung mit den vielfältigen Folgen der Angst, die dazu führen, daß sich die Betroffenen aufgrund weitgehender Rechtlosigkeit (etwa bei Asylbewerbern) oder aus Sorge vor Racheakten immer weiter zurückziehen. Diese alltägliche Gewalt tritt somit als rechtsextremistisch motivierte Gewalt gar nicht ins öffentliche Bewußtsein bzw. ist auch nicht in Statistiken über politische Gewalt dokumentiert.

Staatliche Unter-Reaktion oder Inkonsistenz lassen daher über eine »Opfer«-Legitimation vor allem bei türkischen Jugendlichen die Motive zur Gegengewalt entstehen. Damit aber werden Prozesse in Gang gesetzt, die außerordentlich problematisch sein können, wenn von staatlicher Seite die beteiligte unorganisierte rechtsextremistische Protestszene als unpolitisch bagatellisiert wird. Das bedeutet, daß das in den Auseinandersetzungen auftretende Verhalten türkischer Jugendlicher über die damit verbundenen Ermittlungsverfahren in der Regel der ganz normalen Kriminalitätsstatistik zugerechnet wird, die aber – und dies ist sehr wichtig – keine Auskünfte über Verurteilungen enthält. Diese ungenaue Kriminalitätsstatistik wird dann sehr leicht politisch ausbeutbar. Dies ist zu erkennen an der Benutzung durch alle Varianten des rechtsextremistischen Spektrums, und auch verschiedene etablierte konservativ-deutsch-nationale Kreise können offensichtlich der Versuchung nicht widerstehen, sie zur Begründung rigider Ausländerpolitik zu nutzen. Die Angst vor Kriminalisierung und damit verbundenen Ausweisungsandrohungen oder -verfahren manövriert türkische Jugendliche in eine mißliche Lage. Ein Rückzug setzt sie der Gefahr individueller Bedrohung aus – oder die Angst zwingt sie zu neuen, raffinierteren Formen der »Gegengewalt«.

– Die Schwierigkeiten gegenüber parteiähnlichen neonazistischen Aktionsgruppen sind vergleichsweise gering, da sie mit ihrer Mischung aus Institutionalisierung und gewalttätigem Auftreten eine eindeutige Wahrnehmbarkeit als politische Gewalt gestatten, und durch die von ihnen gewollte Analogievorstellung zu NS-Vorbildern deutlich markiert sind.

Eine Betrachtung im Lichte der quantitativen Entwicklung im rechtsextremistischen Spektrum zeigt im Ergebnis, daß die staatliche Aufmerksamkeit auf jene Variante, die parteiähnlichen neonazistischen Aktionsgruppen, zentriert ist, die langfristig eine nebensächliche Rolle spielen dürfte. Dagegen sind Aufmerksamkeit und Interventionsmaßnahmen bei den eher quantitativ wachsenden Varianten deutlich weniger ausgeprägt. Die einen zehren vom gesellschaftlichen Normalitätszuwachs und entstehenden politischen Schutzzonen[19] durch »honorige« Abwertung, die anderen von staatlicher Unter-Reaktion und Inkonsistenz.

Gestützt werden diese Vorgänge noch von polizeispezifischen Entwicklungen, die sich u. a. in der offensichtlich gewordenen Affinität von Teilen der Polizei mit der Programmatik und den dahinterstehenden Gesellschafts- und Feindbildern der sogenannten »Republikaner« ausdrücken.

6. Zwischenfazit

Das Endgutachten vernachlässigt die Aufklärung des Auftretens, Ausbreitens und Wucherns rechtsextremistisch motivierter Gewalt, in dessen Mittelpunkt die Fremdenfeindlichkeit steht und die zu Lasten von machtlosen, unbekannten Fremden geht. Es trägt mit seinem engen Gewaltbegriff und einem überholten Politikbegriff damit implizit zur Normalisierung verdeckter rechtsextremistischer Gewalt bei, die in der Gefahr einer Zunahme steht, weil die zahlreichen politischen Prozesse in osteuropäischen Ländern und der DDR zu weiteren Verschärfungen der materiellen und kulturellen Konkurrenzsituationen führen können.

Wenn nun das Hauptaugenmerk nicht auf der Bekämpfung von Fremden*feinden*, sondern von Fremden*feindlichkeit*, also nicht auf den Personen, sondern den Ursachenmechanismen, liegen soll, dann treten z. B. auch Fragen der Unter-Reaktion oder der Inkonsistenz etwa polizeilichen Handelns in den Hintergrund, die aktuell und situationsbezogen durchaus von akuter Bedeutung sind, weil naheliegenderweise der Ansatz bei der Bekämpfung von Fremdenfeindlichkeit sinnvoller, aber langwieriger ist.

7. Konsequenzen zur Bekämpfung von Fremdenfeindlichkeit

Eine Veränderung von Fremdenfeindlichkeit muß sowohl in strukturellen Ursachen als auch an all ihren offenliegenden und verschwiegenen Varianten der subjektiven Gefühlslagen ansetzen, aus denen sich Fremdheitsgefühle, Angst, Haß entwickeln, die in ihren Haltungen von Distanz, Konkurrenz, Feindschaft deutlich werden und sich in politisch motivierten Handlungen von Abwertung, Abwehr und Bekämpfung niederschlagen können.

7.1. Modernisierungsprozesse und »einheimische« Fremdenfeindlichkeit

Wenn Fremdenfeindlichkeit heute in der Bundesrepublik vorrangig ein soziales Phänomen ist und weniger rassistische Ursachen hat[20], dann liegt es nahe, auch einige zentrale gesellschaftliche Entwicklungslinien aufzugreifen, die subjektive Gefühlslagen von zunächst Fremdheitsgefühlen, dann Angst und Haß entstehen lassen, obwohl sie zunächst völlig unabhängig von Fremden selbst ablaufen. Dazu müssen die heute kennzeichnenden Sozialisations- und Erfahrungsmodi des Aufwachsens und Lebens verstärkt herangezogen werden, die sich in einen Zusammenhang mit den benannten Gefühlslagen bringen lassen. Anknüpfungspunkte bieten dazu die von U. Beck auf den Begriff gebrachten Individualisierungsprozesse in der »Risikogesellschaft«.[21]

– Mit den *Fremdheitsgefühlen* können kapitalbezogene Modernisierungsprozesse in Beziehung gesetzt werden, die ein »Durcheinanderwirbeln« der Menschen aufgrund von offenen Grenzen, Mobilitätsmöglichkeiten, aber auch -zwängen erzeugen. Neue Chancen sind unmittelbar verbunden mit neuen »Konfrontationen« zusätzlichen Arbeitsvermögens, mit anderer Kultur, Sprache, etc., denen zumindest jene derzeit besonders gewachsen sind, die über hohe Qualifikationen und Flexibilität verfügen und in Konkurrenzsituationen nicht sofort einen existentiell bedrohlichen sozialen Abstieg gewärtigen müssen.

Die Mechanismen des »Durcheinanderwirbelns« bevorteilen derzeit jene deshalb, weil die Wanderungsbewegungen auf ihrem Qualifikationsniveau nur vereinzelt stattfinden, mithin selten materielle Konkurrenz erzeugen. Von ihnen wird, wenn überhaupt, eher eine kulturelle Konkurrenz wahrgenommen und als Überfremdungsangst artikuliert. Dagegen setzen diese Mechanismen die bereits Benachteiligten unter größeren Druck, weil es sich auf deren Qualifikationsniveau um relativ große Wanderungsbewegungen handelt. Hinzu kommt, daß deren materielle und qualifikatorische »Reserveressourcen« ohnehin eng gesteckt sind, wenn Wanderungsbewegungen und Arbeitslosigkeit zunehmen. Die Sozialhilfekosten – um nur einen Indikator zu nennen – stiegen zwischen 1978 und 1988 von 11,3 auf 27 Mrd.

– Hinter diesem »Durcheinanderwirbeln« verbergen sich *ambivalente* gesellschaftliche Individualisierungsprozesse, von denen ein wichtiges Merkmal in der auf individueller Leistung basierenden Statuserarbeitung und -sicherung besteht. Die hohe technologische Entwicklungsgeschwindigkeit bringt das Stellenkarussell immer schneller auf Touren und entwickelt entsprechende Schleuderkräfte, gegen die nur hohe Flexibilität hilft. Konkurrenz durch Aus- und Übersiedler zusätzlich zu den auf den Arbeitsmarkt drängenden jungen, hier geborenen Kindern von ausländischen Arbeitnehmern lassen so Fremdheitsgefühle in *Angst* umschlagen, die dann zunimmt, wenn unklar ist, unter welchen Bedingungen, in welcher Region und mit welchem Status man wieder auf dem Stellenkarussel Platz findet und dann noch auf Diskrepanzen trifft von Arbeitsplatzangebot einerseits und Wohnungsmöglichkeiten andererseits. Insofern sind die sich aus Fremdheitsgefühlen speisenden Ängste nicht einfach durch Vorurteilsbildung subjektiv verblendet erzeugt, sondern sind real, wie Angst bereits dann real ist, wenn jemand sagt, daß er Angst habe. Daher kann es keine Verfügung über die Angst anderer geben. Sie kann auch nicht wegdemonstriert werden, und die Versuche sind kein Ausweis für eine menschenfreundliche Politik.

– Die Prozesse des »Durcheinanderwirbelns« und der Erhöhung des Leistungsdrucks haben auf der sozialen Ebene vor allem Enttraditionalisierungen (Auflösung der traditionellen Berufsbiographie, Lebenslaufstationen, Sitten etc.) und Vereinzelungen zur Folge, die von einem Teil der Bevölkerung als Belastung empfunden werden, und zwar um so mehr, je weniger eigene stabile soziale Einbindungs*möglichkeiten* erreichbar scheinen, während gleichzeitig Fremde vor allem als »Gruppenzugehörige« wahrgenommen werden (ohne daß die Doppelwertigkeit von deren engen Milieus, also Schutz wie Kontrolle und Zwänge berücksichtigt wird). Fremdheitsgefühle, die sich hier aus Verlassenheit speisen, und Angst können sich unter diesen Bedingungen in subjektive Bedrohung umformen, die *Haßgefühle* freisetzen und gleichzeitig die Suche nach »kompensatorischen« Einbindungsmöglichkeiten initiieren, die einem nicht genommen werden können, wie dies bei der Erosion von Familie, Sippe, Nachbarschaft, sozialer Klasse erfahren wird. Daher gewinnen nationale Stimmungen wieder eine besondere Bedeutung, die als soziale Bindemittel dienen sollen. Ein nationalstaatlicher Nationalismus, der immer auch mit Gewalt nach außen verbunden war, wird unter heutigen Bedingungen abgelöst durch einen »neuen« materiellen Nationalismus, der innenpolitisch umgebogen wird. Er fußt auf den hochtourigen Modernisierungsprozessen, die für Teile der Bevölkerung mit materiellen und kulturellen Freisetzungen einhergehen, denen derzeit politisch nicht nach sozialen Kriterien entgegengearbeitet wird, um vor allem die Konkurrenzsituationen abzumildern, sondern die politisch mit vorrangig ökonomischem Interesse forciert werden.

Es dominiert derzeit eine Politik, die für die Umformungsprozesse von »einheimischen« Fremdheitsgefühlen in »einheimische« Fremdenfeindschaft zentrale Verantwortung trägt, weil sie einerseits eine *Internationalisierung* der Märkte, vor allem jener Teil-Arbeitsmärkte forciert, die hohe ökonomische Gewinnchancen versprechen – und andererseits eine weitgehende Homogenität, also *Nationalisierung* der Bevölkerung verspricht –, ohne dies einhalten zu können.

Dagegengesetzt werden müßte meines Erachtens eine Politik, die zumindest die Risiken der sich verschärfenden *materiellen Konkurrenz* mindert. Dies erscheint derzeit am ehesten möglich über ein Konzept der materiellen Grundsicherung, das an die Stelle von Sozialhilfe treten sollte, deren immer noch stigmatisierend empfundener Effekt durch die Wahrnehmung nicht davon betroffener Fremder noch verstärkt werden dürfte. Dies ist ein notwendiger, wenn auch nicht hinreichender Schritt.

7.2. »Multikulturelle« Gesellschaft und wechselseitige Fremdheitsgefühle

Die mit den ökonomisch angetriebenen Modernisierungsprozessen einhergehende Entwicklung einer »multikulturellen« und individualisierten Gesellschaft bringen vor allem zwei Entwicklungen zusammen: Die Beschleunigung der Ent-Traditionalisierung von Kultur (für die »Einheimischen«) und die Vervielfältigung durch traditionale Kultur (durch maßgebliche Teile der Fremden).

»Einheimische« wie Fremde sehen sich nun unter den Bedingungen des ökonomisch angetriebenen Modernisierungsprozesses individuell und kollektiv mit den damit einhergehenden *Ambivalenzen* der Moderne konfrontiert, d. h. neue Chancen, aber auch neue Belastungen treten auf und die Sicherheit gebenden, aber auch einengenden und belastenden Traditionen oder Traditionsrestbestände stehen zur Disposition. Das bedeutet auch, daß für »einheimische« wie fremde Teilgruppen der Bevölkerung Unsicherheit einkehrt. Damit entstehen zunehmend konflikt- und widerspruchsintensive Zusammenhänge, wie sie in der Geschichte aller bekannten »multikulturellen« Gesellschaften aufgetreten sind.

Vor diesem Hintergrund erscheint es sinnvoll, die Entstehungsflächen von Fremdheits*gefühlen* als potentiellen Einstieg in Fremdenfeindlichkeit unter dem Aspekt des *wechselseitigen* Verhältnisses von unterschiedlichen sozialen und ethnischen Gruppen zu betrachten. Dies soll anhand von Sicherheit und Unsicherheit geschehen, die sich aus dem je eigenen Verhältnis zu Traditionsbeständen ergeben und von daher das je eigene Verhältnis zu den gesellschaftlichen Individualisierungsanforderungen einerseits und den »anderen« andererseits bestimmen.

– Die »Einheimischen« können, aber müssen auch mit einer *Ent-Traditionalisierung* ihrer Berufsbiographie und Kultur leben, deren Vorteil in neuer Offenheit und Chancen zur Weiterentwicklung besteht, während die andere Seite der Medaille als Freisetzung mit der Gefahr von Orientierungslosigkeit verbunden ist. Sprengkraft entwickelt sich an der Stelle, wo der versuchte Rückbezug auf Traditionen durch die Folgen der Modernisierungsprozesse wie die Verwissenschaftlichung des Denkens etc. versperrt ist. Rückbezugs-Versuch und Versperrung aufgrund von »Entzauberung« (Beck) von traditionellen Sicherheiten setzen sich dann in Unbehagen an der eigenen Lebenslage um, das gleichwohl einsichtig erklärt werden muß. Zu dem Erklärungsreservoir zählen dann auch jene Muster, die darauf verweisen, daß »es noch besser war«, als die eigenen Traditionen galten und die Fremden noch nicht da waren. Diese Sichtweise ist eine Folge der Subjektivierung gesellschaftlicher Probleme, die sich mit den Individualisierungsprozessen einstellt, wonach die Gestaltung von Lebenswegen und -räumen vor allem als Folge »eigener« Entscheidungen begriffen werden muß und bei Versagen und Problemen dann personalisierte Selbst- oder Fremdzuschreibungen der Ursachen erforderlich machen.

– Die zweite hier betrachtete Gruppe ist die der Aussiedler, die aufgrund ihres ehemaligen kulturellen und religiösen Lebens in der Diaspora auch weiterhin auf eine – vielfach rigide – *Traditionalisierung* setzen. Allerdings speisen sich bei ihnen nun die Bedrohungen nicht mehr aus einer kulturellen Unterdrückung als Minderheit, sondern aus den Schock-Erlebnissen der Individualisierungsanforderungen. Insofern sind Abschottungstendenzen nicht selten, die erst sukzessive von den nachwachsenden Generationen durchbrochen werden dürften, allerdings bei Jugendlichen schon jetzt zu erheblichen Identitätsirritationen führen.

Zwischen diesen beiden Gruppen zeigen sich Fremdheitsgefühle bei gleicher ethnischer Herkunft, die z. T. wechselseitig sind und vorrangig von seiten der Einheimischen auf materieller Konkurrenz durch – in ihren Augen – ungerechte Unterstützungsleistungen basieren. Die Fremdheitsgefühle von Aussiedlern gegenüber den »Einheimischen« werden unterschwellig mit dem »Verrat am Deutschtum« verbunden, das man selbst unter schwierigen Bedingungen aufrechterhalten habe – und jetzt in der »Heimat« gar nicht mehr vorfinde; eine Situation, die zuweilen dann auch in die Wahl der sogenannten »Republikaner« einmündet.

– Anders sieht das Verhältnis von »Einheimischen« und Aussiedlern zur dritten Gruppe aus, die vor allem jene islamischen Glaubens umfaßt, also vor allem türkische Bevölkerungsgruppen. Sie sind – entlang der Generationslinien – nicht mehr homogen. Da sind die *»Traditionsbastler«*, die mit mehreren Kulturtraditionsbeständen und -zwängen umgehen und z. T. mit der Folge leben müssen, in keiner zurechtzukommen und auch die »Bastelarbeit« für sich nicht zufriedenstellend lösen zu können, so daß hier unter Umständen die Gefahr besteht, diese Probleme auf die Fremdenfeindlichkeit durch »Einheimische« zu verschieben und mit eigener »Fremdenfeindlichkeit gegen Einheimische« zu beantworten. Hierzu gehören vor allem die Jüngeren, die die Individualisierungsanforderungen einerseits und eigene Traditionsbestände andererseits »auszubalancieren« versuchen.

Daneben finden sich *»Traditionssicherer«*, eher aus der mittleren und älteren Generation, die den Individualisierungsprozessen abwehrend gegenüberstehen, um z. B. die Rückkehr in ihr Herkunftsland kulturell abzusichern. Dies scheint am ehesten durch Distanz möglich zu werden.

Eine dritte Teilgruppe, die den Individualisierungsprozessen schon kämpferisch gegenübersteht und selbst die »verweltlichten« türkischen Traditionen der Jüngeren abzuwehren trachten, erhält derzeit durch die Fundamentalisierung des Islam besonderen Aufwind. Sie lassen sich als *»Re-Traditionalisierer«* beschreiben.

Das Verhältnis zu dieser nicht homogenen Gruppe wird von den »Einheimischen« vielfach sowohl als materielle als auch kulturelle Konkurrenz wahrgenommen, die bedrohlich scheint. Dies vor allem durch eine spezifische Wahrnehmungsweise, weil diejenigen, denen die enttraditionalisierten Lebensumstände als belastend erscheinen, die Fremden islamischen Glaubens subjektiv als homogenen, festgefügten »Block« wahrnehmen – während sie sich selbst oft als vereinzelt einschätzen.

Dies gilt weniger für die Aussiedler, also die Traditionalisierer, die sich vielfach in ihrer noch abgeschirmten Homogenität »sicher« fühlen. Ihre Fremdheitsgefühle basieren dann eher auf der anderen ethnischen Herkunft als »Nicht-Deutsche«, indem die ehemals »abwehrende« Haltung gegenüber einer ethnischen Mehrheit in der früheren Diaspora jetzt transferiert wird auf eine ethnische Minderheit anderen Glaubens, die der gerade erreichten eigenen Mehrheit neue Konkurrenz bereitet.

Die Re-Traditionalisierer entwickeln ihrerseits Fremdheitsgefühle oder auch Fremdenfeindlichkeit gegen »Einheimische«, soweit diese für das sich aus den Individualisierungsprozessen speisende »Verderben« verantwortlich gemacht werden.

Wenn die These stimmt, daß die im Rahmen von Modernisierungsprozessen auftretenden Individualisierungsanforderungen die auch Sicherheit gebenden Traditionsbestände aufzehren und deshalb bei einem Teil der Betroffenen Unsicherheit auslösen, die in wechselseitigen Bedrohungs- und Angstgefühlen einmünden, dann ist zu fragen, wie »neue« Sicherheiten oder »neue« Umgangsweisen mit den Problemen für jene möglich werden, die wechselseitig diese Fremdheitsgefühle entwickeln.

Dazu gehört im Hinblick auf die »Einheimischen« die Aufklärung über eine Politik, die einerseits die *Illusion von traditionaler Kultur* aufrechterhält und gleichzeitig in ihrer auf Hochtouren gebrachten Modernisierungspolitik alles für die Beschleunigung der

Auflösung von Traditionsbeständen tut; gleichzeitig aber auch einen problematischen »Kitt« propagiert durch nationale Symbolik, Rituale und die Rezeptur einer funktionalistischen Wiederbelebung von Religion. Da nicht zu sehen ist, wie dies lebenspraktisch relevant werden kann zur Behebung von Unsicherheit in der Risikogesellschaft, bleibt Unbehagen an der eigenen Lebenslage zurück, das sich aufgrund der Subjektivierung gesellschaftlicher Problemlagen allenfalls wiederum als individuelles Problem fassen – oder verschieben läßt.

Eine wesentliche Voraussetzung zur Bearbeitung der Fremdheitsgefühle bei Fremden gegenüber den »Einheimischen« läßt sich meines Erachtens am ehesten durch *rechtliche Sicherheit*[22] erreichen. Dies zumindest in zwei Richtungen, die hier thematisiert worden sind:

– Rechtliche Sicherheit kann es gerade Jüngeren fremder Herkunft, die sich als »Traditionsbastler« betätigen (müssen), ermöglichen, daß sie einen eigenständigen Weg versuchen können. Rechtliche Sicherheit signalisiert Akzeptanz, so daß nicht Sicherheit in einer traditionalen Kultur gesucht werden muß, die ständig zu Kollisionen mit den Individualisierungsanforderungen führt und das Alltagsleben konflikthaft auflädt. Je länger die rechtliche Sicherheit vorenthalten wird, desto größer könnten die Chancen derer werden, die auf Re-Traditionalisierung setzen, die mittels Abschottung diese kulturelle Sicherheit geben wollen – sie aber aufgrund der weiterwirkenden Individualisierungsprozesse nur erreichen können, indem sie ihrerseits auf kulturelle Konkurrenz setzen und mit Fremdheitsgefühlen kalkulatorisch spielen. Damit aber sind wechselseitige Prozesse zwischen »Einheimischen« und Fremden verbunden, die über Fremdheitsgefühle in wechselseitigen Fremdenhaß münden können.

– Rechtliche Sicherheit würde es auch den »einheimischer« Fremdenfeindlichkeit und rechtsextremistisch motivierter Gewalt ausgesetzten Fremden ermöglichen, sich gegen die *verdeckte Gewalt* zu wehren, um sie sowohl zur Anzeige und Aufdeckung zu bringen als auch in die öffentliche Debatte einbringen zu können, ohne verdeckte Repressionen durch Ausländerämter etc. befürchten zu müssen. Der Entwurf der Bundesregierung zum Ausländergesetz[23] enthält dazu keine erfreulichen Ansätze, weil immer noch politisch interpretationsoffene Passagen enthalten sind, und auch einen Vorschlag der »unabhängigen Regierungskommission« zur rechtlichen Sicherheit sucht man vergebens.

Eine »multikulturelle« Gesellschaft, die nur ein Distanzmodell (vielleicht im optimistischen Blickwinkel sogar ein Toleranzmodell) ist und sich von ethnopluralistischen Vorstellungen des Rechtsextremismus nur dadurch unterscheidet, daß die Gruppen nicht im je eigenen Land, sondern in einem Land leben, birgt untergründige Sprengkraft, der nur entgegenzuwirken ist, indem die hier nur knapp angedeuteten wechselseitigen Problemlagen in offene und öffentliche Auseinandersetzungen überführt werden, um Souveränität im Umgang mit den Problemen zu gewinnen. Der Fremdenfeindlichkeit eine simple unreflektierte Fremdenfreundlichkeit entgegenzusetzen ist außerordentlich problematisch, weil das darin enthaltene Bild des fehlerlosen Fremden weder realistisch ist noch den Fremden dient. Es ist eine enttäuschungsgeladene Überforderung, an deren Stelle eine radikale Gleichheit gesetzt werden müßte, die auch Offenheit für wechselseitige Kritik beinhaltet. Dazu ist aber die rechtliche Sicherheit ein zentraler Schritt.

Die Vereinzelungstendenzen und das öffentliche Auseinanderdriften der Gruppen einerseits und die verschwiegenen Reibungsflächen andererseits könnten sonst allzu schnell ein gewalthaltiges Vakuum entstehen lassen, das vor allem rechtsextremistischen Interessen Aufschwung verleihen könnte, der vorübergehend von allgemeiner nationaler Euphorie überdeckt scheint.

Gefahrenstellen in einer »multikulturellen« Gesellschaft scheinen gleichermaßen sowohl in einer Beschleunigung von Enttraditionalisierung als auch in einer Re-Traditionalisierung zu liegen.

Die Antworten, wie Wege jenseits dieser falschen Alternative aussehen können, stehen aus.

Mit Sicherheit sind weder die Verdeckung von Gewalt noch die Tabuisierung von real existierenden oder subjektiv definierten Konfliktlagen dazu geeignet, wie die jüngsten Beispiele aus der DDR zeigen.

8. Fazit

Eine definitorische Entpolitisierung von rechtsextremistisch motivierter Gewalt leistet keinen Beitrag zur »Verhinderung *und* Bekämpfung von Gewalt«, wie es der Titel des Endgutachtens der »unabhängigen Regierungskommission« verheißt, sondern trägt im Hinblick auf politisch motivierte Gewalt eher zur Verhinderung *der* Bekämpfung der Gewalt insofern bei, als weder kurzfristige Ansätze gegen rechtsextremistisch ausgeübte Gewalt noch weiterreichende Ansätze gegen die gesellschaftlichen Entstehungsmechanismen von Fremdenfeindlichkeit angemessen in den Mittelpunkt gerückt worden sind.

Anmerkungen

1 Es handelt sich um den Aufklebertext einer neonazistischen Gruppe.
2 Zit. nach A. Dregger, Rede auf einer Ausländertagung der CDU. Dokumentiert in: *Frankfurter Rundschau* Nr. 6, 1983 vom 8. Januar.
3 Ebd.
4 Vgl. *Endgutachten*, S. 69: »Gewalt in der Beziehung der Schüler zu den Lehrern wird vorrangig in psychischer Form ausgeübt«.
5 Zu denken ist dabei vor allem an die Bombenanschläge gegen Unbekannte auf dem Bahnhof von Bologna oder auf dem Münchner Oktoberfest.
6 Zitat des bayerischen Innenministers Stoiber.
7 Es handelt sich um Zitate aus einem Papier des ehemaligen Bundesrichters Willms. Vgl. *Frankfurter Rundschau* vom 24. 6. 1988.
8 Vgl. W. Heitmeyer, *Jugend, Staat, Gewalt in der politischen Risikogesellschaft*, in: ders. u. a. (Hg.), *Jugend, Staat, Gewalt*, Weinheim/München 1989, S. 11-46. Vgl. auch H.-G. Jaschke, *Auf dem rechten Auge blind? Innere Sicherheit, streitbare Demokratie und das Primat der Gesinnungsjustiz.* In: Paul (Hg.): *Hitlers Schatten verblaßt*, Bonn 1989, S. 164-194.
9 Es kann nicht darum gehen, daß eine Gewaltrichtung gegen die andere ausgespielt bzw. »heruntergespielt« wird. Hier geht es nur um die unterschiedlichen Zielrichtungen.
10 Vgl. R. Schörken, *Symbol und Ritual statt politische Bildung?* In: *Gegenwartskunde* 35, (1987) 3, S. 289-297.
11 Vgl. *deutsche jugend* 1/1990, S. 3. Eine positiv-optimistische Interpretation, daß Rechtskunde vor allem dazu diene, den jungen Menschen die Chancen aufzuzeigen, wie sie ihre Interessen legal durchsetzen können, geht an der Realität des Endgutachtens völlig vorbei, denn darin wird gerade beklagt, daß es Defizite in der Vermittlung gesellschaftlicher Normen (S. 150f.) und eine zu starke Betonung der Rechtsansprüche gebe (S. 110).
12 V. Briese, W. Heitmeyer, A. Klönne, *Entpolitisierung der Politik-Didaktik?* Weinheim 1981.

13 Vgl. *Endgutachten*, S. 203 (Vorschlag Nr. 75).

14 Ebd., S. 58f.

15 Der folgende Abschnitt entstammt dem Aufsatz: W. Heitmeyer, *Rechtsextremistisch motivierte Gewalt und Eskalation*. In: ders. u. a. (Hg.), *Jugend, Staat, Gewalt*, Weinheim/München 1989, S. 205-218, hier: S. 214f.

16 Zahlreiche solche Vorgänge hat es im Zusammenhang mit der Nationalistischen Front in Bielefeld gegeben.

17 Vgl. F. Neidhardt, *Gewalt und Gegengewalt. Steigt die Bereitschaft zu Gewaltaktionen mit zunehmender staatlicher Kontrolle und Repression?* In: W. Heitmeyer u. a. (Hg.), *Jugend, Staat, Gewalt*, Weinheim/München 1989, S. 233-244.

18 Vgl. Gurr, zit. nach F. Neidhardt, *Politische Protestgewalt in der jungen Generation*, in: *Jugendforum. Fachzeitschrift für Praxis, Wissenschaft und Politik der Jugendhilfe in Schleswig-Holstein.* H. 11/12 (1987), S. 3-10.

19 Damit sind die schon an anderen Stellen aufgeführten »honorigen« Abwertungen gemeint. Vgl. auch Beispiele in W. Heitmeyer, *Rechtsextremistische Orientierungen bei Jugendlichen*. Weinheim/München ^{3}1989.

20 Dies wird u. a. daran deutlich, wie die Ausländerfeindlichkeit, vor allem gegen türkische Mitbürger und Mitbürgerinnen, sich umgewandelt hat in Fremdenfeindschaft gegenüber Aus- und Übersiedlern, die der gleichen ethnischen Gruppe zugehören, und die derzeit dominiert. Mögliche rassistische Momente werden durch soziale verdrängt.

21 Vgl. U. Beck, *Risikogesellschaft*, Frankfurt am Main 1986.

22 Dies gilt für den Entwurf der Bundesregierung zum Bundesausländergesetz zum Stand Januar 1990.

23 Ebd.

Reinhart Wolff

Das Doppelgesicht der Gewalt in Familie und Hilfesystemen

1. Soziale Probleme oder Schwierigkeiten, die gesellschaftliche und politische Lösungen herausfordern, bestehen nicht einfach. In modernen Gesellschaften müssen soziale Probleme, die freilich einen materiellen Tatsachenhintergrund und eine Geschichte haben, zuallererst als ein Thema und Ereignis, das die Aufmerksamkeit auf sich zieht, produziert werden. Im Zuge weitreichender Medialisierung und Ästhetisierung der Politik werden sie als ein öffentliches Schauspiel inszeniert; sie gehören zum kulturindustriellen Produktionsprozeß und stehen als solche in einem spezifischen Gewaltverhältnis: Der öffentliche Diskurs ist ein Diskurs der Macht; er ist keineswegs herrschaftsfrei oder zwanglos, ist nicht nur Spiegel, sondern Moment des gesellschaftlichen und politischen Prozesses. Soziale Probleme stellen daher grundsätzlich schillernde Texte, öffentliche Skripte oder Problemfilme, relative Wirklichkeiten dar.

In den gesellschaftlichen Auseinandersetzungen der letzten Zeit hat familiäre Gewalt einen Vorzugsplatz angewiesen bekommen. Hauptsendezeiten im televisionären Betrieb sind gerade recht, um sie ins Bild zu setzen; hohe Einschaltquoten sind sicher, wenn es um Kindesmißhandlung, insbesondere um sexuelle Mißhandlungen, um Vergewaltigung in der Ehe, um Mord und Kindesentführung geht. Die Skandalisierung familiärer Gewalt ist ein Renner. Sie ist interessant, sie fasziniert und zugleich setzt sie Empörung frei. Ihre Zurückweisung gestattet offenbar, die eigene nicht unbeträchtliche Gewalttendenz und -lust (reaktiv oder nicht) mit auszuleben.

Gewalt in der Familie und der Diskurs darüber folgen einem ethnopsychischen Code, der hochgradig ambivalent ist: Er legt Gewalt in Familien als Konfliktausdruck und -lösung einerseits nahe, andererseits stellt er interpersonelle Gewalt im familialen Lebenszusammenhang in Frage. So kann man auf konformistische Art deviant sein, eine »paradoxe Normalität« (M. S. Honig). Dieses Schwanken zwischen Rechtfertigung und Illegalisierung einer gewaltsamen Praxis in der Familie ist für den gegenwärtigen gesellschaftlichen Diskurs charakteristisch. Es kennzeichnet aber auch die Art und Weise, mit der familialer Gewalt begegnet wird; sie ist nicht jenseits der Gewalt angesiedelt.

2. Obwohl die Familie gerade von konservativer Seite gern als Bollwerk gegen den Verfall der Tradition und Autorität, als »haven in a heartless world« (C. Lasch) angesehen wird, kann die Gewaltkommission doch nicht umhin, kritische wissenschaftliche Befunde aufzunehmen, daß Gewalt in Familien weit verbreitet sei, ja daß die Familie sogar als »training ground for violence« angesehen werden müsse, Gewalt in Familien sei »die verbreitetste Form von Gewalt« (S. 75); empirisch seien die vorhandenen Erkenntnisse allerdings noch lückenhaft, wird vorsichtig ergänzt.

Die Sondergutachter und Experten aus den Anhörungen haben der Kommission jedoch Mut gemacht, weiter zu blicken und sich den Entstehungszusammenhängen familialer Gewalt intensiver zuzuwenden. So wird gesehen:

– Familiäre Gewalt »entsteht und verwirklicht sich in Interaktionsprozessen« (S. 76);

– sie wird gelernt und »erzogen«, normativ legitimiert, vor allem in Kindheit und Jugend, komme es zu einem »Transfer gewaltsamer Einstellungen und Verhaltensweisen von der Familie in den gesamtgesellschaftlichen Raum« (S. 82). Durch Massenmedien und »Bewußtseinsindustrie« (ebd.) werde das verstärkt.

Das Strukturelle an der familiären Gewalt wird aber nur im Abschnitt »Besondere Ursachen der Gewalt« thematisch; Soziologen (!) sprächen von einem »strukturell angelegten Gewaltpotential in Familien« (S. 86) und es wird sogar auf die Problematik der ungleichen »Verteilung der Autorität«, ja auf die »Unterschiedlichkeit der Geschlechtsrollen« (S. 87) und die geschlechtsspezifisch unterschiedliche Verteilung sozialer Macht hingewiesen, werden die herrschenden sozialen Normen als ein Gewalt stützendes Intimitätsmuster beschrieben; sogar die sozialökologischen Bedingungen sozialer Isolation, Desintegration und Verarmung werden nicht ausgeklammert (S. 90f.).

Wie Gewalt in Familien als Problem und als Praxis mit den historischen Wandlungsprozessen und strukturellen Momenten der modernen Gesellschaft zusammenhängt, wird theoretisch allerdings nicht herausgearbeitet. So bleibt die Tendenz der Individualisierung und Privatisierung, der Demotivierung und gleichzeitig der Anspruchserhöhung im Verhältnis zum Kind, einer stärkeren Altersklassentrennung und des Anwachsens institutioneller und verregelter Sozialisationsfelder, die generelle Härte und Konkurrenz im alltäglichen Umgang, aber auch das massive staatliche oder interstaatliche Setzen auf Gewalt und Gewaltandrohung unanalysiert.

3. Das Ganze der Gewaltverhältnisse, vom stummen ökonomischen Zwang ganz zu schweigen, wird allenfalls blinzelnd ausgemacht. Das ist insofern von Belang, als auf diese Weise eine spezifische Tendenz in der aktuellen Gewaltdebatte gestützt wird: nämlich das Gewaltproblem zu privatisieren. In einem wichtigen Buch hat der Sondergutachter der Kommission, Michael Sebastian Honig, dessen Einsichten allerdings nur selektiv aufgegriffen werden, diesen Prozeß mit Recht als die »Verhäuslichung der Gewalt« gekennzeichnet. Dabei geht es um einen weiteren Schritt der »Naturbeherrschung am Menschen« (zur Lippe), einer Natur, die allerdings auch in anthropologischer Perspektive eher verharmlost wird, anstatt mit Freud kritisch zu sehen: »daß der Mensch nicht ein sanftes, liebebedürftiges Wesen ist, das sich höchstens, wenn angegriffen, auch zu verteidigen vermag, sondern daß er zu seinen Triebbegabungen auch einen mächtigen Anteil von Aggressionsneigungen rechnen darf. Infolgedessen ist ihm der Nächste nicht nur möglicher Helfer und Sexualobjekt, sondern auch eine Versuchung, seine Aggression an ihm zu befriedigen, seine Arbeitskraft ohne Entschädigung auszunützen, ihn ohne seine Einwilligung sexuell zu gebrauchen, sich in den Besitz seiner Habe zu setzen, ihn zu demütigen, ihm Schmerzen zu bereiten, zu martern und zu töten. Homo homini lupus; wer hat nach all den Erfahrungen des Lebens und der Geschichte den Mut, diesen Satz zu bestreiten?« (*GW*, Bd. XIV, S. 470f.)

Im Prozeß der Zivilisation – und daher das Unbehagen in der Kultur – geht es um die von jeder Generation immer wieder neu zu bewältigende Aufgabe zu lernen, der Gewalt zu entsagen. Hier ist nichts ein für allemal bewältigt, zumal nicht in einer soziokulturellen Großwetterlage (bei zunehmender Ausbeutung und Armut der 3. Welt, aufgeputschtem Fremdenhaß und Rassismus im Gefolge sich neu entwickelnder nationalistischer Bewegungen und massenhafter Flüchtlings- und Migrantenströme), die den Re-import von Gewalt, gesellschaftlich und interpersonal, begünstigt.

4. Bei den Vorschlägen zur Verhinderung und Bekämpfung der Gewalt in der Familie hat sich die argumentative Kraft der kritischen Gutachter und der liberalen Minderheit der Kommission erfreulicherweise im großen und ganzen durchgesetzt.

Von der Forderung nach gewaltfreier Erziehung (Abschaffung des Rechts der Prügelstrafe) über die Förderung der Kinderschutz-Zentren und Frauenhäuser, flächendeckender Elternbildung bis hin zu umfassenden materiellen Familienhilfen (wie die Verlängerung des Erziehungsurlaubes, die Erhöhung des Kindergeldes und die Flexibilisierung der Erwerbstätigkeit), nachbarschaftlicher Sozialarbeit und unbürokratischen Netzen formeller und informeller Hilfen reicht der eindrucksvolle Empfehlungskatalog, der konzeptuell weit über die bisherige konservative Familien- und Sozialpolitik hinausgeht.

Indessen ist diese Neuorientierung zugleich von alten Konzepten der Polizeikontrolle, der staatlichen Erfassung und intensivierten Strafverfolgung und einer Verrechtlichung der Privatsphäre bedroht, wird der verhängnisvollen Verknüpfung der Verfolgungs- und Justizbehörden mit den sozialen Diensten das Wort geredet, wird mit der Einführung von Meldepflichtregelungen (oder merkwürdiger noch: Melderechten) bei Kindesmißhandlung gespielt. Wer das fordert, untergräbt aber die Akzeptanz der Hilfen in der Bevölkerung und fällt einer umfassenden Familienhilfe und neuem Kinderschutz in den Rücken.

Das muß erläutert werden:

In und an Gewalt scheiternde Familien unternehmen in ihrer Lebenspraxis trotz aller gesellschaftlichen und lebensgeschichtlichen Benachteiligung und Zurichtung verzweifelte Versuche, die in Geschlechter- und Generationenbeziehungen immer wieder auftretenden Konflikte zu bewältigen, der Überwältigung in ohnmächtiger Gewalt zu widerstehen. Gewalt ist insofern prima und ultima ratio. Die Zügelung primärer Gewaltneigung war nämlich bereits in der Kindheit mißlungen, Zusammenhänge, tragfähige Beziehungen, nicht zuletzt Verständnis, die Entwicklung eines konsistenten Sinnzusammenhangs (meaning making) hatte es in der Regel nicht oder quantitativ und qualitativ nur unzureichend gegeben. Die in Familien andere verletzen, sind als Kinder in der

Regel tief verletzt worden. Erwachsen, im vollen Sinne des Wortes, konnten viele nicht werden. So erwarten sie, in kindlichen Erwartungen festgehalten, die Rettung von ihren Kindern: eine Unmöglichkeit. Mißhandlungen, ein Verfehlen, ist die Konsequenz.

Hilfe brauchen solche Familien lebensnotwendig. Ihre tiefe Enttäuschung und Hoffnungslosigkeit, aber auch ihr Mißtrauen, erneut mißhandelt, betrogen und drangsaliert zu werden, läßt sie zweifeln, ob ihnen je geholfen werde. Und wenn die Hilfe sich mit Strafandrohungen verschwistert, wenn gewaltsam von außen in die Familie eingegriffen wird, wenn die Wegnahme der Kinder droht, dann haben viele Familien den Eindruck, zum inneren Konflikt, zur familiären Krise komme nun noch die Gewalt der Hilfesysteme. So kann es dazu kommen, daß man lieber »hilflos«, ohne solche Hilfe, sein will. Schärfer noch: Mit der Hilfe der Staatsgewalt überzogen zu werden, ist in der Regel kein Glück. Vielmehr läuft solche Hilfe auf eine Kränkung und Bedrohung hinaus, gegen die sich ein Widerstand wenden muß.

Je autoritärer, punitiver Hilfesysteme gestaltet sind, je mehr Polizei und Justiz mit den medizinischen und psycho-sozialen Diensten verkoppelt werden, um so weniger sind Bürger in Konflikten und Notlagen bereit, Hilfen überhaupt zu akzeptieren. Hilfseinrichtungen sabotieren ihren eigenen Erfolg nur dann nicht, wenn sie konsequent auf Gewaltfreiheit setzen. Strafkonzepte zu propagieren und eine »enge Zusammenarbeit zwischen den Strafverfolgungsbehörden und den Beratungs-, Hilfs- und Therapieeinrichtungen der Kommunen und freien Träger« (S. 169) zu fordern, ist wie die Faust aufs blaue Auge. Diese Verknüpfung trifft die sozialen Hilfesysteme im Kern und reproduziert das eigene immer noch unbewältigte Erbe armenpolizeilicher Devianzkontrolle. Jeder Kontakt mit punitiven Institutionen und Verfahren diskreditiert die Hilfsangebote des modernen Kinderschutzes und der Jugendhilfe grundsätzlich.

Auch Meldepflichtregelungen führen in Sackgassen; sie führen zum Abbau von Freiwilligkeit (eine Grundbedingung nicht nur therapeutischer Veränderungen) und befördern hoheitliche (nicht nachgefragte), also mit Zwang behaftete Interventionsverfahren. Sie tragen darüber hinaus zur Schaffung eines Verfolgungsklimas bei. Den sozialen Ausgleich und den Abbau sozialökologisch ungünstiger Lebensumstände befördern sie nicht; im Gegenteil: sie tragen dazu bei, daß die knappen finanziellen und personellen Ressourcen der sozialen Dienste und Einrichtungen in lawinenartig anschwellenden Überprüfungsverfahren von Meldungen verschleudert werden (50 % von Mißhandlungsmeldungen haben sich in Ländern mit Meldepflichtregelungen als falsch bzw. als nicht zu bestätigen herausgestellt).

Besser sollte man da ansetzen, wo die Hilfe wirklich greift. Und wenn schon Modellvorhaben vorgeschlagen werden, dann sollten sie konsequent präventive Vorhaben verwirklichen helfen, die sich darauf richten, eher den sozialen Kontext zu verändern, als im Nachhinein auf die Krisenintervention zu setzen:

Selbstorganisierte und -verwaltete Netzwerke nachbarschaftlicher und fachlicher Hilfe für Familien, Paare und Kinder zu schaffen, mit der Möglichkeit aktiver Bürger-Beteiligung, Hilfen auf Gegenseitigkeit; Hilfen im Verbund öffentlicher und freigemeinnütziger Träger von der Elternbildung, neuen und umfassenden Hilfen rund um die Geburt, über junge Familien unterstützende Programme, die Reform und Weiterentwicklung des Krippen- und Kindergartensystems zu einem voll ausgebauten Bildungs- und Erziehungsbereich bis hin zu einer merklichen Qualitätsverbesserung familienersetzender Erziehungshilfen (sekundäre Prävention). Hilfen sind nur produktiv, wenn sie einen Zusammenhang gegenseitigen Verstehens, wenn sie Partizipation im Hilfeprozeß ermöglichen und zugleich die Bürger- (und Kindes)rechte voll wahren.

Nur wer Gewalt nicht als eine individuelle Störung allein versteht, die zum Anlaß für irgendwelche Maßnahmen, Beratungen und Therapien genommen wird, sondern als konstitutiv für die gesellschaftlichen Verhältnisse, kann begreifen, daß auch Hilfe nicht von vornherein gewaltfrei ist. Erst Kritik öffnet Wege, die Gewalt auch im Kontext der Hilfesysteme wahrzunehmen und an ihrer Reduzierung und Entkräftung zu arbeiten. Mit der Ausklammerung einer kritischen Diskussion gesellschaftlicher struktureller Gewalt und der gewaltfördernden Rolle des modernen Staates und heutiger Politik landet die Kommission nur in der alten Zwickmühle, mit moralischer Aufrüstung und Gewaltmaßnahmen der Gewalt begegnen zu wollen. Die Verknüpfung von Strafverfolgungsmaßnahmen mit sozialen Hilfesystemen untergräbt die Akzeptanz der Hilfe.

Jürgen Habermas
Gewaltmonopol, Rechtsbewußtsein und demokratischer Prozeß
Erste Eindrücke bei der Lektüre des »Endgutachtens« der Gewaltkommission

1. Das Gutachten der Gewaltkommission geht auf eine Koalitionsabsprache der Regierungsparteien vom März 1987 zurück. Politisch motivierte Gewalttätigkeiten und spontane Massenkrawalle bildeten den Anlaß, um staatlichen Handlungsbedarf und Eingriffsbereitschaft zu demonstrieren. In der Begründung für die Einsetzung einer Regierungskommission werden ganz verschiedene Phänomene in einem Atemzug genannt: unpolitische Gewaltausbrüche (Vandalismus und Massenkrawalle) werden mit symbolischen Regelverletzungen (Sitz- und Verkehrsblockaden) einerseits, unfriedlichen Demonstrationen sowie politisch motivierten Gewalttaten (Gebäude- und Hausbesetzungen, Überfällen und Anschlägen) andererseits zusammengestellt. Diese Fokussierung des Gewaltthemas ruft ein bekanntes Deutungsschema in Erinnerung. Der politische Auftraggeber vermutet offenbar Zusammenhänge zwischen radikaler Kritik, Beunruhigung der politischen Öffentlichkeit, Massendemonstrationen, regelverletzenden Protesten, ziellosen Krawallen und gezielter politisch motivierter Gewalt. Aus dieser Sicht bildet eine diffuse und schwer greifbare Kritik, die dem Staat die Legitimität bestreitet und das allgemeine Rechtsbewußtsein destabilisiert, das erste Glied in einer Kette kumulativer Gewalterzeugung.

Es ehrt die Kommission, daß sie diese stereotype Sicht von Law und Order nicht durchgängig bestätigt hat. An diesen Ausgangspunkt erinnert freilich die Definition der Aufgabenstellung, wonach »der Gewaltbegriff aus der Sicht des staatlichen Gewaltmonopols bestimmt werden« soll (S. 32). Damit sollte die wissenschaftliche Untersuchung von Gewaltphänomenen sogleich auf die Bürgerkriegsperspektive eines Staates eingestellt werden, der so tut, als sei er in Auseinandersetzungen mit einem inneren Feind verwickelt. Da der Terrorismus ausdrücklich ausgeklammert wird, fragt man sich, welcher innere Feind denn suggeriert werden soll.

Man fragt sich auch, ob die Bundesrepublik überhaupt mit dem Land identisch sein kann, für das eine wissenschaftliche Kommission mit einem solchen Auftrag eingesetzt wird.

2. Der Bericht bildet eine bunte Zusammenstellung von Ergebnissen, Ansichten und Vorschlägen. Offensichtlich ziehen die beiden interdisziplinären Arbeitsgruppen an verschiedenen Enden des Strickes. Die Polizisten, die Strafrechtspraktiker und die Rechtsprofessoren können sich eher die Perspektive und die Fragestellung des politischen Auftraggebers zu eigen machen, weil sie daran gewöhnt sind, Gewalt als Gegenstand sozialer Kontrolle zu betrachten. Sie haben es nur mit den individuell zurechenbaren Produkten eines langen Prozesses der Gewalterzeugung zu tun, während sich Sozialwissenschaftler, Psychologen und Mediziner auf die Beschreibung und Erklärung dieses Entstehungsprozesses selber einlassen. Dabei kommen Tatsachen zur Sprache, die ins Bürgerkriegsszenario nicht so recht passen und das Unternehmen insgesamt in Frage stellen. Aus diesem Gegeneinander ergeben sich merkwürdige Inkonsistenzen.

Auf der einen Seite wird der staatliche Handlungsbedarf dramatisch beschworen, auf der anderen Seite geht aus dem Bericht auch hervor, daß der politische Auftraggeber die Größenordnung der einschlägigen Probleme offensichtlich falsch einschätzt. Die Auswertung der Polizeilichen Kriminalstatistik erlaubt keine Aussage über eine Zunahme der Gewaltkriminalität in der Bundesrepublik. Im Lichte internationaler Vergleiche nimmt sich die »objektive Sicherheitslage« erst recht nicht bedrohlich aus (S. 40ff.). Das gilt nicht nur für politisch motivierte Gewalttaten, die quantitativ als »Randphänomene« eingestuft werden (S. 58). Zudem ist die Ablehnung von Gewalt in der deutschen Bevölkerung besonders stark ausgeprägt (94,7 % lehnen Gewalt gegen Personen, 95,4 % Gewalt gegen Sachen ab); nur in Irland, Dänemark und Luxemburg werden diese Werte noch übertroffen (S. 48). Wenn gleichwohl in der deutschen Bevölkerung das subjektive Gefühl der Bedrohtheit relativ weit verbreitet ist, also zwischen objektiver und wahrgenommener Gewaltkriminalität ein erklärungsbedürftiger Unterschied besteht, dürfte das Verhalten des politischen Auftraggebers kontraproduktiv sein. Auch die Gewaltkommission kann man ja als Bestandteil einer symbolischen Politik verstehen, die Furcht vor wachsender Unsicherheit im Inneren eher schürt.

3. Der Auftraggeber ist nicht nur am Nachweis eines Handlungsbedarfs interessiert, er möchte auch Handlungsbereitschaft signalisieren und verlangt deshalb Informationen über Eingriffsmöglichkeiten. Diesen Wunsch erfüllt die Kommission mit 158 operationalisierten Vorschlägen. Dabei ergibt sich freilich zwischen dem Aktivismus eines flächendeckenden Maßnahmenkatalogs und der Aussicht, daß die Kette der Gewalterzeugung durch direkten staatlichen Zugriff überhaupt unterbrochen werden könnte, ein ironisches Mißverhältnis.

Wenn man, wie die Gutachter, zwischen politisch motivierter Gewalt, Gewalt auf Straßen und Plätzen, Gewalt im Stadion, in der Schule und in der Familie unterscheidet, so bildet diese letzte Kategorie, also die Mißhandlungen von Kindern (bis zu 500000 im Jahr) und von Ehefrauen (bis zu 4000000 im Jahr), den verbreitetsten Typus der Gewaltkriminalität. Für die Schule läßt sich zunehmender Vandalismus oder Gewalt gegen Personen nicht belegen. Ob die Ausschreitungen in den Stadien zunehmen, ist umstritten. Der Vandalismus gegenüber öffentlichen Einrichtungen scheint um sich zu greifen, während die Entwicklung politisch motivierter Gewalt keinen klaren Trend erkennen läßt (S. 105 ff., S. 62, S. 68, S. 63 ff.). Aber nicht nur unter quantitativen Gesichtspunkten kommt der Gewalt in der Familie ein besonderes Gewicht zu. In der Kette der Ursachen bildet die Familie den Ort, wo sich die in sozioökonomischen Lebensumständen, in sozialökologischen Bedingungen und in sozialschichtenspezifischen Verhaltensmustern sedimentierten Belastungen auf Sozialisationsprozesse auswirken und in Gewaltdispositionen umsetzen.

Gleichwohl enthält das Gutachten zu diesem Thema nur 29 Vorschläge – gegenüber 66 Vorschlägen für die Verhinderung und Bekämpfung politisch motivierter Gewalt. Dieses Mißverhältnis verschärft sich noch dadurch, daß (bis auf die vorgeschlagene Einführung eines Straftatbestandes »Gewalt in der Ehe«) eine Einflußnahme auf familiare Interaktionen nur in den weichen Formen der Beratung und der Information möglich ist, während der Staat auf politisch motivierte Gewalt mit einem overkill an detaillierten Maßnahmen reagieren soll – in erster Linie mit polizeitaktischen, beweistechnischen, strafrechtlichen und legislativen Regelungen.

4. Das Mißverhältnis zwischen den sozialen Ursachen der Gewalt und der administrativen Behandlung ihrer Symptome müßte noch drastischer hervortreten, wenn nicht das Spektrum der Ge-

waltursachen künstlich eingeschränkt würde: *innerhalb* dieses Spektrums kann dann alles als eine administrativ beherrschbare Materie erscheinen.

Die Gutachter bevorzugen offenbar lerntheoretische und gruppensoziologische Ansätze, die auf individuelles Verhalten zugeschnitten sind; aber die strukturellen Ursachen der Gewalt kommen als Randbedingungen von Familie, Schule und jugendlicher Subkultur durchaus in den Blick. Die Gutachter erwähnen wenigstens die sozioökonomischen Belastungen und die sozialökologischen Verarmungen gewalttätiger Familienmilieus (S. 86ff.). Sie benennen immerhin Sozialisationsschäden und Störungen der Identitätsentwicklung, die den Schulerfolg gefährden, soziale Desintegration fördern und die Eingliederung ins Beschäftigungssystem erschweren (S. 95 ff.). Oft summieren sich diese langfristigen Ursachen zu einer Marginalisierung, die nur noch den Weg in aggressiv auftretende Jugendgruppen offenzulassen scheint. Diese Art von Analyse wird über die ziellose Aggressivität »öffentlicher Randale« bis zu den »Mobilisierungsfeldern« der politisch motivierten Gewalt durchgezogen: »Seit Mitte der 70er Jahre sind in die Protestbewegung zunehmend Jugendliche eingeströmt, die sich der verschärften Konkurrenz um Lehrstellen, schulischen Aufstieg, Arbeitsplätze und Wohnung verweigerten« (S. 57).

Wenn man einmal von der im letzten Satz vollzogenen Kehrtwende zu individueller Schuldzurechnung absieht, hätte der Blick auf den massiven Hintergrund sozialer Ursachen der Gewalt tieferreichende Analysen eines anderen Typs erwarten lassen. Aufmerksamkeit hätten jene neuen Formen der Segmentierung verdient, die es einer breiten Mehrheit gestatten, ihre differenzierten Wohlstandsmilieus gegen die immer sichtbarer hervortretenden Deprivationen wachsender Randgruppen abzuschotten. Diese bilden eine inhomogene, auf Dauer majorisierte Unterklasse, die von der staatlichen Sozialverwaltung zugleich ausgehalten und überwacht wird, und die über keine andere Vetomacht verfügt als über die der Selbstdestruktion. Die Mühlen der Marginalisierung mahlen unauffällig und rauben den an den Rand gedrückten Gruppen eine Chance nach der anderen, um doch noch aus eigener Kraft gesellschaftliche Anerkennung und damit Selbstachtung zu gewinnen. Auf diesen Konfliktlinien zeichnen sich in unseren großen Städten neue Muster der Unterprivilegierung ab, wie wir sie aus dem Verhältnis zwischen erster und dritter Welt kennen. Ob man das nun strukturelle Gewalt nennt oder nicht, nur aus den Reproduktionsbedingungen unseres Gesellschaftssystems im ganzen lassen sich diese entstellten Lebenszusammenhänge, die immer neue Gewalt gebären, erklären. Das Gutachten blendet diese Phänomene aus.

Statt dessen erscheint die Gewalt in Familie, Schule und Öffentlichkeit in der handlichen Form eines administrativ beherrschbaren Gegenstandes. Die 158 Vorschläge verdichten sich zum Konzept einer lückenlosen Vernetzung sozialer Kontrollen. Wie im Foucaultschen Bilderbuch verschmelzen die Eingriffe des Staates zu einem System: Helfen, Überwachen und Strafen gehen eine chemische Verbindung ein. Unter den Stichworten von Diversion, Täter-Opfer-Ausgleich und soziales Training wird alles entformalisiert und miteinander rückgekoppelt: die Beratung mit der Polizei mit der Staatsanwaltschaft mit der Justiz mit dem Veranstalter mit den Medien mit der Nachbarschaft mit der Therapie. Die verbleibenden Lücken werden mit strammen Werten gestopft. Statt Wissensvermittlung zu besorgen, soll die Schule endlich wieder erziehen, sollen die Lehrkräfte das Rechtsbewußtsein ihrer Zöglinge stärken. Unter den Augen eines derart perfektionierten Überwachungsapparats muß sich noch der treuherzigste Dialog in ein Mittel der sozialen Steuerung verkehren.

5. Insbesondere das Hin und Her der »Allgemeinen Empfehlungen« läßt erkennen, daß sich die divergenten Auffassungen der Unterkommissionen und Arbeitsgruppen kaum zu einem halbwegs konsistenten Meinungsbild zusammensetzen lassen. Aber nur an einer Stelle wird der Dissens eingestanden: die Gruppe der Kriminologen verneint die Frage, ob bei Verkehrs- und Sitzblockaden körperliche Gewalt ausgeübt wird. Für die weitere Darstellung bleibt dieser Widerspruch folgenlos. Ungerührt wird jede Form des zivilen Ungehorsams der politisch motivierten Gewalt subsumiert. So betonen die Gutachter (S. 182) den tiefen Graben zwischen legalen Beteiligungsformen wie Demonstrationen und Bürgerinitiativen einerseits, illegalen Aktivitäten wie Verkehrsbehinderungen andererseits. Dem entspricht die strafrechtliche Bewertung der Blockaden als gewaltsamer Nötigung. Die Juristen machen den Vorschlag, den Gewaltbegriff in § 240 Abs. 1 StGB auf physische Gewalt einzuschränken; gleichzeitig wollen sie die damit entstehende Strafrechtslücke in der Weise schließen, daß »neben das Tatbestandsmerkmal der physischen Gewalt die Alterna-

tive des ›vergleichbar schweren psychischen Zwanges‹ gestellt« wird (S. 216). In Übereinstimmung mit der Rechtsprechung sollen politisch und wirtschaftlich motivierte Regelverletzungen gleichgestellt und wie normale Nötigungsdelikte behandelt werden. Damit verschließt sich das Gutachten dem moralisch motivierten Selbstverständnis des zivilen Ungehorsams als einer (keineswegs straffreien) symbolischen Regelverletzung, mit der auf der Basis der Anerkennung der Legitimität der Rechtsordnung im ganzen und unter Berufung auf geltende Verfassungsgrundsätze an die jeweilige Mehrheit appelliert werden soll, eine von der Minderheit als besonders gravierend empfundene Entscheidung noch einmal zu überdenken.

Dieses Selbstverständnis findet durchaus eine Stütze im umgangssprachlichen Alltagsverständnis von Gewalt. Wie aus einer repräsentativen Umfrage hervorgeht, versteht man unter Gewalt allgemein »den aktiven Angriff auf und die physische Beschädigung von Personen oder Sachen«. Sitzblockaden werden hingegen nur von 24 % der Bevölkerung als Gewalt aufgefaßt, und dies in Abhängigkeit vom Ausmaß der Billigung des jeweiligen politischen Ziels (S. 47). Diesen semantischen Befund zum Verständnis symbolischer Regelverletzungen bewerten die Gutachter ihrerseits als »eine Art ›Normalisierung‹ der Gewaltrechtfertigung«; als präventive Maßnahme empfehlen sie, andere »politische und gesellschaftliche Sprachregelungen« durchzusetzen (S. 48).

Dieser extremistische Ausrutscher bedarf der Erklärung. Offensichtlich kann der zivile Ungehorsam nur dann, wenn er der politisch motivierten Gewalt zugeschlagen wird, das fehlende Glied in der Kette zwischen illegalen Aktivitäten und friedlichem Protest bilden. Diese Hintergrundannahme läßt sich aus dem Kontext erschließen. Wenn die von der Protestbewegung aufgegriffenen Themen »Ausgangspunkte für Gewaltakte« darstellen (S. 57), und wenn die bewußtesten Teile einer Protestbewegung (wie im Falle der Friedensbewegung) zu zivilem Ungehorsam neigen, dann gefährdet bereits »der selektive Rechtsgehorsam« dieser selbsternannten Avantgarden den »inneren Frieden« (S. 51). Von hier führt eine Spur zu jenem Teil der Lehrkräfte an Fachhochschulen und Universitäten, die das Rechtsbewußtsein der ihnen anvertrauten Schüler und Studenten untergraben (S. 203). Deren erschüttertes Rechtsbewußtsein soll dann das Scharnier bilden zwischen den sozialwissenschaftlich beobachteten Prozessen der Gewalterzeugung und einer individuell *zurechenbaren* Gegnerschaft gegen das staatliche Gewaltmonopol.

6. Die Monopolisierung der Mittel legitimer Gewaltanwendung in der Hand des Staates ist eine zivilisatorische Errungenschaft. Aber jene juristische Rhetorik, die das staatliche Gewaltmonopol als Selbstzweck und substantielle Grundlage der staatlichen Autorität feiert, ist nur die Kehrseite einer Rhetorik der Revolte, die die Unterscheidung zwischen bloßer und legitimer Gewalt verwischt. Eine ist so gedankenlos wie die andere. Trotz einer gewissen Auratisierung des staatlichen Gewaltmonopols (das zum »Essentiale eines jeden Staates« deklariert wird, S. 50) sind sich freilich die Gutachter über die Gefahren eines Hobbistischen Staatsverständnisses im klaren: der staatlich garantierte Rechtsfriede führt nicht per se zu Freiheit und Gerechtigkeit. Sie sprechen von der notwendigen Verzahnung des Gewaltmonopols mit Rechtsstaat und Demokratie.

Diese Feststellung bleibt bedauerlicherweise nicht viel mehr als ein Lippenbekenntnis. Denn im weiteren ist keine Rede mehr von der *eigentlichen* zivilisatorischen Leistung: der demokratischen Bändigung einer rechtsstaatlich zu disziplinierenden Gewalt öffentlicher Bürokratien. Wir leben ja nicht mehr im 14. und 15. Jahrhundert oder in der Zeit der Religionskriege, als die Herstellung des Landfriedens und die Durchsetzung der staatlichen Zentralgewalt ein bedrängendes Problem darstellten, das im Laufe des 17. Jahrhunderts mit der Entstehung des europäischen Staatensystems gelöst worden ist. Wir sind vielmehr Zeitgenossen eines in vielen Gestalten auftretenden Totalitarismus, der das in den staatlichen Bürokratien selber angelegte Gewaltpotential freigesetzt hat. Unter unseren Augen vollzieht sich beispielsweise in der DDR die Auflösung des mächtigen Apparats der Staatssicherheit; das erinnert an die kriminellen Energien eines Staatsterrorismus, der sich auf deutschem Boden bis zur kalkulierten Massenvernichtung willkürlich definierter innerer Feinde gesteigert hatte. Vor diesem historischen Hintergrund ist man eigentümlich berührt von einer Optik, die als Gewalt nur gelten läßt, was die Pupille eines überwachenden und sichernden Staatsapparates als Herausforderung seines Gewaltmonopols erfassen kann. Zum blinden Fleck schrumpft dann jene im Staat selbst konzentrierte Gewalt, die seit langem Gegenstand der liberalen Rechtskritik ist.

Aus der Bedrohungsperspektive von oben ergibt sich das Bild

eines politischen Systems, das sich gegen eine virtuell unfriedliche Umwelt behaupten muß: »Die Durchsetzung der Rechtsnormen gegen Rechtsverletzer ist infolgedessen die unerläßliche Voraussetzung für einen gesellschaftlichen Zustand, in dem freiwilliger Normgehorsam die Regel ist« (S. 50f.). Ist sie wirklich *die* Voraussetzung? Die erste Bedingung, die für einen freiwilligen Rechtsgehorsam erfüllt sein muß, ist vielmehr jener inklusive und offene demokratische Prozeß, in dem sich die Bürger von der Legitimität der Rechtsordnung sowie der Ausübung staatlicher Gewalt überzeugen können. Allein in den spontanen Formen einer Legitimation von unten kann sich und muß sich das Rechtsbewußtsein der Bürger immer wieder reproduzieren.

Gewiß bedarf die demokratische Meinungs- und Willensbildung der grundrechtlichen Sicherung. Angewiesen ist sie aber vor allem auf eine dezentralisierte, ungezwungene und vitale öffentliche Kommunikation und damit auf die Einbettung in eine politische Kultur, die in einer Bevölkerung den diskursiven Streit und den zivilen Umgang miteinander zur Gewohnheit werden läßt. Eine solche demokratische Streitkultur erfordert als Preis ein hohes Maß an Toleranz auch gegenüber dem irritierenden Verhalten derer, die sich im Zwielicht zwischen Anomie und Innovation bewegen. Zudem kann sich eine demokratische Streitkultur einzig aus mehr oder weniger gelungenen Traditionen der Freiheit regenerieren. Sie läßt sich nicht *organisieren*. Gegenüber der politischen Kultur stößt der Staat an die Grenzen seiner administrativen Eingriffsmöglichkeiten.

Wohl erkennen die Gutachter die Bedeutung von Strukturen offener Kommunikation und breitgestreuter demokratischer Teilnahme. Sie machen sogar Vorschläge, wie »partizipatorische Defizite« zu beheben seien. Die Bevölkerung solle »die Überzeugung gewinnen können, daß sie auch reale Einflußmöglichkeiten auf politische Entscheidungsprozesse hat ... Der Bürger muß begründet annehmen können, auch ohne spektakuläre Aktionen beachtet und repräsentiert zu werden. Das gilt nicht nur für die jeweils aktuellen Themen. Anzustreben ist eine dauernde Wachsamkeit« (S. 181). Allein, soll der um die Intaktheit seines Gewaltmonopols besorgte Staat auch noch das demokratische Mißtrauen seiner eigenen Bürger organisieren? Leider bestätigen die Gutachter den Gewaltmonopolisten in der Rolle eines Tutors für jenen Meinungs- und Willensprozeß, von dessen Legitimation er abhängig bleiben sollte, statt ihn unter Kontrolle zu bringen; deshalb bleiben selbst ihre vernünftigsten Ratschläge *paternalistisch*. Das Rechtsbewußtsein demokratischer Bürger ist nicht die Angelegenheit einer Administration, die auf vorbeugende sozialtherapeutische Maßnahmen gegen Unbotmäßigkeiten sinnt.

Teil 3

Strafrechts- und Institutionenkritik vor dem Hintergrund des Berichts der Gewaltkommission

Winfried Hassemer
Das Schicksal der Bürgerrechte im »effizienten« Strafrecht

I. Die allgegenwärtige Gewalt

Gewalt ist fester Bestandteil unserer Alltagserfahrung. Wer mit anderen lebt, erlebt Gewalt und ist vor ihr nie sicher.

Nicht die Omnipräsenz der Gewalt im vergesellschafteten Leben also steht in Frage und ändert sich. Was sich ändert, sind Gewaltformen und sind Verdichtungen von Gewalttätigkeit. Was sich ändert, sind Bereitschaften, Gewalt hinzunehmen, sind Wahrscheinlichkeiten, Opfer und auch Täter von Gewalthandlungen zu werden. Was sich heute mit besonderer Rasanz und Sichtbarkeit ändert, ist die Art und Weise, wie wir Gewalt wahrnehmen und uns zu ihr einstellen; darum und um die Konsequenzen für das Strafrecht soll es hier gehen.

1. Gesellschaftliche Wahrnehmung von Gewalt

Die Chance, Gewalt und Gewaltausübung wahrzunehmen, war wohl nie besser als heute. Eine Gesellschaft, die zum einen über leistungsfähige Medien verfügt und zum anderen – jedenfalls in der Einschätzung dieser Medien – an kommunikativer Versorgung mit Gewaltphänomenen lebhaft interessiert ist, braucht Gewalt nicht mehr am eigenen Leibe zu erfahren, um sie in ihrer Allgegenwärtigkeit wahrnehmen zu können: Es dürfte nur wenig spektakuläre Gewaltausübung auf der Erde geben, die uns entgeht.

Die Konsequenzen dieses Umstands sind vielfältig und auch vielfach diskutiert. Unter ihnen ist hier bedeutsam, daß Gewaltphänomene unsere soziale und kulturelle Wahrnehmungsfähigkeit so intensiv besetzen wie selten zuvor und daß ihre Vermittlung an uns sich tendenziell eher kommunikativ als handgreiflich vollzieht. Daraus folgt unter anderem, daß die Chancen, Gewalt zu dramatisieren und mit ihr Politik zu machen, gut stehen: Die Medien schreiben der Gewaltausübung einen hohen Nachrichtenwert zu und berichten über sie gleichwohl (oder deswegen?) hoch selektiv[1]; Gewaltbedrohung – sei sie vorhanden oder nur geglaubt – ist ein Regler, mit dem (typischerweise: restaurative) Kriminalpolitik befördert werden kann[2]; was als strafrechtlich schutzbedürftiges Rechtsgut gilt (und deshalb Träger von Strafdrohungen sein kann), entscheidet sich nach normativer gesellschaftlicher Verständigung, für welche wiederum Bedrohungsgefühle der Bevölkerung konstitutiv sind.[3]

Gewalt, Risiko und Bedrohung sind heute zentrale Phänomene gesellschaftlicher Wahrnehmung. Bürgerliche Sicherheit macht als Rechtsgut Karriere[4] und nährt eine wachsende Besicherungsindustrie. Nach Terrorismus und internationalem Drogenhandel taucht nunmehr die sogenannte und schon als Kürzel eingeführte »Organisierte Kriminalität (OK)« als das dritte Menetekel auf, von Polizeiexperten bedrohlich präsentiert[5] und mit den Anmerkungen versehen, das materielle Strafrecht und das Strafprozeßrecht seien »den Erfordernissen einer wirksamen Bekämpfung anzupassen«[6], und eine »umfassende, gezielte polizeiliche Öffentlichkeitsarbeit« solle und könne die »repressive Bekämpfung der OK unterstützen«: »Erhöhung der Anzeigebereitschaft«; gesellschaftliche »Ächtung der OK«; Verständnis der Bevölkerung für neue Fahndungsmaßnahmen.[7] In diesem Gewebe ist das 1990 präsentierte Gutachten der »Unabhängigen Regierungskommission zur Verhinderung und Bekämpfung von Gewalt (Gewaltkommission)« nur ein – freilich farbiger – Strang.[8]

2. *Gesellschaftliche Einstellung zu Gewalt*

Werden Gewalt, Risiko und Bedrohung zu zentralen Phänomenen gesellschaftlicher Wahrnehmung, so hat dieser Prozeß unausweichlich Folgen für die gesellschaftliche Einstellung zu Gewalt. Dies ist die Stunde von Konzepten wie »Bekämpfen«, »Ausmerzen« oder »Repression« zum Nachteil von Einstellungen wie »Verarbeiten« oder »Leben mit«.

Selbst die Idee der Prävention verliert ihren individual- und sozialtherapeutischen Beigeschmack[9] und wird zu einem effektiven und hoch interventiven Instrument der Gewalt- und Verbrechenspolitik aufgerüstet.[10] Die von Gewalt und Verbrechen bedrohte Gesellschaft sieht sich mit dem Rücken zur Wand. Sie kann sich, in ihrer Wahrnehmung, ein Strafrecht nicht leisten, das sich als Freiheitsverbürgung, als »Magna Charta des Verbrechens« versteht[11], sie benötigt es als »Magna Charta des Bürgers«, als Arsenal wirksamer Verbrechensbekämpfung und Gewaltrepression. Der Verbrecher wird tendenziell zum Feind, das Strafrecht ein »Feindstrafrecht«.[12]

a) Politische Philosophie

Eine solche Entwicklung der Einstellung zu Verbrechen und Gewalt ist anachronistisch. Sie verweist zurück in eine Zeit vormoderner Strafrechtsphilosophie und kriminalpolitischer Theorie, welche den Verbrecher nur als den Normverletzer, als den »Fremden« wahrnehmen konnte, den es zu entfernen galt. Die Tradition der Moderne hingegen, gebündelt in der politischen Philosophie der Aufklärung, war imstande gewesen, Menschen- und Bürgerrechte als Fundamente von Strafrecht und Strafprozeßrecht zu begründen und den Verbrecher als Partner des Sozialvertrags zuzulassen.[13] Unsere heutigen Erfahrungen mit gesellschaftlicher Bedrohungsangst, Gewaltwahrnehmung und Kriminalpolitik stoßen uns deshalb auf die Frage nach den anthropologischen und sozialpsychologischen Bedingungen aufgeklärter, rationaler, »angstfreier« Kriminalpolitik: Mit dem Rücken zur Wand jedenfalls läßt sich diese Politik nicht betreiben, und die Dramatisierung von Gewalt verschärft die Lage.

b) Kriminologie

Die Entwicklung der modernen Kriminologie kann, ähnlich wie die politische Philosophie, darauf aufmerksam machen, daß eine kurzschlüssige und repressive Einstellung der Gesellschaft zu Gewalt und Verbrechen nicht nur auf einer zeitweiligen Dramatisierung von Gewalt, sondern gleichsam auf epochaler Gedankenlosigkeit beruhen kann. Diese Entwicklung verläuft, auf den strafrechtlichen Begriff gebracht, von der Kriminalität zur Kriminalisierung[14]; in ihrer Abfolge erscheinen Verbrechen und Gewalt in einer – verglichen mit ihrer Wahrnehmung als schlicht repressionsbedürftige Phänomene – eher komplexen Gestalt, einer Gestalt, die unserer Wahrnehmung derzeit droht, abhanden zu kommen.[15]

Die Geschichte der modernen Kriminologie ist gekennzeichnet sowohl durch eine Ausweitung als auch durch eine Verlagerung des Blicks. Sie war schon in ihren Ursprüngen der Versuch, Entstehungs- und Veränderungsbedingungen der kriminellen Normabweichung zu markieren, und sie hat diese Bedingungen zuerst am Körper und in der Seele des Abweichers gesucht und gefunden. Der »geborene Verbrecher«, den Lombroso am Ende des 19. Jahrhunderts in den Strafanstalten entdeckte, kam kriminalpolitisch nur als Objekt repressiver »gesellschaftlicher Verteidigung« in Frage – gefährlich, unverbesserlich und fremd, wie er nun einmal war. Alsbald freilich entdeckte man – vor allem in den USA –, daß es weniger die Natur als vielmehr die primäre Bezugsgruppe, insbesondere die gestörte Familie, war, welche dem späteren Verbrecher frühe Wunden schlug und ihn mit kriminellen Überlebenstechniken ausstattete. Damit blieb er zwar immer noch der bedrohliche andere; immerhin aber erhielt man eine Ahnung davon, daß Verbrecher und Gewalttätige nicht einfach vorhanden sind, sondern irgendwie gesellschaftlich »hergestellt« werden. Als dann – vor allem mit der Anomietheorie und ihren Varianten – gruppenspezifische oder gar gesamtgesellschaftliche Umstände als kriminogene Faktoren ans kriminologische Licht traten (wie etwa spezifische Differenzen zwischen Leistungsdruck und Zielerwartung einerseits, den realen Möglichkeiten der Zielerreichung andererseits), stellte sich dringend die Frage nach der gesellschaftlich-politischen Mitverantwortung für das Verbrechen und wurde der Verbrecher zu einem Subjekt, das von uns braven Leuten so verschieden nicht mehr war.

Damit war der Bogen einer möglichen wissenschaftlichen Erklärung der Kriminalität abgeschritten. Er endete in der Entdeckung eines engen Zusammenhangs von Verbrechen und gesellschaftlicher Struktur. Diese Entdeckung konnte Motor sein für eine Einstellung zu Gewalt und Verbrechen, die mit diesen Phänomenen produktiv umgeht und dabei nicht nur den Gewalttäter, sondern auch seine nähere und weitere Umgebung im Blick hat: Lebensgeschichte, Erziehung, Wohnen, Arbeit, Freizeit. Dies war eine Basis für langfristige und wohlüberlegte Kriminalpolitik.

Die Erforschung von Entstehungs- und Veränderungsbedingungen der Kriminalität war freilich nicht der abschließende Schritt der modernen Kriminologie. Ihr Blick verlagerte sich, nunmehr schon vor geraumer Zeit, auf die Entstehungs- und Veränderungsbedingungen der Kriminalisierung. Die neue Schule, die sich als »kritisch« rühmte und für die sich der Name »labeling approach« eingebürgert hat, faßte ihre Vorgängerinnen unter dem Stigma »ätiologisch« zusammen und wendete ihnen gegenüber ein, sie hätten, borniert auf die Suche nach Faktoren der Kriminalität, übersehen, daß es Kriminalität ohne Kriminalisierung nicht geben kann: Kriminalität sei (auch) Ergebnis von gesellschaftlichen und staatlichen Definitionsprozessen, sei nicht schlicht vorgefundene, sondern menschlich und institutionell konstruierte Wirklichkeit.

Hier geht es nicht um eine Bewertung dieser wissenschaftlichen Entwicklung, sondern um die Chance, aus ihr zu lernen und Nutzen zu ziehen für die Einstellung zu Gewalt und Verbrechen. Diese Entwicklung hat schrittweise den Punkt verlassen, dem sich eine Dramatisierung der Gewalt schrittweise wieder nähert. Die Kriminologie hat mit wachsender Deutlichkeit gezeigt, daß eine Politik, welche der allgegenwärtigen Gewalt gerecht werden will, ihren Gegenstand nicht vereinfachen und nicht dramatisieren darf, sondern ihn in seiner Komplexität (einschließlich der kommunikativen Entstehungs- und Veränderungsbedingungen) belassen muß; daß man diesem Gegenstand langfristig nicht mit Schlagkraft und Repression beikommt.

II. Das »effiziente« Strafrecht

Adressat von Forderungen seitens einer gewaltbedrohten Öffentlichkeit ist vor allem das Strafrecht, einschließlich des Strafprozeßrechts. Von ihm erhofft man sich wirksame Hilfe in der Not und die Garantie bürgerlicher Sicherheit.

1. Die Politik

a) Gewaltrepression

Diese Forderungen sind bekannt und teilweise schon befriedigt: Vermögensstrafen gegen Drogendealer unter reduzierten Verhängungs- und Bemessungsvoraussetzungen; ein Straftatbestand gegen das »Geldwaschen«; systematische polizeiliche Observation von »Tätern« (statt Aufklärung von Straftaten); Einsatz von V-Leuten; Rasterfahndung; »vorbeugende Verbrechensbekämpfung« unter Einebnung der sensiblen und rechtsstaatlich wichtigen Grenze zwischen Polizei- und Strafverfahrensrecht; Vermummungsverbot; Kronzeugenregelung; Erweiterung der Möglichkeiten einer Verhängung von Untersuchungshaft usw.[16]

Diese Verschärfungen im materiellen Strafrecht und im Strafverfahrensrecht verdanken sich einer Kriminalpolitik auf dem Hintergrund dramatisierter Gewalt; sie sollen individueller und organisierter Bedrohung effektiv begegnen. Ihr Katalog ist freilich unvollständig; ihm fehlen diejenigen Steuerungsinstrumente, die ein effizientes Strafrecht heutzutage charakterisieren und die man in die Betrachtung einbeziehen muß, will man sich von der aktuellen Strafrechtsentwicklung ein vollständiges Bild machen.[17] Unter den Gesichtspunkten von Modernität und Effizienz tritt gewissermaßen neben das Blue-collar-Strafrecht der Gewaltrepression ein White-collar-Strafrecht der gesellschaftlichen Steuerung.[18]

b) Steuerung

»Moderne« Kriminalpolitik in diesem Sinne ist klar gekennzeichnet. Sie operiert nicht, wie noch vor einiger Zeit, mit Entkriminalisierung und Strafmilderung, sondern mit Neukriminalisierung und Strafverschärfung. Sie ist auf Straftatbestände und Strafbedrohungen und nicht auf Strafrechtsfolgen konzentriert. Sie besetzt die Felder, die in der öffentlichen Wahrnehmung heute Risikozentren sind: Umwelt, Wirtschaft, Steuern, Drogen, Terrorismus, automatische Datenverarbeitung.

Sie orientiert sich nicht mehr an den klassischen handfesten Rechtsgütern des Individuums (Leben, Gesundheit, Freiheit etc.), sondern an Rechtsgütern der Allgemeinheit, die sie zudem so vage und großflächig beschreibt, daß man jedwede Strafdrohung mit ihnen rechtfertigen kann: Schutz des menschlichen »Wohls«, Volksgesundheit, Funktionsfähigkeit von Kapitalmärkten, staatlicher Wirtschaftsförderung oder Datenverarbeitung in Wirtschaft und Verwaltung. Sie instrumentalisiert den Schutz dieser Rechtsgüter nicht über den Typ der Verletzungs- oder Schadensdelikte (zu deren Strafbarkeitsvoraussetzungen der Nachweis eines konkreten Schadens und dessen Verursachung durch den Beschuldigten gehört), sondern über den Typ der (zumeist: abstrakten) Gefährdungsdelikte, die den Nachweis einer Handlung (die der Gesetzgeber als gefährliche verboten hat) genügen lassen.

Dieser Politik liegt die Vorstellung zugrunde, das Strafrecht sei ein normativ akzeptables und tatsächlich wirksames Instrument der Steuerung und Gegensteuerung, ein Mittel der Innenpolitik (Sicherheit, Gesundheit, Wirtschaft etc.) unter anderen. Diese Vorstellung hat die überkommenen Zielbeschreibungen verabschiedet: das Strafrecht solle Freiheitsverbürgung und Rechtsschutz gerade auch für den Rechtsbrecher leisten, dürfe politisch nur subsidiär, als »ultima ratio« eingesetzt werden und sei auf wenige, besonders hervorgehobene, Verletzungen zu beschränken. Und sie hat die Skepsis überwunden (oder verdrängt), welche die »hölzernen Hände« des Strafrechtssystems immer begleitet hat, die Skepsis gegenüber der Potenz des Strafrechts für eine Lösung gesellschaftlicher Konflikte: seine Zwangsinstrumente seien für einen verbreiteten Einsatz unverhältnismäßig und eher kontraproduktiv; wegen des Bestimmtheitsgrundsatzes (Art. 103 II GG, § 1 StGB) sei es zuwenig flexibel, wegen des Prinzips »Tatstrafrecht« sei es zu wirksamer Prävention außerstande, wegen des Schuldprinzips sei es auf Personen konzentriert statt auf Organisationen oder gar »Großlagen«.

Die aktuelle Kriminalpolitik nimmt diese Probleme durchaus wahr. Sie antwortet auf sie freilich nicht mit der Einsicht, daß ein prinzipientreues Strafrecht die ihm zugeschriebenen Aufgaben von effizienter Gewaltrepression und Steuerung nicht erfüllen kann, sondern vielmehr mit dem Entschluß, die Prinzipienbindung des Strafrechts zu lockern: Strafbarkeitsvoraussetzungen über großflächige Verwendung abstrakter Gefährdungsdelikte zu minimieren, Zurechnungsvoraussetzungen zu erleichtern oder Zwangsmittel zu verschärfen.

Die Konsequenz dieser Entwicklung ist allerdings, wie sich mittlerweile absehen läßt[19], nicht, daß ein so aufgerüstetes Strafrechtssystem zur Erfüllung seiner neuen Aufgaben imstande wäre. Die Konsequenz ist vielmehr, daß diese Bereiche »effizienten« Strafrechts von permanenten, spezifischen und allseits beklagten »Vollzugsdefiziten« begleitet sind. Daraus wiederum folgt zweierlei: der kurzsichtige Versuch, diese Defizite durch weitere Verschärfung (»more of the same«) zu minimieren, und ein wachsender Bereich bloß symbolischer Wirkungen des Strafrechts: Da die realen und behaupteten Wirkungen nicht zu erwarten sind, kassiert der Gesetzgeber wenigstens den politischen Gewinn, auf gesellschaftliche Ängste und Großstörungen prompt und mit den scharfen Mitteln des Strafrechts geantwortet zu haben.

3. Die Dogmatik

Die dogmatischen Gewänder, in denen Politik und Theorie des effizienten Strafrechts auftreten, sind vielgestaltig. Zwei bedürfen besonderer Aufmerksamkeit: der Topos »Funktionstüchtigkeit der Strafrechtspflege«[20] und die Methode der Güterabwägung.[21]

a) »Funktionstüchtigkeit der Strafrechtspflege«

Die Befürchtung, die Strafrechtspflege werde sonst funktionsunfähig, wird – seit Beginn der siebziger Jahre und vor allem vom Zweiten Senat des Bundesverfassungsgerichts – als Barriere gegen eine Entschärfung strafprozessualer Zwangsmittel und gegen eine Ausdehnung des Betroffenenschutzes im Strafverfahren aufgerichtet, etwa gegen
– eine Ausdehnung des strafprozessualen Zeugnisverweigerungsrechts auf Sozialarbeiter oder Drogenberater;
– ein Verwertungsverbot bei heimlichen Tonbandaufnahmen;
– den Verzicht auf die Verwirklichung des staatlichen Strafanspruchs nach erpresserischer Geiselnahme;
– die Einstellung des Strafverfahrens bei Gesundheits- oder Lebensgefahr des Beschuldigten.

Bemerkenswert an diesem Topos ist nicht seine schlichte Existenz (eine funktionsunfähige Strafrechtspflege wäre in der Tat eine schreckliche Bedrohung aller), sondern sind seine systemische Einbettung (a) und seine praktische Verwendung (b):
(a) Statt ihm – als Topos der Effizienz staatlicher Strafverfolgung – Prinzipien wie Gerechtigkeit oder Justizförmigkeit des Verfahrens gegenüberzustellen und so den Konflikt auszuhalten, der die Strafrechtspflege kennzeichnet, bezeichnen ihn die Gerichte gern als Bestandteil der Gerechtigkeitsidee; dies führt nicht nur zu systematischer Verwirrung[22], sondern auch zu einer ganz ungerechtfertigten Salbung dieses Topos als ein normatives Grundprinzip und zu einer harmonistischen Verfahrenskonzeption, welche die Gegensätze von Rechtssicherheit und Gerechtigkeit, Wahrheitserfor-

schung und Betroffenenschutz, Effizienz und Justizförmigkeit einebnet.
(b) Statt klar zu sagen, daß die Funktionsfähigkeit der Strafrechtspflege heutzutage und hierzulande wahrlich nicht auf dem Spiel steht, statt wenigstens anzugeben, unter welchen Voraussetzungen sie diese Funktionsfähigkeit als gefährdet ansehen, operieren die Gerichte weit im Vorfeld einer realen Bedrohung (wo es doch schlimmstenfalls um Störung oder Verlängerung von Verfahren geht) und dramatisieren diese zum Nachteil von Justizförmigkeit und Betroffenenrechten.

b) Güterabwägung

Die Güterabwägung ist eine ehrwürdige juristische Methode. Wer Interessenkonflikte lösen oder auch nur entscheiden will, muß die Interessen bewerten und hierarchisieren. Heute empfiehlt sich die Güterabwägung zudem durch ihre Flexibilität und Situativität: Sie kann von Fall zu Fall wechselnde Entscheidungen legitimieren und komplexe Entscheidungssituationen vereinfachen, sie ist also auch eine »moderne« Methode. Auch im Strafrecht bedient man sich ihrer gern und in wachsendem Umfang.

Bemerkenswerte Beispiele der Abwägungsdogmatik aus jüngster Zeit sind etwa
– der Verzicht auf Strafverfolgung oder Bestrafung bei einem »Kronzeugen« aus dem Terroristenbereich angesichts eines drükkenden »Ermittlungsnotstands«;
– eine – unserem Strafrecht sonst unbekannte – »Vermögensstrafe« gegen Drogenhändler;
– die Verwertung privater Aufzeichnungen im Strafprozeß nur bei schwerer Kriminalität.

Der Mechanismus ist durchsichtig: Die Methode der Güterabwägung legitimiert in der Stunde der Not den Eingriff in Rechte und Grundsätze, die uns sonst als Pfeiler unserer Rechtskultur gelten: Schuldprinzip, Verhältnismäßigkeit der Bestrafung, »in dubio pro reo«, Schutz des personalen Intimbereichs. Das Strafrechtssystem erhöht seine Effizienz, indem es von seiner Prinzipienbindung partiell absieht und sich als schlagkräftiges Instrument zur Verfügung stellt.

III. Zwei Fragen

Angesichts dieser Lage sollte man über zwei Fragen nachdenken: über den Umfang realer Bedrohung und über das Konzept der Effizienz.

1. *Bedrohung*

Wie intensiv wir von Gewalt bedroht sind, wird unter Experten und Bürgern auf absehbare Zeit umstritten sein: Die Wahrnehmung von Gewalt ist ein politisches und kommunikatives Phänomen.[23] Es wäre schon viel gewonnen, wenn sich diese Einsicht weiter verbreitete; dann nämlich wäre es schwieriger, mit einer Dramatisierung von Gewalt Politik zu machen.

Des weiteren ist, wie sich auch an der Entwicklung der Kriminologie studieren läßt[24], das Phänomen »Gewalt« nur teilweise begriffen, wenn man den Blick auf die individuelle oder Gruppen-Gewalt, auf die »Gewalt von unten« beschränkt. Es gibt auch eine »Gewalt von oben«. Beides steht überdies in Wechselbezügen, woraus etwa folgt, daß eine rationale Einstellung zur Bedrohung, sei sie staatlich, gesellschaftlich oder individuell, nicht in schlichter Gewaltrepression bestehen kann, sondern komplexe Zusammenhänge von Entstehung und Wechselwirkung berücksichtigen muß.

2. *Effizienz*

Es könnte sein, daß ein kurzsichtiges Konzept eines effizienten Strafrechts auf lange Sicht kontraproduktiv wirkt.

Erfahrungen mit »Vollzugsdefiziten« des modernen Strafrechts und mit »symbolischem Strafrecht«[25] lehren, daß Verschärfungen des strafrechtlichen Instrumentariums (»more of the same«) dessen Tauglichkeit zur Lösung des Problems nicht immer verbessern; dies könnte daran liegen, daß die Subsidiarität des Strafrechts im Verhältnis zu anderen rechtlichen, sonst staatlichen oder gesellschaftlichen Lösungsstrategien nicht nur ein normativ, sondern auch ein empirisch wohlbegründetes Prinzip ist: Strafrechtliche Mittel taugen eben nur für wenige Problemlagen.

Vor allem aber muß man in Rechnung stellen, daß ein schlagkräftiges Strafrecht nicht kostenneutral zu haben ist. Man bezahlt es teuer, nämlich mit Grundsätzen, die politisch errungen wurden und politisch immer anfällig sind. Ein partielles Absehen vom Schuldprinzip oder vom Schutz der Menschenwürde gibt es nicht; wenn diese Grundsätze auch nur in »Notzeiten« nicht mehr abwägungsfest sind, haben sie ihren Wert für unsere Rechtskultur verloren. Denn ab diesem Zeitpunkt ist das Kriterium für die Fortgeltung dieser Grundsätze nicht mehr deren Wert und Eigengewicht, sondern die problematische Wahrnehmung von »Not« oder »schwerer Bedrohung«.

Letztlich muß man fragen, ob ein so disponibles und politisch funktionalisiertes Strafrecht den Platz im Gesamtsystem sozialer Kontrolle noch halten kann, den es ausfüllen muß. Wenn seine Grundsätze von Fall zu Fall zur Disposition stehen, wird es – langfristig auch in den Augen der Bevölkerung – seine normative Überzeugungskraft und seine moralische Distanz zum Rechtsbruch verlieren. Als mehr oder weniger taugliches staatliches Problemlösungsinstrument unter anderen kann das Strafrecht nicht überleben.

IV. Zusammenfassung

Wir erleben derzeit eine Dramatisierung von Gewalt und Bedrohung. Darauf stellt sich auch die Kriminalpolitik ein durch Verschärfungen des Strafrechts und durch seinen Ausbau zu einem Instrument staatlicher Steuerung. In der Stunde der Not sollen Grundsätze, die unsere Rechtskultur kennzeichnen, nicht mehr gelten. Der Ertrag ist gering, die Kosten sind hoch: Auf die Dauer wird ein solches Strafrecht seine Überzeugungskraft verlieren.

Anmerkungen

1 Paradigmatisch Murck, *Soziologie der öffentlichen Sicherheit. Eine staatliche Aufgabe aus der Sicht der Bürger*, 1980, S. 80ff., 91ff., 110ff.

2 Paradigmatisch Arzt, *Der Ruf nach Recht und Ordnung. Ursachen und Folgen der Kriminalitätsfurcht in den USA und in Deutschland*, 1976, passim, bes. S. 75ff., 132ff.

3 W. Hassemer, *Theorie und Soziologie des Verbrechens. Ansätze zu einer praxisorientierten Rechtsgutslehre*, 1973/1980, S. 158ff., 221ff.

4 Paradigmatisch Kindhäuser, *Gefährdung als Straftat. Rechtstheoretische Untersuchungen zur Dogmatik der abstrakten und konkreten Gefährdungsdelikte,* 1989, insbes. S. 339ff.

5 Rebscher/Vahlenkamp, *Organisierte Kriminalität in der Bundesrepublik Deutschland. Bestandsaufnahme, Entwicklungstendenzen und Bekämpfung aus der Sicht der Polizeipraxis,* 1988.

6 Ebda, S. 196.

7 Ebda, S. 197. Überdies solle den Ermittlungsbehörden der Zugang zu personenbezogenen Informationen »aus allen ermittlungsrelevanten Bereichen« »auch durch besonders kritische Teile der Öffentlichkeit im Interesse einer wirksamen Bekämpfung der organisierten Kriminalität nicht verwehrt werden«.

8 Ihm gingen übrigens gleichsinnige Publikationen voraus, etwa die beiden vom Bundeskriminalamt (BKA) herausgegebenen (1986, 1988) Bände: *Was ist Gewalt? – Auseinandersetzungen mit einem Begriff.*

9 Paradigmatisch Schwind/Berckhauer/Steinhilper (Hg.), *Präventive Kriminalpolitik. Beiträge zur ressortübergreifenden Kriminalprävention aus Forschung, Praxis und Politik,* 1980.

10 Profilierte Kritik bei P.-A. Albrecht, *Prävention als problematische Zielbestimmung im Kriminaljustizsystem,* in: *KritV* 1986, 54ff.; zum Dilemma der Prävention auch D. Grimm, *Verfassungsrechtliche Anmerkungen zum Thema Prävention,* ebda, S. 38ff., und W. Hassemer, *Prävention im Strafrecht,* in: *JuS* 1987, 257ff.

11 Zu diesem Wort Franz v. Liszts und seinem Kontext in einer Theorie der Kriminalpolitik W. Hassemer, *Einführung in die Grundlagen des Strafrechts,* 1981, S. 236 u. ö.

12 Herausgearbeitet und kritisiert bei Jakobs, *Kriminalisierung im Vorfeld einer Rechtsgutsverletzung,* in: *ZStW* 97 (1985), 751ff.

13 Dazu ausführlicher W. Hassemer, Menschenrechte im Strafprozeß, in: Rüsen/Lämmert/Glotz (Hg.), *Die Zukunft der Aufklärung,* 1988, S. 196ff.

14 Darstellung dieser Entwicklung in meiner *Einführung* (s. Anm. 11), §§ 6-9; pointiert in W. Hassemer, *Kriminalsoziologische Paradigmata,* in: *JZ* 1976, 164.

15 Oben unter I 1.

16 Ausführlich und kritisch hierzu D. Krauß, in: *Strafverteidiger* 1989, 315ff.

17 Ausführlicher und mit Nachweisen zum nun Folgenden W. Hassemer, *Symbolisches Strafrecht und Rechtsgüterschutz,* in: *NStZ* 1989, 556ff.

18 Dies korrespondiert ganz gut mit der Unterscheidung von Weiße- und Blaue-Kragen-Kriminalität in der Kriminologie (vgl. etwa Kaiser, *Kriminologie,* [8]1989, § 60, 1).

19 Ich habe dies in *NStZ* 1989, 553ff., 558f., zu zeigen versucht.

20 Ausführlich W. Hassemer, *Die »Funktionstüchtigkeit der Strafrechtspflege« – ein neuer Rechtsbegriff?* in: *Strafverteidiger* 1982, 275 ff.; kritisch nun auch etwa Roxin, *Strafverfahrensrecht. Ein Studienbuch*, [21]1989, § 1 B II.

21 Ausführlich W. Hassemer, *Unverfügbares im Strafprozeß*, in: *Festschrift für Werner Maihofer*, 1988, S. 183 ff.

22 Ein Beispiel solcher Verwirrung liefern die vier Richter, welche die Entscheidung im aufsehenerregenden Beschluß des *BVerfG* vom 14. 9. 1989 (2 *BvR* 1062/87, *EuGRZ* 1989, 455; *Strafverteidiger* 1990, 1) tragen. In dieser Sache hatte sich ein wegen Mordes zu lebenslanger Freiheitsstrafe Verurteilter gegen die Verwertung seiner tagebuchähnlichen Aufzeichnungen für die Urteilsfindung im Strafverfahren gewehrt. Diese Richter haben (unter B II 1 a) das verfassungsrechtliche Gebot tat- und schuldangemessenen Strafens (Schuldprinzip) wesentlich auf die Verpflichtung des Staates zur Achtung der Menschenwürde gegründet, sodann festgehalten, daß gerechte Urteilsfindung auch Erkenntnisse zur Persönlichkeit des Tatverdächtigen verlangt, und flugs geschlossen, daß damit der Zugriff auf intime Aufzeichnungen, auch wenn sie den Betroffenen belasten und überführen, eröffnet ist. Glücklicherweise haben die vier anderen Richter (unter B II 2 b) klar erkannt und ausgesprochen, daß in einer solchen Konstruktion die Menschenwürde vom Schuldprinzip instrumentalisiert wird. Sie hätten auch sagen können, daß die Menschenwürde als Waffe gegen den Menschen gerichtet wird.

23 Oben I 1.

24 Oben I 2 b.

25 Oben II 2.

Hans Janknecht
Umweltstrafrecht vor dem Offenbarungseid?

Mit Unbehagen sehe ich dem Tag entgegen, an dem endlich auch auf meinem Schreibtisch eine Strafanzeige gegen Greenpeace (oder andere, ähnlich phantasievolle und mutige Leute) landet, in der diese der Nötigung bezichtigt werden, weil sie – ich benötige nicht viel Phantasie – beispielsweise mit Schlauchbooten die Hafenausfahrt versperrt und dadurch das Auslaufen eines Schiffes verhindert haben, das Order hatte, in der Nordsee eine Ladung hochgiftiger Abfallprodukte zu »verklappen«. Ich werde die Strafanzeige in den Geschäftsgang geben und damit »der Gerechtigkeit freien Lauf« lassen. Etwas anderes bliebe mir auch gar nicht übrig, nachdem die höchstrichterliche Rechtsprechung – unter dem Beifall des weit überwiegenden Teils des (juristischen) Schrifttums – verbindlich festgelegt hat, daß die vom Tatbestand des § 240 StGB verlangte Gewalt (sic!) keineswegs nur bei Aufbietung physischer Kraft vorliegt, sondern schon die rein psychische Zwangs*wirkung* auf der Seite des Opfers ausreicht[1], und auch die weiter erforderliche Prüfung, ob das Handeln des/der Beschuldigten »verwerflich« und damit rechtswidrig gewesen ist, regelmäßig zu seinen/ihren Ungunsten ausfallen muß, weil nach einem weiteren höchstrichterlichen Verdikt selbst hehre und ganz altruistische »Fernziele« die vordergründige Verwerflichkeit nicht in Frage stellen können.[2] Die eigentlichen Urheber des Skandals hingegen, gegen deren Treiben sich der Protest und meinetwegen auch die »begrenzte Regelverletzung« richtet, könnten unbesorgt weitermachen, werden jedenfalls von der Strafjustiz unbehelligt bleiben. Denn sie verhalten sich *legal.* Wegen Verunreinigung eines Gewässers (§ 324 StGB) ist bekanntlich nur strafbar, wer »unbefugt« handelt. Und hieran fehlt es immer dann, wenn die Verschmutzung des Gewässers von der zuständigen Verwaltungsbehörde bewilligt oder erlaubt oder wenigstens doch »aktiv geduldet«[3] oder äußerstenfalls gewohnheitsrechtlich gedeckt war.[4] Entsprechendes gilt für den dann weiter in Betracht kommenden Tatbestand der umweltgefährdenden Abfallbeseitigung (§ 326 StGB). Daß eine solcherart definierte »Befugnis« regelmäßig vorliegt, kann unterstellt werden. Fiat iustitia, pereat mundus! Und Verdrossenheit von Staatsanwälten interessiert ohnehin niemanden.

Durch das in der Jahresmitte 1980 in Kraft getretene 18. Strafrechtsänderungsgesetz, das die meisten, bis dahin in verschiedenen Gesetzen verstreuten Strafvorschriften auf dem Gebiete des Umweltschutzes in das Strafgesetzbuch übernommen und ihm einen eigenen Abschnitt gewidmet hat, wurde erklärtermaßen der Zweck verfolgt, die Bedeutung der geschützten Rechtsgüter hervorzuheben, ihre Gleichrangigkeit mit anderen Rechtsgütern anzuerkennen und den sozialschädlichen Charakter von Straftaten gegen die Umwelt verstärkt in das Bewußtsein zu bringen.[5] Tatsächlich sind dann auch die Tatbestände des Umweltstrafrechts vom Gesetzgeber beispielsweise mit denselben Strafrahmen ausgestattet worden wie die »klassischen« Delikte etwa des Diebstahls, des Betruges oder der Urkundenfälschung: Angedroht ist für den Regelfall jeweils Freiheitsstrafe bis zu fünf Jahren oder Geldstrafe. Die deshalb naheliegende Vermutung, die »Umsetzung in der Praxis« müsse eigentlich zu in etwa korrespondierenden Ergebnissen, womöglich, wegen der ungleich höheren Sozialschädlichkeit von Umweltdelikten, sogar zu deutlich härteren geführt haben, ist indessen beklagenswert falsch.

Ich will im folgenden zu zeigen versuchen, daß das geltende Umweltstrafrecht sein selbst gestecktes Ziel meilenweit verfehlt hat (1.), daß und warum es dieses Ziel – vorhersehbar – auch verfehlen mußte (2.), und schließlich, welche Möglichkeiten bestehen (und näher geprüft werden müßten), um zu der notwendigen größeren Effizienz zu gelangen (3.). Die in diesem Zusammenhang vielleicht aufkommende Befürchtung, daß wieder einmal das Heil einzig und allein in der Vermehrung und Verschärfung von Straftatbeständen, also in der Maximierung von staatlicher Gewalt, zu sehen ist, wird sich zumindest als voreilig erweisen, auch wenn die Rechtsgemeinschaft, um die Erreichung bestimmter Ziele durchzusetzen und abzusichern, letztlich an Strafsanktionen nicht vorbeikommen dürfte.[6]

1.

Die Zahl der im Bundesgebiet erfaßten Straftaten gegen die Umwelt ist seit 1980 bis 1988 von 5 151 auf 21 116, also auf mehr als das

Vierfache gestiegen.[7] Parallel dazu ist auch die sogenannte Häufigkeitszahl[8] von 8,4 auf 34,5 gestiegen. In der Rangfolge einzelner Straftaten (Gruppen) nach ihren Anteilen an der Gesamtzahl der erfaßten Fälle standen 1988 die Straftaten gegen die Umwelt schon an 16. Stelle. Freilich ist die Zunahme der bekanntgewordenen Fälle im wesentlichen die Folge verbesserter Kontrolle und wachsenden Umweltbewußtseins. Mit Sicherheit ist ein »sehr großes Dunkelfeld« anzunehmen.[9] Straftaten nach § 324 StGB (Verunreinigung eines Gewässers) rangieren übrigens in den Statistiken weit vor dem nächsthäufigen Delikt der umweltgefährdenden Abfallbeseitigung (§ 326 StGB); die übrigen Verstöße gegen Umweltstrafbestimmungen spielen demgegenüber nur eine ganz untergeordnete Rolle und können daher hier vernachlässigt werden.

Die Aufklärungsquote bei den erfaßten Umweltdelikten liegt seit langem mit geringen Schwankungen zwar bei beachtlichen 75 v. H. Wer indessen als Täter ermittelt worden ist, muß dennoch keine schlaflosen Nächte befürchten. Denn er kann, ganz anders als etwa, um bei dem eingangs gewählten Vergleich zu bleiben, ein Dieb oder Betrüger, mit Milde und Nachsicht der Strafjustiz rechnen. Während nämlich beispielsweise im Jahre 1987[10] in der Bundesrepublik von insgesamt 154410 Personen, gegen die die Staatsanwaltschaften wegen Diebstahls Strafbefehle beantragt oder Anklagen erhoben hatten, 121408, also gut *drei Viertel* auch verurteilt worden sind, und die Zahlen für Betrug und Urkundenfälschung nicht nur ein ganz ähnliches Bild bieten, sondern auch ziemlich genau die Aburteilungsergebnisse bei den Straftaten *insgesamt* widerspiegeln[11], ist es im selben Zeitraum bei den Umweltdelikten, sofern sich überhaupt Gerichte mit ihnen zu befassen hatten, lediglich in knapp der *Hälfte* der Fälle zu einer Verurteilung gekommen. So sind bei Verunreinigung eines Gewässers von 2015 Angeklagten nur 1008 (= 50 v. H.) verurteilt worden, während der Rest von ihnen entweder freigesprochen worden oder – ganz überwiegend – mit einer Einstellung des Verfahrens durch das Gericht davongekommen ist. Mit anderen Worten: Wer erst einmal vor Gericht gestellt ist, hat im allgemeinen nur noch eine Chance von 25 v. H., einer Bestrafung zu entgehen, es sei denn, ihm wird ein Umweltdelikt vorgeworfen. In diesem Falle verdoppeln sich seine Chancen auf 50 v. H.!

Die Tendenz, die sich schon bei diesen wenigen Zahlen abzeichnet, tritt bei weiterer Prüfung der Strafverfolgungsergebnisse von

1987 noch wesentlich deutlicher hervor: Von den nach allgemeinem Strafrecht (also nicht: nach Jugendstrafrecht) wiederum wegen Diebstahls verurteilten 96108 Personen erhielten 14990 (= 15,6 v. H.) eine Freiheitsstrafe, davon 5400 (= 5,6 v. H.) ohne Strafaussetzung zur Bewährung. Noch entschieden härter urteilten die Gerichte bei Betrug bzw. Urkundenfälschung: Gegen 11583/3838 von 46426/12798 Angeklagten (24,9/30,0 v. H.) wurde Freiheitsstrafe verhängt, gegen 3059/1227 (6,6/9,6 v. H.) von ihnen unter Versagung einer Strafaussetzung zur Bewährung.[12] Wer hingegen ein Gewässer verschmutzt hatte[13], kam vergleichsweise glimpflich davon: Von 998 (erwachsenen) Angeklagten erhielten lediglich 26 (= 2,4 v. H.) eine Freiheitsstrafe, sämtlich mit Strafaussetzung zur Bewährung. Diese, wie noch zu zeigen sein wird, nur scheinbar rätselhafte Milde im Umweltstrafrecht war und ist keineswegs auf die Gerichte beschränkt. Auch die Staatsanwaltschaften, mögen sie sich auch sonst nur zu gern als strenge Wächter des Gesetzes verstehen, zeigen sich, wenn es um die Umwelt geht, ausgesprochen nachsichtig, indem sie von der Möglichkeit, einschlägige Verfahren bereits vor Erhebung der öffentlichen Klage wegen geringer Schuld und mangels öffentlichen Interesses (!) an der Verfolgung mit oder ohne Auflage einzustellen, ausgesprochen großzügig Gebrauch machen.[14] Vollends ernüchternd sind die Ergebnisse der vom Bundeskriminalamt ausgewerteten Mitteilungen der Gerichte und Staatsanwaltschaften über den Ausgang von Verfahren in Umweltschutzsachen.[15] Danach sind 1987 beispielsweise wegen »Direkteinleitens in Gewässer I. Ordnung« durch Gewerbebetriebe im gesamten Bundesgebiet lediglich acht Geldstrafen verhängt worden, die von 500 DM bis maximal 4200 DM reichen. Wegen »Einleitens landwirtschaftlicher Sickerwässer« sind lediglich zwei Geldstrafen mit einem Gesamtbetrag von 825 DM (!) ausgesprochen worden. Nur ausnahmsweise einmal erreichen bei Verurteilungen nach § 324 StGB die Geldstrafen fünfstellige Größenordnungen. Den insgesamt gemeldeten 59 Verfahren, in denen es (gegen 61 Angeklagte) zu Verurteilungen gekommen ist, stehen nicht weniger als 250 Verfahren gegenüber, die eingestellt worden sind.[16]

2.

Wer angesichts dieser dürftigen Strafverfolgungsergebnisse meint, die Verantwortung dafür allein der Strafjustiz anlasten zu müssen, macht es sich zu einfach. Sicherlich kann nicht ausgeschlossen werden, daß es in Hintertupfing noch einen Richter oder Staatsanwalt gibt, dem in der Sozialschädlichkeit von einerseits (so »handgreiflichen« Delikten wie) Diebstahl und Betrug und andererseits der (sich in die Anonymität verflüchtigenden) Verunreinigung von Boden, Luft und Wasser bisher keine besonderen Unterschiede aufgefallen sind. Auch dürfte kaum etwas gegen die wohlfeile Forderung einzuwenden sein, die Qualifikation der Juristen müsse verbessert werden, damit sie mit dieser neuen Form der »Weiße-Kragen-Kriminalität« besser fertig werden könnten.[17] Die allgemein milde Sanktionspraxis wird indessen von Vertretern der Strafjustiz immer wieder und durchaus nicht zu Unrecht, wie ich meine, damit begründet, daß es sich bei den Beschuldigten in der Regel um sogenannte Ersttäter handele, daß ihnen im allgemeinen nicht vorsätzliches, sondern allenfalls fahrlässiges Handeln nachgewiesen werden könne, daß sie ferner sich fast ausnahmslos einsichtig zeigten und daß sie schließlich ernsthaft um Schadenswiedergutmachung, mindestens jedoch um Schadensbegrenzung bemüht seien.[18] Gegen *diese* Täter seitens der Justiz schärfer vorzugehen, schiene mir in der Tat ganz unangebracht zu sein angesichts des Umstandes, daß des Pudels Kern ganz woanders steckt. In die richtige Richtung führt eine Bemerkung, die sich in dem bereits erwähnten Bericht des Bundeskriminalamts über die Auswertung der MiStra-Ergebnisse 1986 findet: Als Fazit sei, so heißt es dort auf Seite 8, »festzustellen, daß naturgemäß die am leichtesten erkennbaren Bagatelldelikte immer noch den größten Anteil am Gesamtaufkommen der Umweltkriminalität haben«; tendenziell finde die Polizei »häufig nur Zugang zu den weniger privilegierten Taten und Täterschichten«. Um es an einem Beispiel zu verdeutlichen: Stellt die Wasserschutzpolizei bei einem Schiff fest, daß Bilge-Wasser in das Hafenbecken gelenzt wird, kann der Maschinist, der die Pumpe bedient, unschwer gegriffen werden. Die mutmaßlichen Auftraggeber in der Schiffsführung oder bei der Reederei, die Entsorgungskosten sparen, halten sich demgegenüber bedeckt; gegen sie wird der Maschinist im Zweifel schon aus Angst vor dem Verlust seines Arbeitsplatzes nicht aussagen.

Das BKA-Fazit unterstellt, schwerwiegende Umweltdelikte seien lediglich schwerer als Bagatelldelikte festzustellen und es liege nur an der nicht ausreichenden Fähigkeit und Ausrüstung der Polizei, daß sie nicht auch Zugang zu »privilegierten Taten und Täterschichten« finde. Abgesehen von der ganz unverhohlenen Forderung nach Steigerung der Ressourcen (Personal, Technik) und Erweiterung der Kompetenzen[19], der Politiker bisher stets recht eilfertig nachzugeben gewohnt waren, ist das zitierte Resümee wohl auch nur die halbe Wahrheit. Die volle wäre, daß der Zugriff der Strafverfolgungsbehörden auf die Fälle wirklich gravierender Umweltschädigungen *ipso iure*, durch das – vom Gesetzgeber positiv gesetzte – Recht selbst versperrt ist. Das ist auch beileibe keine neue Erkenntnis. Schon 1978 hatte das Umweltbundesamt in seiner Veröffentlichung »Umweltschutzdelikte 1976 – eine Auswertung der polizeilichen Kriminalstatistik« ein Täterprofil gezeichnet, das seinerzeit vielleicht sarkastisch gemeint war, inzwischen jedoch alles andere als spaßig wirkt:[20] Der Wasserstraftäter 1976 »ist deutscher Staatsangehöriger, männlichen Geschlechts, zwischen 40 und 60 Jahre alt und kriminalpolizeilich noch nicht in Erscheinung getreten. Er hat die Volksschule besucht, einen Beruf erlernt und ein regelmäßiges Einkommen. Er wohnt in einer Gemeinde mit weniger als 20000 Einwohnern und verstößt dort gegen die §§ 38, 39 WHG, wobei er die Tat allein begeht«. An der Richtigkeit dieser anhand einer Strafakten-Analyse bestätigten Erkenntnis aus der polizeilichen Kriminalstatistik vor mehr als einem Jahrzehnt, wonach kriminelle Gewässerverunreinigungen eher als das Werk von Privatpersonen als das der Industrie oder Kommune erscheinen, hat sich auch durch die erwähnte Harmonisierung des Umweltstrafrechts im Jahre 1980 nichts geändert. Es kann sich daran auch nichts ändern, solange zum einen der *Gesetzgeber* im Bereich des Umweltstrafrechts an dem Prinzip der sogenannten Verwaltungsakzessorietät festhält und zum anderen die *Verwaltung* die Kenntnis von rechtswidrigen Verstößen gegen Umweltschutzbestimmungen, die selbstverständlich in erster Linie ihr bekanntwerden, für sich behält.

Verwaltungsakzessorietät bedeutet, daß die Strafbarkeit eines bestimmten Verhaltens von (Vor-)Entscheidungen der Verwaltungsbehörden abhängig ist. Die schlichte Verwirklichung des gesetzlichen Tatbestandes reicht also nicht aus. Strafbar ist nur, wer die Umwelt »unbefugt« (§§ 324, 326 StGB), »unter Verletzung verwaltungsrechtlicher Pflichten« (§ 325 StGB), »ohne die erforderliche Genehmigung oder entgegen einer vollziehbaren Untersagung« (§§ 327, 328 StGB) oder »entgegen einer Rechtsverordnung« (§ 329 StGB) gefährdet oder zerstört. Diese Konstruktion erweckt, schon nach der Technik des Gesetzes, den Eindruck, daß eine eventuelle Befugnis oder Genehmigung, wie bei gewöhnlichen Rechtfertigungsgründen (etwa: Notwehr oder Einwilligung), die *Ausnahme* ist. Allein, der Eindruck täuscht: Fast tägliche Horrormeldungen in den Medien sind kein Zufall. Sie allein schon sind geeignet, den »dringenden Verdacht« zu begründen, daß in der Praxis der Verwaltungsbehörden etwas nicht in Ordnung ist. Offenbar hat sich bei ihnen über Jahrzehnte eine tief eingewurzelte, mit angeblichen »Sachzwängen« begründete Praxis festgesetzt, entsprechende Erlaubnisse zu erteilen, dadurch legalistische Rechtfertigungsgründe für im Ergebnis schwer umweltschädigendes Verhalten von Unternehmen und Kommunen zu liefern und so einem Einschreiten der Strafverfolgungsbehörden schon materiell-rechtlich einen Riegel vorzuschieben. In welchem Maße allein schon bei dem Tatbestand der Gewässerverunreinigung die strafrechtliche Rechtswidrigkeit ausgeschlossen sein (und damit entsprechenden schuldausschließenden Irrtümern von potentiellen Tatverdächtigen Vorschub geleistet werden) kann, erhellt exemplarisch der alphabetische Katalog von Einzelfällen im »Leipziger Kommentar«, der sich über zwölf Seiten und 28 Randnummern hinzieht und weder die Stichworte »alte Rechte und alte Befugnisse« noch »Gewohnheitsrecht« oder »Überwachungswerte« ausläßt. Die Effizienz der Strafvorschriften ist vollends dadurch in Frage gestellt, daß Staatsanwalt und Richter nach ganz herrschender Meinung lediglich zu prüfen haben, ob ein wirksam erlassener behördlicher Gestattungsakt vorliegt, nicht jedoch, ob er mit rechtlichen Mängeln behaftet, etwa ermessensfehlerhaft oder unter Mißbrauch des der Verwaltung eingeräumten Ermessens erlassen worden ist.[21] Einen mit solchen Mängeln behafteten Verwaltungsakt hätte der Strafjurist zu respektieren, und zwar so lange, bis er in einem – in aller Regel sich über Jahre hinziehenden – Verwaltungsgerichtsverfahren rechtskräftig aufgehoben sein würde. Selbstverständlich macht auch der Umstand, daß die Aufhebung des Verwaltungsakts diesem *rückwirkend* seine Wirksamkeit nimmt, das Handeln dann nicht nachträglich zu einem »unbefugten« im strafrechtlichen Sinne.[22]

Trotz dieser nahezu unüberwindbaren Hindernisse, die vor dem Strafrecht aufgebaut sind und einen nennenswerten Beitrag von seiner Seite zum Schutz der Umwelt derzeit nicht erwarten lassen, könnte der (zuletzt auf dem 57. Deutschen Juristentag 1988 in Mainz mit großer Mehrheit erhobenen) Forderung, an der Verwaltungsakzessorietät des Umweltstrafrechts grundsätzlich festzuhalten, im Ergebnis vielleicht noch Geschmack abgewonnen werden, *sofern* die stillschweigende Voraussetzung dieser Forderung zuträfe, daß nämlich die Umweltverwaltungs- und Genehmigungsbehörden den ökologischen Aspekten ihrer Entscheidungen gegenüber den ökonomischen wenn schon nicht stets absoluten Vorrang einräumen, so doch wenigstens in der Regel in angemessener Weise Rechnung tragen. Gerade hieran jedoch bestehen angesichts des katastrophalen Zustandes unserer Umwelt in allen Bereichen durchgreifende Zweifel. Muß man in diesem Zusammenhang noch an die Interessenlage der Beteiligten erinnern? Zwar wird selbstverständlich kaum jemals eingestanden, daß die Interessen von Unternehmen und die von Überwachungs- und Genehmigungsbehörden im Umweltbereich zwei sich überschneidenden Kreisen gleichen. Statt dessen wird auf eine solche Feststellung regelmäßig mit Entrüstung über die Perfidie der angesonnenen Kollusion reagiert. Man lasse sich jedoch nicht täuschen: »Wasserwirtschafts-, aber auch Gewerbeaufsichtsämter, denen die Kontrolle der Betriebe in den meisten umweltrelevanten Bereichen obliegt, verstehen sich primär nicht als Strafverfolgungsorgane, sondern als an einer Kooperation und gutem Einvernehmen mit den Betreibern interessierte Behörden. Die Kontrollbeamten, die häufig organisatorisch in die allgemeine Verwaltung eingegliedert und mit den kommunalen Interessen vertraut sind, sehen den Betrieb als ein Unternehmen, das Arbeitsplätze schafft und Steuern bringt, das wirtschaftlich konkurrenzfähig bleiben muß und mit dem – langfristig gesehen – am besten auf kooperativer Ebene auszukommen ist. Man redet und verhandelt miteinander; es werden von der Behörde Fristen für die Beseitigung des festgestellten Mißstandes eingeräumt oder gemeinsam Stufenpläne entwickelt, die ein allmähliches Versiegen der Emissionsquellen vorsehen. Nicht Konfrontation, sondern Kooperation bestimmt in der Regel die Beziehungen zwischen Kontrollbehörden und Betreibern«.[23] Und: »Im Klima solcher Partnerschaft liegt es nahe, daß Behörden sich oftmals schwertun, die gebotene Distanz und Neutralität gegenüber umweltschädigenden Unternehmen einzuhalten und auf Durchsetzung und Einhaltung kostspieliger Auflagen zugunsten der Umwelt zu pochen«.[24]

Im Klima solcher Partnerschaft dürfte aber auch die Bereitschaft der Verwaltung, Strafanzeige zu erstatten, falls im Einzelfall wirklich einmal »unbefugtes« Handeln vorliegt, nicht besonders ausgeprägt sein. Zwar besteht dafür eine Rechtspflicht, nachdem die Bundesländer in den letzten Jahren nach und nach durch Verwaltungsanordnungen Anzeigepflichten der Umweltschutzbehörden eingeführt haben,[25] jedoch sollten an diese Maßnahme keine allzu hoch gespannten Erwartungen, daß sich die Praxis wesentlich ändern werde, geknüpft werden. Zum einen ist die Anzeigepflicht durchweg mehrfach eingeschränkt: Obligatorische Anzeigepflichten bestehen nach diesen verwaltungsinternen Regelungen im wesentlichen nur bei Straftaten gegen die Umwelt, die zu einer konkreten Gefährdung von Leib oder Leben eines anderen oder fremder Sachen von bedeutendem Wert geführt haben, im übrigen nur, wenn die Mitteilung »wegen der Bedeutung der Tat oder aus anderen Gründen im öffentlichen Interesse geboten ist«. Das sind sehr dehnbare, mißdeutbare Begriffe. Zudem: Mißachtet der Beamte die Pflicht zur Strafanzeige, kann er allenfalls (von seinem Dienstvorgesetzten) disziplinarisch zur Rechenschaft gezogen werden, strafbar macht er sich wegen seiner Untätigkeit nicht. Bei dieser Sachlage ist kaum zu befürchten, daß die Staatsanwaltschaften von den Umweltschutzbehörden mit Strafanzeigen überschwemmt werden. Nach den bisherigen Erfahrungen spricht jedenfalls, wenn ich mich nicht täusche, nichts dafür.

Im Herbst 1989 hat nun das Bundesjustizministerium einen Entwurf für eine Novellierung des Umweltstrafrechts mit dem Hinweis vorgelegt, daß das Vorhaben noch in dieser Legislaturperiode verabschiedet werden solle. Ob dieses zeitliche Ziel erreicht werden kann, steht dahin. Immerhin sind gewisse inhaltliche Fortschritte des Entwurfs nicht zu übersehen. So sollen neben einer Verstärkung des strafrechtlichen Schutzes von Boden und Luft eine – im wesentlichen auf vorsätzliches oder leichtfertiges Handeln oder Unterlassen beschränkte – strafrechtliche Haftung von Amtsträgern geschaffen (§ 330 c) und Lücken des geltenden Rechts bei Handeln für einen anderen sowie bei der Abschöpfung des Gewinns aus ersparten Entsorgungsaufwendungen geschlossen werden (§§ 14, 75 StGB; §§ 9, 29, 30 OWiG).[26] Die strukturellen

Schwächen des geltenden Rechts indessen werden keineswegs behoben: Der Entwurf hält an dem Grundsatz der Verwaltungsakzessorietät nicht nur ausdrücklich fest, sondern übernimmt ihn auch für die neue Vorschrift des § 325 a gegen Bodenverunreinigungen (»Wer unter Verletzung verwaltungsrechtlicher Pflichten nachhaltig den Boden verunreinigt oder ...«). Desgleichen lehnt er nach wie vor die Forderung ab, eine gesetzliche und vor allem strafbewehrte Anzeigepflicht für Umweltverwaltungsbehörden einzuführen. Alles in allem ist er nicht viel mehr als Kosmetik, es steht zu vermuten, daß danach auch künftig die Verfolgung von Umweltkriminalität im wesentlichen auf den Bagatellbereich beschränkt bleiben wird.

Eine nachhaltige Verbesserung der Umwelt ist nicht zu erwarten, solange Regierung und Gesetzgeber sich nicht zu einem grundlegenden Umbau des bisherigen Genehmigungssystems entschließen und Staatsanwaltschaften nicht den zur Auslösung des ultima-ratio-Effekts notwendigen »Anfangsverdacht« (§ 152 Abs. 2 StPO) schöpfen können, weil Verwaltungsbehörden nicht zur Strafanzeige bereit sind. Sollte deshalb ehrlicherweise die Kapitulation des Umweltstrafrechts eingestanden, müssen konsequenterweise die geltenden Umweltstrafbestimmungen ersatzlos gestrichen werden, um demonstrativ deutlich zu machen, »daß die Bekämpfung der Umweltkriminalität in erster Linie kein Problem der Strafjustiz, vielmehr ein Problem des Gesetzgebers ist, für dessen Lösung er bis heute noch keine geeigneten Grundlagen geschaffen hat«?[27] Eine solche Forderung erscheint mir, so verständlich sie auch sein mag, letzten Endes unrealistisch. Denn worauf sollte sich die Erwartung gründen, daß der Gesetzgeber diesen *Offenbarungseid* freiwillig leistet?

3.

Die Suche nach einem möglichen Ausweg aus der Patt-Situation muß von dem real existierenden Mißtrauen der Umweltverwaltungsbehörden gegenüber der Strafjustiz ausgehen. Sie muß in Rechnung stellen, daß die Befürchtung einer gelegentlich kontraproduktiven Wirkung des Strafverfahrens nicht ganz aus der Luft gegriffen ist.[28] Sie muß auch Verständnis dafür aufbringen, daß die Angst vor einer möglichen eigenen Verstrickung in ein Ermittlungsverfahren der Zusammenarbeit mit den Strafverfolgungsbehörden nicht gerade förderlich ist. Die Umweltverwaltungsbehörden demgegenüber kommen nicht daran vorbei, daß sie auf das Instrument, äußerstenfalls mit Strafsanktionen und mit der abschreckenden Wirkung des Strafverfahrens schon an sich zur Durchsetzung ihrer Ziele drohen zu können, nicht verzichten können.[29] Wenn sich die Verwaltung dennoch übermäßiger Zurückhaltung bei dem Einsatz dieses Instruments befleißigt, so kann der Grund dafür eigentlich nur der sein, daß ihr bewußt ist, in demselben Augenblick, in dem sie Strafanzeige erstattet, die Kontrolle über den Vorgang zu verlieren. Denn ein Strafverfahren nimmt wegen des sogenannten »Legalitätsprinzips«[30] schicksalhaft seinen Lauf und kann auf außerstrafrechtliche Gesichtspunkte wie beispielsweise Ansehen und Bonität des Unternehmens und seine wirtschaftliche Funktion im Gemeinwesen allenfalls am Rande Rücksicht nehmen. Hier könnte infolgedessen auch der Ansatzpunkt einer möglichen Lösung liegen. Bei einer *Lockerung* des Verfolgungszwangs im Bereich des Umweltstrafrechts etwa nach dem Vorbild des § 153 d StPO, der den Generalbundesanwalt ermächtigt, von der Verfolgung bestimmter Staatsschutzstraftaten abzusehen, »wenn die Durchführung des Verfahrens die Gefahr eines schweren Nachteils für die Bundesrepublik Deutschland herbeiführen würde oder wenn der Verfolgung sonstige überwiegend öffentliche Interessen entgegenstehen«, könnte die – weitgehend unabhängige – Staatsanwaltschaft im Einzelfall flexibel reagieren und auf differenzierende Vorstellungen der – stärker an wirtschaftlichen Interessen orientierten – Umweltschutzbehörden Rücksicht nehmen.

Utopische Vorstellungen? Keineswegs: Ein solches »Diversions«-Modell zur effektiven Durchsetzung des Umweltstrafrechts existiert bereits, und zwar in den benachbarten Niederlanden.[31] Es läßt sich in knapper Form etwa so umreißen: Bei einem Anfangsverdacht einer Umweltstraftat kommt es regelmäßig zunächst zu einer Besprechung von Staatsanwaltschaft, Polizei und Umweltverwaltungsbehörden. Auf ihr wird nach vorher festgelegten Kriterien zur objektiven und subjektiven Tatseite geprüft, ob es noch ausreicht, die Angelegenheit verwaltungsrechtlich zu regeln, oder ob schon eine strafrechtliche Verfolgung angezeigt ist. Aber auch in diesem Falle hat die Staatsanwaltschaft die Freiheit, nach pflichtgemäßem Ermessen zu entscheiden, ob sie den Fall einer gerichtlichen Aburteilung zuführen oder das Verfahren entweder einstellen[32] oder durch »Transaktion« erledigen soll.[33]

Die Vorteile eines dergestalt weitgefaßten »Opportunitätsprinzips« liegen auf der Hand: »Aus niederländischer Sicht wird die Entlastungsfunktion der Gerichte betont, ohne daß auf eine angemessene, tatnahe Sanktion des Täters verzichtet werden müsse. Hinzu komme, daß sich auf diese Weise zugleich zahlreiche materiell-rechtliche Probleme, wie sie bei einer gerichtlichen Beurteilung des Falles (eingehend) zu lösen wären, auf der staatsanwaltschaftlichen Ebene in anderem (eher vordergründigem) Lichte darstellen würden. Und schließlich wird hervorgehoben, daß in dem Zusammenspiel mit den Verwaltungsbehörden hinreichend sichergestellt sei, daß überhaupt eine Sanktion ausgesprochen werde und im Vordergrund eine Beseitigung des ökologisch bedenklichen Zustandes stehe. Last not least fördere dieses Modell das Vertrauensverhältnis zwischen Staatsanwaltschaft und Verwaltung«.[34] Lohnend ist daneben auch ein Blick auf die gerichtliche Ebene. Hier hat der niederländische Gesetzgeber ein spezifisches Sanktionssystem erfunden, zu dem neben besonderen Vermögenssanktionen als »Unternehmenssanktion« namentlich die Entziehung von Steuerermäßigungen, Subventionen und verwaltungsrechtlichen Genehmigungen, eine Art Ersatzvornahme durch strafgerichtlich angeordnete Wiederherstellung des rechtmäßigen Zustandes auf Kosten des Verurteilten, die Zwangsverwaltung des Unternehmens, aus dem heraus Umweltstraftaten begangen worden sind, und schließlich sogar dessen Stillegung gehören.

Selbstverständlich kann das niederländische Modell nicht unbesehen in die Bundesrepublik mit ihrer teilweise ganz anders strukturierten Rechtsordnung übernommen werden. Aber eine sorgfältige Prüfung, welche Elemente des niederländischen Rechts in das deutsche – mutatis mutandis – eingebaut werden könnten, wäre schon angebracht. Eine damit einhergehende Rücknahme des Strafrechts (jedenfalls im Bereich des Umweltschutzes) auf das unumgänglich notwendige Maß wäre (auch aus der Sicht eines deutschen Staatsanwalts) kein »Beinbruch«. Die Alternative zu der Ersetzung des Prinzips der Verwaltungsakzessorietät durch das skizzierte Kooperationsmodell wäre nach meiner Überzeugung allein die präzise und umfassende Festschreibung aller Einleitungs- und Grenzwerte durch den Gesetzgeber höchstpersönlich. Vielleicht wäre diese Lösung für einen freiheitlich-demokratisch verfaßten Rechtsstaat sogar die einzig angemessene. Allein, der

Glaube daran, daß der Gesetzgeber die Kraft findet, sich eines Tages dieser Mühsal – unter Vernachlässigung des politischen Tagesgeschäfts – zu unterziehen, fehlt mir, wie ich gestehen muß.

Ich fasse zusammen:

1. Es ist für das Rechtsgefühl schwer erträglich, daß in der Bundesrepublik Deutschland Umweltverschmutzungen und -zerstörungen schlimmsten Ausmaßes straflos geschehen können, während gleichzeitig

a) gegen kleine Umweltsünder Strafverfahren eingeleitet werden, um in einem mehr symbolischen Akt dem Gesetzeszweck genüge zu tun, »den sozialschädlichen Charakter von Straftaten gegen die Umwelt verstärkt in das Bewußtsein zu bringen«, und

b) auf der anderen Seite der öffentliche Protest von Bürgern gegen professionelle Angriffe gegen die Umwelt, selbst wenn er sich im Rahmen nur »passiver Gewalt« hält, unnachsichtig verfolgt wird.

2. Ein nennenswerter Beitrag des Strafrechts zum Schutze der Umwelt ist auch künftig nicht zu erwarten, wenn und solange der Gesetzgeber sich weigert, sämtliche Einleitungs- und Grenzwerte durch Gesetz umfassend und präzise festzuschreiben, mindestens jedoch

a) die Strafbarkeit von Umweltdelikten aus den Fesseln von Genehmigungs-Vorentscheidungen der Verwaltung mit ihren teilweise weiten Ermessensspielräumen (»Verwaltungsakzessorietät«) zu befreien und gleichzeitig

b) den der Staatsanwaltschaft auferlegten Verfolgungszwang bereichsspezifisch zu lockern, um ihr durch kritisch-distanzierte Zusammenarbeit mit den Umweltverwaltungsbehörden Gelegenheit zu geben, auf Umweltverschmutzungen jeglicher Art und Schwere mit wirkungsvollen, aber auch angemessen differenzierenden Mitteln reagieren zu können.

Anmerkungen

1 Nachweise u.a. bei Eser, in: Schönke-Schröder, *Strafgesetzbuch*, [23]1988, Vorbem. 6ff. vor §§ 234ff., und Dreher-Tröndle, *Strafgesetzbuch*, [44]1988, § 240 Rdn. 6. Siehe in diesem Zusammenhang auch das in dem Beitrag von Dorothee Sölle abgedruckte Urteil des Amtsgerichts Pirmasens vom 18. 8. 1989 gegen die Verfasserin.

2 BGHSt 35, 270, Beschluß vom 5. 5. 1988 (1 StR 5/88) auf Vorlage des

OLG Stuttgart, dessen Rechtsauffassung sich der BGH dann auch, entgegen den Oberlandesgerichten Köln, Zweibrücken und Oldenburg sowie zwei Strafsenaten des OLG Düsseldorf, angeschlossen hat.

3 Rudolphi, in: *Festschrift für Dünnebier*, S. 570.

4 Dreher-Tröndle, § 324 Rdn. 7.

5 *BT Drucks.* 8/2382, S. 9ff., 8/3633, S. 19.

6 Ebenso Rüther, *Was schützt und wem nützt das Umweltstrafrecht?* Referat auf dem 12. Strafverteidigertag 1988 in Heidelberg, veröffentlicht in der Schriftenreihe der Strafverteidiger-Vereinigungen (S. 147); zweifelnd: Hamm, in: *Die Zeit*, Ausgabe vom 27. 10. 1989, S. 64, der aber mit seiner Quintessenz, das Strafrecht komme »immer zu spät«, die generalpräventive Wirkung des Strafrechts gerade in diesem Bereich und seine ultima-ratio-Funktion unterschätzen dürfte.

7 *Polizeiliche Kriminalstatistik 1988*, herausgegeben vom Bundeskriminalamt, S. 217.

8 Häufigkeitszahl ist die Zahl der bekanntgewordenen Fälle, errechnet auf 100000 Einwohner.

9 *Polizeiliche Kriminalstatistik 1988*, S. 166.

10 Die nachfolgenden Zahlen sind der Arbeitsunterlage »Strafverfolgung 1987« des Statistischen Bundesamts Wiesbaden entnommen (neueres statistisches Material war bis zum Abschluß des Manuskripts noch nicht erschienen).

11 Abgeurteilte Angeklagte insgesamt: 890666, davon verurteilt: 691394 (= 77,6 v. H.).

12 Auch diese Zahlen sind für die Aburteilungsergebnisse bei den Straftaten insgesamt repräsentativ: Nach allgemeinem Strafrecht Verurteilte: 498122, davon zu Freiheitsstrafe: 93248 (= 18,7 v. H.), darunter 29174 (= 5,8 v. H.) ohne Strafaussetzung zur Bewährung.

13 »Wasser ist eine der wichtigsten Grundlagen allen menschlichen, tierischen und pflanzlichen Lebens«, so die wohlklingende einleitende Bemerkung in der Kommentierung von § 324 StGB im Leipziger (Groß-) Kommentar (Steindorf).

14 Nachweise bei Rüther, a.a.O., S. 137.

15 Die Mitteilungspflicht beruht auf Nr. 52 der (bundeseinheitlichen) Anordnung der Justizminister und -senatoren über Mitteilungen in Strafsachen (MiStra), wonach allerdings, was bei den folgenden Zahlenbeispielen zu berücksichtigen ist, dem Bundeskriminalamt nur Fälle »von besonderer oder überörtlicher Bedeutung« zu melden sind.

16 Zwar stützen sich 75 dieser Verfahrenseinstellungen auf § 170 Abs. 2 StPO, vermutlich jedoch nur zum Teil auf den Gesichtspunkt, daß ein Täter nicht ermittelt werden konnte, zu einem erheblichen Teil wohl darauf, daß angezeigte Umweltverschmutzungen sich bei weiteren Nachforschungen als von den Verwaltungsbehörden genehmigt oder zumindest geduldet erwiesen haben (vgl. Rüther, a.a.O., S. 138).

17 So nach Presseberichten der Präsident des Berliner Umweltamtes bei der Vorlage des Jahresberichts seiner Behörde für 1986.

18 Allgemein anerkannte Strafmilderungsgründe, vgl. § 46 Abs. 2 StGB.

19 Ebenso: Rüther, a.a.O., S. 140f.

20 *Umweltschutzdelikte 1976 – Eine Auswertung der polizeilichen Kriminalstatistik* (Umweltbundesamt, Materialien 1/78), 1978, bearbeitet von Storm, S. 19, 22.

21 Leipziger Kommentar, § 324 Rdn. 106.

22 Daß es freilich überhaupt zu einem Verwaltungsgerichtsverfahren kommt, ist eher unwahrscheinlich: Wer sollte denn ein Interesse daran haben? Die Klage jedenfalls jenes staatsbürgerlich verantwortungsbewußten Idealisten, der an einer konkreten Umweltverschmutzung Anstoß nimmt und nicht bereit ist, sie hinzunehmen, wäre schlicht unzulässig (§ 42 Abs. 2 VwGO).

23 Backes, *Der Beitrag des Strafrechts zur Bekämpfung der Meeresverschmutzung*, in: *Meeresverschmutzung und Meeresschutz*, Campus Forschung Bd. 243 (Kolloquien des Bremer Wissenschaftsforums).

24 ders., *Strafgesetze gegen die Umwelt*, Referat auf dem 12. Strafverteidigertag (s. Anm. 6), S. 162. Nicht daß für diese Zurückhaltung der Behörden kein Verständnis aufzubringen wäre! Im nationalen wie im internationalen Wettstreit um das jeweils höchste Bruttosozialprodukt, die beste Beschäftigungssituation und das größte Steueraufkommen versucht selbstverständlich jedes Land, »die Nase vorn« zu haben; nirgends ist das spürbarer als in einem Stadtstaat wie Bremen, in dem die Drohung, den Firmensitz vor die Tore der Stadt zu legen, besonders gern und häufig eingesetzt wird.

25 Der Bund hatte anläßlich der Harmonisierung des Umweltstrafrechts 1980 die Einführung einer strafbewehrten Anzeigepflicht erwogen, schließlich aber abgelehnt.

26 Krusche, in: *JR*, 1989, S. 489: »Dem vor allem bei industriellen Großunternehmen vorhandenen ›Organisationsschutzwall‹ kann mit den derzeitigen gesetzlichen Regelungen ... nur unzureichend zu Leibe gerückt werden.«

27 Backes, *Strafgesetze gegen die Umwelt*, a.a.O., S. 164.

28 Ebenso etwa: Keller, *Strafrecht im Fließenden*, in: *Umweltschutz zwischen Staat und Markt, Moderne Konzeptionen im Umweltschutz*, herausg. von Donner u. a., S. 392.

29 Vgl. Keller, a.a.O., S. 393 und Krusche, a.a.O., S. 490.

30 Verfolgungszwang, vgl. § 152 Abs. 2 StPO: Die Staatsanwaltschaft »ist, soweit nicht gesetzlich ein anderes bestimmt ist, verpflichtet, wegen aller verfolgbaren Straftaten einzuschreiten ...«

31 Vgl. Heine/Waling, in: *JR*, 1989, 402, 407.

32 Einstellung entsprechend § 153 StPO.

33 Entsprechend § 153 a StPO. Die Elemente dieser Verfahrensweise sind

dem deutschen Recht keineswegs fremd: Vor einer Einstellung nach §§ 153, 153 a StPO hat der Staatsanwalt mit der Behörde, die Strafanzeige erstattet hat oder »sonst am Ausgang des Verfahrens interessiert« ist, Kontakt aufzunehmen (Nr. 93 RiStBV). Und nach den erwähnten Verwaltungsanordnungen der Länder müssen regelmäßige Besprechungen zwischen den Staatsanwaltschaften und den Umweltverwaltungsbehörden stattfinden.

34 Zit. nach Heine/Waling, a.a.O., S. 408.

Ulrich Baltzer

Faires Verfahren und Alltag der Strafjustiz

Man hat die Strafprozeßordnung die »magna charta« des Rechtsstaats genannt[1], und ich denke, nicht zu Unrecht. Das Strafverfahrensrecht spiegelt wie kein anderes Rechtsgebiet die politische Situation eines Staatswesens und die in ihm herrschenden Ordnungsvorstellungen wider, denn die Strafe – insbesondere die Freiheitsstrafe – stellt von allen Eingriffen in den Freiheitsraum des Bürgers die einschneidendste Maßnahme dar, wenn sie andererseits auch dem Sicherheitsinteresse der Allgemeinheit dient[2], oder doch zumindest dienen soll. Dabei kann es – und muß es auch mitunter – zwischen der Pflicht des Staates zur Gewährleistung einer funktionstüchtigen Strafrechtspflege und dem Interesse des Beschuldigten an der Wahrung seiner verfassungsmäßig verbürgten Rechte, zu deren Schutz das Grundgesetz den Staat ebenfalls verpflichtet, zu einem Spannungsverhältnis kommen.[3] Roxin hat das Strafverfahrensrecht daher auch als »Seismograph der Staatsverfassung« bezeichnet.[4]

Wie das Bundesverfassungsgericht in einer Vielzahl von Entscheidungen immer wieder hervorgehoben hat, gehören das Recht des Beschuldigten auf Verteidigung und das Recht auf ein faires Verfahren zu den wesentlichen Grundsätzen eines rechtsstaatlichen Strafverfahrens. Der Beschuldigte darf nicht nur Objekt des Verfahrens sein, ihm muß vielmehr die Möglichkeit gegeben werden, zur Wahrung seiner Rechte auf den Gang und das Ergebnis des Verfahrens Einfluß zu nehmen.[5] Roxin hat den Anspruch auf ein faires Verfahren als »obersten Grundsatz des gesamten Strafprozeßrechts« bezeichnet.[6] Die geschriebenen Verfassungsnormen, aus denen sich dieser Grundsatz herleitet, sind dabei der Schutz der Menschenwürde (Art. 1 GG), das persönliche Freiheitsrecht (Art. 2 GG) und das Rechtsstaatsprinzip (Art. 20 Abs. 3 GG).

Nun kann es aber keinem Zweifel unterliegen, daß geschriebene Verfassungsnorm und Verfassungswirklichkeit gelegentlich auseinanderklaffen. Dies gilt in gleicher Weise für das Gebot des fairen Verfahrens und den Alltag der Strafjustiz, auch hier gehen hehre Grundsätze gelegentlich verloren. Dabei hat das Gebot des fairen

Verfahrens nicht nur etwas mit verfassungskonformer Gesetzesauslegung zu tun, sondern auch mit dem rechts- bzw. kriminalpolitischen Vorverständnis der Richter und übrigen Verfahrensbeteiligten. Letztlich aber ist entscheidend, ob es den in der Strafjustiz Tätigen gelingt, Menschlichkeit nicht hinter Paragraphen verschwinden zu lassen. Ich bin in meiner jetzt fast zehnjährigen Praxis als Richter in einer Schwurgerichtskammer und als Richter in einer großen Strafvollstreckungskammer zu der Überzeugung gelangt, daß dies möglich ist; weiß aber andererseits auch, daß diese Überzeugung nicht von allen Kollegen geteilt wird, ganz zu schweigen von den Erfahrungen mit der jüngeren deutschen Geschichte und den »furchtbaren Juristen«[7] des »Dritten Reiches«. Deshalb vermag ich auch nur schwer nachzuvollziehen, daß die von der Bundesregierung eingesetzte Gewaltkommission, die inzwischen die Ergebnisse ihrer Arbeit der Öffentlichkeit vorgestellt hat, in der Präambel zu ihrem Gutachten mit keinem Wort erwähnt, daß die entsetzlichsten und zahlreichsten Gewaltverbrechen in der deutschen Geschichte vom Staat und seinen Organen begangen worden sind. Wenn vom Umgang des Staates mit der Gewalt die Rede ist, dann sollte auch das Versagen der deutschen Justiz in den Jahren 1933-1945 und das Versagen der bundesrepublikanischen Justiz bei der Auseinandersetzung mit den Verbrechen der Justiz des Dritten Reiches nicht unerwähnt bleiben. Auch wenn der Auftrag der Bundesregierung nicht in diese Richtung gegangen sein sollte, hätte eine Analyse der Entstehungsbedingungen von Gewalt, die Wissenschaftlichkeit und Vorurteilsfreiheit für sich in Anspruch nimmt, diese Fragen mitreflektieren müssen.

Aus den insgesamt 158 Vorschlägen der Gewaltkommission möchte ich zwei herausgreifen, die sich mit der Strafjustiz befassen, und diese einer kritischen Betrachtung unterziehen. In ihrer 15. These, die zum Vorschlag Nr. 114 führt, stellt die Gewaltkommission fest, die Diskussion über das moderne Rollenverständnis des Verteidigers habe zu Unsicherheit nicht nur über die positive Entfaltung der Helferrolle, sondern auch über die Grenzen für die Interessenvertretung im Strafprozeß geführt, diese Diskussion bedürfe der Fortführung mindestens insoweit, als sie dysfunktionales Verteidigerverhalten betreffe; Aufmerksamkeit verdiene auch die im Verfahren wegen politisch motivierter Gewalt auftretende Gefahr, daß der Beschuldigte weniger in seinen Rechten geschützt als im Interesse verfahrensfremder Zwecke funktionalisiert werde.[8]

Die Begriffe »modernes Rollenverständnis des Verteidigers« und »dysfunktionales Verteidigerverhalten« werden im Gutachten zwar nicht näher erläutert, jedoch lassen sie besorgen, daß ein Verteidigerverhalten gewünscht oder gar gefordert wird, das im wesentlichen darauf ausgerichtet ist, das Funktionieren der Strafjustiz nicht zu behindern.

Wenn der Verteidiger – unbeschadet der Neuordnung des anwaltlichen Standesrechts – auch überwiegend als selbständiges Organ der Rechtspflege gesehen wird, so hat er doch ausschließlich dem wohlverstandenen Interesse des Beschuldigten zu dienen. Dahs hat diese strenge Einseitigkeit als ein wesentliches Element zur Wahrheitserforschung angesehen, nur sie verbürge die vollständige Erfassung aller für die Entscheidung wesentlichen Entlastungstatsachen; gerade durch die Verteilung der Prozeßfunktionen auf Anklage, Verteidigung und Gericht werde der Prozeß der Wahrheitsfindung dialektisch ausgestaltet und sichere so am besten das Ziel einer gerechten Entscheidung.[9] Der Strafrichter, der seine Aufgabe ernst nimmt, muß sich daher den kämpferischen, den einseitigen Verteidiger wünschen, weil dieser ihn zwingt, seine eigene Position immer neu zu überdenken. Gerade der Zwang zur Auseinandersetzung mit dem Verteidiger kann dazu beitragen, Fehlurteile zu vermeiden. Gerhard Mauz hat in seinem Bericht über den Prozeß gegen einen jungen Mann vor der Schwurgerichtskammer des Landgerichts Fulda, in dem dieser des dreifachen Mordes angeklagt war, dann jedoch freigesprochen wurde, weil das Gericht nicht die sichere Überzeugung von seiner Täterschaft gewinnen konnte, angemerkt, die Furcht vor einem Fehlurteil sei eine gesunde Furcht, sie habe den Strafrichtern »in den Knochen zu sitzen«, man müsse ihnen Mut zu dieser Furcht machen.[10]

Mit dem Ziel, eine Beschleunigung der Strafverfahren zu erreichen, schlägt die Gewaltkommission vor (Vorschlag Nr. 132), § 246 StPO, wonach eine Beweiserhebung nicht deshalb abgelehnt werden darf, weil das Beweismittel oder die zu beweisende Tatsache zu spät vorgebracht worden sei, dahin abzuändern, daß »verspätete« Beweisanträge wie bloße Beweisanregungen zu behandeln seien, wenn nicht ein triftiger Grund für die »Verspätung« glaubhaft gemacht werde. Dieser Vorschlag greift an den Kernbereich des Strafprozeßrechts. Max Alsberg schrieb im Vorwort zu seiner Monographie über den Beweisantrag im Strafprozeß im Jahre 1930: »Auf keinem Rechtsgebiet ragt ein einzelnes Problem so hervor, wie auf dem Gebiet des Strafprozesses das Beweisproblem, es ist schlechthin das Zentralthema des Strafprozesses und als ein prozessuales Problem zugleich ein einzigartiges.[11]

Es hat immer wieder Vorschläge gegeben, das Beweisantragsrecht einzuschränken, meist mit der Begründung, eine Beschleunigung der Verfahren und damit eine höhere Effizienz der Rechtsprechung erreichen zu wollen. So meinte Otto Schwarz, erster Herausgeber des heute noch meistbenutzten Standardkommentars zum Strafgesetzbuch, 1935 im *Nationalsozialistischen Handbuch für Recht und Gesetzgebung*, die vornationalsozialistische Prozeßordnung sei im Interesse des Angeklagten zu dessen Schutz, aber sehr zum Schaden der Wahrheit, viel zu weit gegangen; es sei schließlich gleichgültig, ob es dem Angeklagten bei dem Verfahren zur Wahrheitsermittlung gut- oder schlechtgehe, es komme allein zum Zwecke der Aburteilung einer Straftat darauf an, möglichst gründlich, möglichst schnell und mit geringstem Kostenaufwand den wahren Sachverhalt aufzudecken.[12]

Aber auch in jüngerer Zeit haben sich immer wieder Stimmen erhoben, die das Recht, Beweisanträge zu stellen, als zu weitgehend, und die gesetzlichen Möglichkeiten, Beweisanträge zurückzuweisen, als zu eingeschränkt bezeichnen. Klagen über die Machtlosigkeit der Gerichte gegenüber uferlosen Beweisanträgen sind allenthalben zu hören, auch von seiten der Richter. Dabei wird jedoch übersehen, daß die Fälle offenkundigen Mißbrauchs des Beweisantragsrechts im Justizalltag außerordentlich selten sind, und daß Beweisanträge oft die einzige – und auch legitime – Möglichkeit des Angeklagten und seines Verteidigers sind, noch Einfluß auf das Ergebnis der Beweisaufnahme und damit auch auf die Entscheidung des Gerichts – sei es im Hinblick auf den Schuldspruch, sei es im Hinblick auf den Rechtsfolgenausspruch – zu nehmen. Eine Präklusion von Beweisvorbringungen, auch wenn sie nur in der von der Gewaltkommission vorgeschlagenen Weise gesetzlich ermöglicht würde, widerspräche dem Grundsatz der Erforschung der materiellen Wahrheit.

Beweisanträge, die allein zum Zweck der Prozeßverschleppung gestellt worden sind, können auch nach der gegenwärtigen Gesetzeslage zurückgewiesen werden. Daß der Bundesgerichtshof an die Feststellung der Prozeßverschleppung in objektiver und subjektiver Hinsicht strenge Anforderungen stellt, ist nach den hier angestellten Überlegungen nur konsequent. Man wird durchaus die eine oder andere Vorschrift der Strafprozeßordnung – wie das auch in der Vergangenheit geschehen ist – de lege ferenda ändern können, im Kernbereich der Strafprozeßordnung, und hier insbesondere im Beweisantragsrecht, darf es aus rechtsstaatlichen Gründen keine Einschränkungen geben. Jede Reformgesetzgebung hat die geschichtlichen Erfahrungen mitzubedenken, insbesondere die Erfahrungen jener Jahre, in denen der Anspruch des Beschuldigten auf ein rechtsstaatliches Verfahren als individualistisch und daher gemeinschaftswidrig angesehen wurde.[13]

Der Anspruch auf ein faires Verfahren wird jedoch nicht allein durch gesetzliche Bestimmungen gesichert, er muß im Justizalltag immer wieder neu durchgesetzt werden. Hier zeigt die gerichtliche Praxis, daß diesem Anspruch von den einzelnen Richtern oder auch Spruchkörpern ein ganz unterschiedlicher Stellenwert beigemessen wird. Für die Angeklagten wird dies mitunter dann besonders deutlich, wenn sie sich nacheinander vor verschiedenen Gerichten verantworten müssen – etwa weil das erste Urteil in der Rechtsmittelinstanz aufgehoben worden ist. Dann kann der Umgang der Justiz mit dem Angeklagten von diesem als wahres Wechselbad empfunden werden, und dies hat nicht unbedingt etwas mit der vielfach unterschiedlichen Strafzumessungspraxis der einzelnen Gerichte zu tun. Im übrigen wirkt sich eine faire Verhandlungsführung auch auf das Prozeßverhalten der anderen Verfahrensbeteiligten und damit auf das gesamte Prozeßklima aus, der Umgang miteinander ist einfach ein anderer, ohne daß dabei die notwendige Distanz verlorengehen muß.

Die Fairneß gebietet es aber auch, das Persönlichkeitsrecht des Zeugen zu schützen, wenn Fragen gestellt werden, die seinen persönlichen Lebensbereich, insbesondere seinen Intimbereich, betreffen. Die Abwägung zwischen der Pflicht zur Erforschung der Wahrheit und dem Recht des Angeklagten, sich mit allen prozessual zulässigen Mitteln zu verteidigen, einerseits und dem Anspruch des Zeugen auf Wahrung seiner persönlichen Integrität andererseits kann dabei außerordentlich schwierig sein, insbesondere bei der Vernehmung von Opfern sexueller Gewalttaten. Hier hat es in der Vergangenheit – aber leider auch in der Gegenwart – vor Gericht Szenen gegeben, die Frauen daran haben zweifeln lassen, ob es tatsächlich richtig war, die Vergewaltigung zur Anzeige zu bringen. Das Gericht darf es nicht zulassen, daß der Demütigung durch die Tat eine neue Demütigung durch den Prozeß folgt.

Notwendig erscheint auch eine Anmerkung zu dem gerade in letzter Zeit viel diskutierten sogenannten »Deal« im Strafprozeß, ohne daß diese neue Form der Prozeßerledigung oder -beschleunigung hier einer abschließenden Würdigung unterzogen werden soll. Absprachen zwischen den Verfahrensbeteiligten im Hinblick auf die Geständnisbereitschaft des Angeklagten einerseits und die Beschränkung des Anklagevorwurfs bzw. die Zusicherung einer bestimmten Rechtsfolgenentscheidung andererseits sind überhaupt nur dann diskutabel, wenn sie in öffentlicher Verhandlung zwischen allen am Verfahren Beteiligten erfolgen. Sogenannte vertrauliche Gespräche auf den Gerichtsfluren oder in den Dienstzimmern der Richter sind nicht nur der Würde des Gerichts unangemessen und aus rechtsstaatlichen Gründen zweifelhaft, sondern bergen auch die Gefahr in sich, daß der Angeklagte, der von solchen Gesprächen in aller Regel ausgeschlossen ist, wiederum zum bloßen Objekt des Verfahrens gemacht und ihm die Möglichkeit genommen wird, auf den Gang und das Ergebnis des Verfahrens Einfluß zu nehmen.

Kritik ist auch aus einem weiteren Grunde, der in der bisherigen Diskussion kaum Erwähnung gefunden hat, angebracht. So finden derartige Absprachen in aller Regel ohne Mitwirkung der Schöffen statt, weil sie meist schon vor Beginn der Hauptverhandlung getroffen werden. Die in gleicher Weise zur Entscheidung mitberufenen Laienrichter werden damit vom Entscheidungsprozeß – zumindest im Umfang der Absprache – ausgeschlossen. Es soll dabei nicht übersehen werden, daß es in der Tat schwer justitiable Verfahren gibt; die Schwierigkeiten, die die Justiz mit der Bewältigung derartiger Großverfahren hat, dürfen aber nicht dazu führen, rechtsstaatliche Verfahrensgrundsätze über Bord zu werfen.

Wenn vom Anspruch auf ein faires Verfahren gesprochen wird, sind damit in der Regel das Ermittlungsverfahren und insbesondere die Hauptverhandlung gemeint, seltener ist dabei vom Strafvollzug und von den Entscheidungen der Strafvollstreckungskammer im Vollstreckungsverfahren die Rede, sehr zu Unrecht, wie ich meine. Mit der Rechtskraft des Urteils läßt in der Regel nicht nur das Interesse der Öffentlichkeit an Tat und Täter wie auch am Opfer nach, sondern häufig auch das Bemühen des Verteidigers um das weitere Schicksal des Verurteilten, dieser ist wieder auf sich selbst gestellt. Die im Vollzug tätigen Sozialarbeiter sind Justizvollzugsbedienstete und haben nur begrenzte Möglichkeiten, die Interessen der Verurteilten zu vertreten. Das 1977 in Kraft getretene Justizvollzugsgesetz hat zwar die Ziele und die Ausgestaltung des Vollzuges gesetzlich geregelt, garantiert aber noch nicht, daß die Rechte der Verurteilten auch tatsächlich gewahrt werden; auch Strafvollzugsalltag und faires Verfahren klaffen gelegentlich auseinander. Wenn der in § 2 des Strafvollzugsgesetzes normierte Resozialisierungsgedanke nicht nur Programmsatz sein soll, sondern auch Verpflichtung für die im Vollzug Tätigen, muß auch der Umgang mit den Verurteilten davon geprägt sein.

Für die Resozialisierung des Straftäters – in der Mehrzahl der Fälle wäre es wahrscheinlich zutreffender, von Sozialisierung zu sprechen, weil eine solche bisher überhaupt nicht stattgefunden hat – ist der Vollzugsplan der Justizvollzugsanstalt von außerordentlicher Bedeutung, weil er ihm eine Perspektive eröffnet, in welchen Schritten und Zeiträumen der Weg vom geschlossenen Vollzug über Vollzugslockerungen zum offenen Vollzug und schließlich zur vorzeitigen bedingten Entlassung führt, oder doch zumindest führen kann.

Die Frage, ob dem Verurteilten im Vollstreckungsverfahren, d. h. im Verfahren zur Entscheidung über die vorzeitige bedingte Entlassung bei zeitiger wie auch bei lebenslanger Freiheitsstrafe (§§ 57, 57 a StGB), insbesondere dann, wenn die Sach- und Rechtslage schwierig ist, ein Verteidiger beigeordnet werden sollte, ist noch in der Diskussion. Ich denke, daß gute Gründe dafür sprechen, eine dem § 140 StPO vergleichbare Regelung auch für das Vollstreckungsverfahren in das Gesetz aufzunehmen. Zumindest halte ich es für ein Gebot der Fairneß, dem Verurteilten, sofern dieser seine Interessen offenkundig nicht selbst wahrnehmen kann, einen Verteidiger beizuordnen, vor allem in den Fällen, in denen die Entscheidung über die vorzeitige bedingte Entlassung von der sogenannten Gefährlichkeitsprognose – bei Gewalttätern – abhängt und deshalb eine (erneute) psychiatrisch-psychologische Begutachtung zu erfolgen hat.

Es ist für mich persönlich immer eine wichtige Erfahrung gewesen, neben der Tätigkeit im erkennenden Gericht – also in der Strafkammer – mit den Straffälligen auch dann noch zu tun zu haben, wenn sie die gegen sie verhängte Freiheitsstrafe verbüßt oder doch zumindest überwiegend verbüßt haben. Ich denke, daß eine solche Verbindung strafrichterlicher Tätigkeit in besonderem

Maße dazu zwingt, sich mit Sinn und Zweck – und vor allem mit der Rechtfertigung – staatlichen Strafens auseinanderzusetzen. Wir müssen als Strafrichter Freiheitsstrafen verhängen, zumindest so lange, wie sie im Interesse des Rechtsgüterschutzes unverzichtbar erscheinen und wirkliche Alternativen nicht in Sicht sind, auch wenn wir es manchmal mit schlechtem Gewissen tun.

Inwieweit der Strafvollzug tatsächlich einen Beitrag zur Resozialisierung des Straftäters leisten kann, hängt letztlich auch von der gesellschaftlichen Akzeptanz derartiger Bemühungen ab. Die oft reißerische Berichterstattung über neue Gewalttaten bereits verurteilter Straftäter, verbunden mit der Feststellung, daß diese Taten während eines Hafturlaubs oder während einer laufenden Bewährung begangen wurden, bestärkt die Vorurteile eines Großteils der Bevölkerung gegenüber dem sogenannten Behandlungsvollzug und läßt den Ruf nach härteren Strafen sowie einem reinen Verwahrvollzug laut werden. Dabei wird nur allzuleicht übersehen oder bewußt verschwiegen, daß es sich hierbei um Einzelfälle handelt, die aus dem Gesamtbild der positiven Auswirkungen des Behandlungsvollzuges herausfallen.

Im Hinblick auf das Generalthema möchte ich abschließend bemerken, daß der Ruf nach neuen, schärferen Gesetzen aus meiner Sicht kaum weiterhelfen dürfte, sondern daß ein Nach- und Umdenken im Hinblick auf die tatsächlichen Entstehungsbedingungen von Gewalt notwendig ist, und daß auch nach Alternativen im Umgang mit Gewalt – mit dem Ziel ihrer Überwindung – gesucht werden muß.

Anmerkungen

1 Hans Dahs, *Handbuch des Strafverteidigers,* [3]1971, S. 8.
2 Gerd Pfeiffer in *Karlsruher Kommentar zur StPO,* [2]1987, Einleitung Rdz. 14.
3 Ebda.
4 Claus Roxin, *Strafverfahrensrecht,* [15]1979, S. 8.
5 BVerfGE 9, 89; 26, 66; 38, 105; 57, 250; 66, 318; *NJW* 84, 113.
6 Claus Roxin, a.a.O., S. 56.
7 Ingo Müller, *Furchtbare Juristen – Die unbewältigte Vergangenheit unserer Justiz,* 1987.

8 H.-D. Schwind, J. Baumann u.a. (Hrsg.), *Ursachen, Prävention und Kontrolle von Gewalt,* Bd. I, Endgutachten und Zwischengutachten der Arbeitsgruppen, Berlin 1990.

9 Hans Dahs, a.a.O., S. 8.

10 Gerhard Mauz in *Der Spiegel,* Nr. 1, 1988, S. 75.

11 Max Alsberg/Karl-Heinz Nüse, Karlheinz Meyer, *Der Beweisantrag im Strafprozeß,* ^{5}1983.

12 Otto Schwarz, *Der nationalsozialistische Strafprozeß,* zitiert nach Wolfgang Sellert, *Nationalsozialistische Ideologie und der Versuch zu einer Reform des Strafprozeßrechts im Dritten Reich in Justiz und Nationalsozialismus,* herausgegeben von der Niedersächsischen Landeszentrale für politische Bildung, 1985, S. 65.

13 Wolfgang Sellert, a.a.O., S. 72.

Rolf Lüdemann

Therapie als Gewaltverhältnis

Resozialisierung und Behandlung im Justizvollzug der BRD

»Ich hoffe immer noch, daß die Staatsmacht endlich aufhört, sich wie das häßliche Mädchen zu verhalten, das den Spiegel zerschlägt in der Meinung, er sei schuld an seinem Aussehen. Darum bin ich überzeugt, daß ich nicht noch einmal erneut ohne Grund verurteilt werde.«

I

Dieser Satz ist von Václav Havel. Es ist der letzte Satz seiner Schlußrede am 21. Februar 1989 vor einem Prager Gericht. Ich weiß, daß es angesichts der dramatischen Entwicklung in den Ländern des Ostblocks geradezu ungehörig erscheinen mag, dieses Bild von »dem häßlichen Mädchen Staatsmacht« auf den Strafvollzug in der Bundesrepublik Deutschland zu übertragen. Ich kann das förmlich hören: »Václav Havel, sicherlich stand er vor Gericht, aber vor was für einem – und überhaupt, jetzt ist er Präsident, das kann man doch wohl nicht mit der Problematik ›normaler‹ Insassen unserer Gefängnisse vergleichen.« Will ich aber. Ich habe immer wieder an sein Essay *Versuch, in Wahrheit zu leben* denken müssen, ich wollte diesen Einstieg. Das, was Havel über das »posttotalitäre System« im Unterschied zur klassischen Diktatur beschreibt, ist so klar und so klar auf unseren Justizvollzug übertragbar, daß diese Zeilen eigentlich überflüssig wären, wenn, ja wenn man an jede Stelle seines Essays, wo der Begriff »posttotalitäres System« auftaucht, den Begriff »Behandlungsvollzug« einsetzen würde.

Während ich an diesem Papier gearbeitet habe, wurde in den Ländern des Ostblocks für eine bessere Gesellschaft, für eine freiheitlichere Gesellschaft demonstriert. Während dieser Zeit habe ich im Fernsehen immer wieder Politiker erlebt, westliche Politiker, die sich genußvoll vor laufender Kamera in Positur setzten, die mit geradezu unglaublicher Selbstgerechtigkeit das Freiheitsbegehren der Menschen in den Ländern des Ostblocks unterstrichen und fast nie, zumindest habe ich es nicht mitbekommen, sich dabei gefragt haben, was eigentlich in unserer Gesellschaft nicht stimmt. Ich habe zum Teil angewidert das Fernsehen abgeschaltet, weil ich die Kommentare der Politiker nicht mehr hören konnte, wonach man von einer Gesellschaft, der die Jugend davonläuft, nichts mehr erwarten kann. Ohne auch nur einen einzigen Blick dafür zu haben, daß in unserer Gesellschaft jedes Jahr bedeutend mehr sich auf eine so viel einsamere Flucht in die Drogen, in Gewalt und Apathie begeben.

Ich kann absolut nicht begreifen, wie man auf der einen Seite die »unabhängigen Initiativen« der Dissidenten in Polen, Prag, Ungarn und in der DDR bewundern kann, ohne sich die ungleich größere Zahl von tapferen Selbsthilfegruppen in jedem Stadtteil unserer BRD vor Augen zu führen, wo an den Rand gedrängte Menschen sich in zwangsläufig unabhängigen Initiativen treffen, wo sie in großer Friedfertigkeit mit dem ihnen aufgezwungenen Status der Rand- und Dissidentengruppe versuchen, sich gegenseitig zu helfen. Da wird der friedliche Charakter der Demonstrationen in der DDR mit großer Achtung und Respekt gerühmt, ohne sich auch nur ein einziges Mal zu fragen, warum solche friedlichen Demonstrationen, solche gewaltfreien Aktionen bei uns in der BRD längst nicht mehr möglich sind. Dabei wirkt der Polizeikessel von Hamburg oder auch das Auftreten der Göttinger Polizei bei einer »Kleinstdemo« im Verhältnis dazu geradezu beängstigend.

II

Ich möchte versuchen zu beschreiben, wie »gewaltig« der moderne Justizvollzug in der Bundesrepublik ist. Ich will versuchen zu beschreiben, daß dieser »gewaltige« Versuch des Behandlungsvollzuges einerseits etwas zu tun hat mit der Unfähigkeit eines jeden einzelnen in unserer Gesellschaft, sich mit Gewalt auseinanderzusetzen. Andererseits will ich aber meine Erfahrung nicht verleugnen, daß diese Unfähigkeit zur Auseinandersetzung durch therapeutisch bemäntelte Institutions- und Obrigkeitsorientierung eher noch gefördert wird. Die Empfehlungen der »Gewaltkommission« sprechen da im wahrsten Sinne des Wortes Bände. Ich habe in den zehn Jahren meiner Tätigkeit als Seelsorger in der »modernsten« Jugend(straf)anstalt Europas, in Hameln, viele Insassen ganz gut kennengelernt. Bei den meisten hat sich ihr Gewaltpotential durch »Institutionalisierungen« verschärft, durch die staatlich organisierte Behandlungszufügung, und die fing in aller Regel nicht erst im Gefängnis, sondern bereits im geschlossenen Kinderheim an. Wenn eines herausgearbeitet werden muß, dann die Intensivierung sozialer Kontrolle, bei gleichzeitigem »Kontrollverlust« sozialer Intensität. Es muß etwas dazu gesagt werden, daß Versuche, zum Beispiel den Strafvollzug unter Resozialisierungsgesichtspunkten zu reformieren, auf paradoxe Weise in ihr Gegenteil umkippen, weil sie unter (rechtlichen, organisatorischen und sozialen) Bedingungen stattfinden, die gute Absichten in schlimme Folgen pervertieren. Dieser therapeutisch-wissenschaftlich orientierte Strafvollzug, der von der bürokratisch organisierten Reparatur defekter Persönlichkeiten träumt, ist ein sehr gutes Beispiel für staatlich geförderte Institutions- und Obrigkeitsorientierung.

Ich habe während meiner Zeit im Justizvollzug eigentlich niemanden kennengelernt, der in irgendeiner Weise das Gefängnis noch begründen oder am Leben erhalten wollte. Ich kenne eher nur Leute, sowohl bei Justiz und Polizei, die ratlos sind und denen noch keine Alternative zum Gefängnis eingefallen ist. Die eigentlich Ohnmächtigen sind für mich diejenigen, die die Macht haben, ein jeweiliges Vollzugssystem am Leben zu erhalten oder erhalten zu müssen.

Den Bediensteten bei der Polizei und im Strafvollzug wird in unserem Gesellschaftssystem gegen finanziell relativ schlechte Entlohnung die Aufgabe zugewiesen, sich stellvertretend mit Menschen auseinanderzusetzen, die in aller Regel (Spiel-)regeln verletzen. Diese »Aus-ein-andersetzung« findet im Gefängnis statt. Das Gefängniswesen in der Bundesrepublik ist, ohne es beschönigen zu wollen, nicht vordergründig gewalttätig, aber es ist hintergründig gewaltsam.

Meiner Meinung nach genügt schon ein ganz oberflächlicher Blick, um zu erkennen, daß unser Justizvollzugssystem – jedenfalls im Bereich des Jugendvollzuges – mit einem klassischen Gefängnissystem scheinbar nur noch sehr wenig gemeinsam hat. Die klaren Grenzen zwischen Unterdrückung und Freiheit, zwischen Kontrolle und Autonomie, sind verwischt – was sich zuallererst in der Architektur moderner Anstalten, die eher einem Universitätscampus als einem Gefängnis ähneln, zeigen läßt. Damit werden die Bezugspunkte für institutionalisierte Gewalt schillernd. Gewalt in geschlossenen Institutionen dieses neuen Typs läßt sich nur in einer therapeutisch durchrationalisierten Umwelt ausmachen, wo der Umgang miteinander unter dem sanften Zwang von Therapieplätzen und Resozialisierung steht.

Jetzt, nachdem ich dem Justizvollzug den Rücken gekehrt habe, sehe ich mir meine »Gefängniszeit« manchmal wie mit einem Vergrößerungsglas an. Ich habe viele engagierte Menschen, unter Bediensteten wie Insassen, kennengelernt. Aber es stimmt immer noch: Umgeben von institutionalisierten Angeboten kann sich Identität in diesem Apparat nur »obrigkeitshörig« definieren, als subtile Wahrung eines Freiraumes, der sich gegen den gezielten Zugriff der universellen therapeutischen Vereinnahmung abschottet. Gerade die therapeutischen Bemühungen im sogenannten Behandlungsvollzug haben etwas gespenstisch Gewaltiges an sich. Dieses »gespenstisch Gewaltige« ist nicht vom Himmel gefallen. Es ist ein natürlicher Ausdruck und eine unvermeidliche Konsequenz des gegenwärtigen Gesellschaftssystems in der Bundesrepublik.

III

Für fast jeden Eingeweihten ist klar, daß Gefängnissituationen keine Besserung oder gar Heilung bringen können. Nach der Unzahl wissenschaftlicher Arbeiten über den Justizvollzug (ob nun konservativ oder vermeintlich progressiv) habe ich eigentlich keine Lust mehr, auch nur ein einziges Wort darüber zu verlieren. Um aber diese spezifische Gewalt noch einmal zu beschreiben: Die Aufforderung, sich im Gefängnis auf eine zwanglose Kommunikation einzulassen, läßt die dafür nötigen Voraussetzungen gar nicht erst zu. Werden diese paradoxen Aufforderungen zudem in strukturellen Gewaltbeziehungen, wie sie auch für den therapeutisch reformierten Strafvollzug typisch sind, verwendet, so entwickelt sich eine neue Form der Unterdrückung, die sich über kommunikative und soziale Zwänge vermittelt. Da nämlich im Fall der Verweigerung, sich auf therapeutische Angebote im Vollzug einzulassen, den Insassen nach wie vor Sanktionen drohen, bleibt ihnen keine andere Wahl, als sich auf ihre »Behandlung« einzulassen. Das letzte pädagogische Konzept, welches ich noch mitbekommen habe, sah die Aufteilung der Anstalt in »N«- und »M«-Bereiche vor: »N« steht für »Nichtmitarbeitsbereit« und »M« für »Mitarbeitsbereit«.

Damit verfügt das Justizvollzugssystem über eine logisch strukturierte, psychologisch behandlungsorientierte, elastische Ideologie, den Resozialisierungsgedanken, der in seiner Geschlossenheit durchaus den Charakter einer säkularisierten Religion erreicht. Diese Behandlungsideologie suggeriert, daß die Kriminalitäts- und Gewaltphänomene einer Gesellschaft, wenn nicht final gelöst, so doch zumindest sinnvoll »zwischengelagert« werden können. Dabei sind es eigentlich Gewaltprobleme, die resozialisiert (der Sozialgemeinschaft zurückgegeben) werden müßten.

Die Idee von der Resozialisierbarkeit wird schnell zur Übermacht, die das Denken, Empfinden und Handeln der Mitarbeiter und Gefangenen bestimmt. Was aber, wenn die Gefangenen sich gar nicht resozialisieren lassen wollen? Was, wenn sie den Angeboten der Behandler nicht nur mißtrauen, sondern offensichtlich gegen sie arbeiten, was, wenn die Gefangenen die einzige Möglichkeit ihrer Identitätssicherung im Gefängnis darin sehen, die Behandler zu betrügen? Welche Auswirkungen hat das wiederum auf die Identität der Behandler? Geht es letztlich nicht einzig und allein um das Strafbedürfnis der allgemeinen Bevölkerung, die sich nicht oder immer weniger mit Gewaltproblemen auseinandersetzen will? Ich erlebe das zumindest so. Es wäre eine Untersuchung wert, ob der »Zoff«, den Jugendliche in Fußballstadien abziehen, oder die »Randale der Skins« bei Bürgeraktivitäten nicht ein Schrei nach Auseinandersetzung ist, der eben nicht durch geschultes Polizei- und Streetworkerpersonal zu beantworten ist.

Der Resozialisierungsgedanke kann nicht ersatzlos aus dem Vokabular der Selbstbeschreibung des Vollzugs gestrichen werden. Nimmt man dieses Konzept den Bediensteten weg, so entstehen dadurch »Leerräume«, die gefüllt werden müssen, da sonst Ratlosigkeit und Irritationen entstehen. Denn mit der Übernahme der Resozialisierungsideologie verabschiedet man sich von seinen eigenen Gedanken. Ich wußte insgeheim, daß bei vielen Insassen mit Behandlung und Erziehung vielleicht doch zu wenig zu erreichen war – da war einfach viel früher schon alles versäumt und schon gar nicht behandelt worden, es war ganz einfach zu spät.

Die tiefgreifenden Unterschiede in Hinsicht auf den Charakter der Gewalt zwischen dem modernen Justizvollzug und dem, was viele sich noch heute traditionell unter dem Gefängnis vorstellen, haben mich dazu bewogen, einen völlig neuen Ausdruck zu wählen. Das moderne Gefängnis fungiert heutzutage wie ein atomares »Zwischenlager«. Die »Zwischenlagerung« in einem Behandlungsvollzug suggeriert Ruhe vor einem ungelösten Problem, geradeso wie bei der Atomenergie. Ich will versuchen, die spezielle therapeutische Gewalt an diesem Vergleich zu beschreiben.

IV

Ich kann eine ansteigende Linie von fünf Institutionalisierungen von Gewalt beschreiben:

1. Kriminalpolitische Maßnahmen sollen sich ausschließlich mit »Staatsgewalt« am Ziel der Vermeidung von Kriminalität ausrichten. Es werden gewaltige Forschungs- und Entwicklungsstäbe eingerichtet, Modellprojekte – wie die Anstalt Hameln – entwickelt und implementiert und alle kriminalpolitischen Projekte und Programme einer eingehenden wissenschaftlichen Evaluation unterzogen. Wissenschaftlich angeleitete Politik wird als optimale Lösung der klassischen Probleme des Kriminaljustizsystems forciert.

2. Die Formulierung von expliziten Standards von Erfolg und präzisen Kategorien und Verfahren zu seiner Messung schaffen einen Erfolgsdruck, der die Gefahr beinhaltet, daß die vordergründige Erfüllung abstrakter Erfolgskriterien zum einzigen Maßstab der Arbeit im Vollzug wird. In Hameln war die Orientierung an Wissenschaftlichkeit und Prävention insofern extrem, als die gesamte Anstalt, einschließlich der baulichen Anlage, neu gestaltet wurde. Es handelt sich hier also um ein fast den Standards wissenschaftlichen Experimentierens gehorchendes Arrangement des reformierten Strafvollzugs. Unter dieser »Experimentiergewalt« haben Menschen zu leben.

3. Die ersten »Störfälle« wurden verheimlicht, damit das Konzept nicht scheitert. Es waren in Hameln beispielsweise nachts schwerwiegendste Unterdrückungen vorgekommen und die Gefangenen sollten nun durch den Nachteinschluß wieder voreinander »geschützt« werden. Bis zu diesem Zeitpunkt waren die Hafträume stets offen und lediglich die Gruppentüren verschlossen. Durch eine lautlose Umwidmung des neugebauten Landesjugend-

heimes Göttingen in eine Justizvollzugsanstalt konnte der »Störfall« der zwischenzeitlich eingetretenen Überbelegung scheinbar behoben werden.

4. »Unfälle« führen zur Nachrüstung und die gewaltige Gewaltlosigkeit wird wieder handfest. Es etabliert sich durch die Rückkehr traditionell bürokratischer Umgangsformen eine Art therapeutisch angestrichener Sicherungsvollzug. Natodraht, Videoüberwachung werden erzieherisch begründet und die Schuld für ihre Existenz der Unfähigkeit der Gefangenen zugerechnet, miteinander im »Wohngruppen-Vollzug« zu leben.

5. Ausstiegsphantasien enden bei ambulanten Maßnahmen. Die zunehmend häufiger und intensiver verbreiteten Ambulanzparolen im Justizalltag sind Ausdruck für eine Art Rückzugsgefecht des nach wie vor offiziell geltenden Behandlungsanspruchs, in dem die unter der Oberfläche weiterhin herrschenden Vorstellungen von traditioneller, auf Sicherheit und Ordnung ausgerichteter Staatsgewalt allmählich wieder an Boden gewinnen.

Aus alledem folgt: Die Gegenidentität zum Gefängnis, die sich die Gefangenen im traditionellen Vollzug aufbauen mußten und die ihnen zugleich ein Stück Selbstverwirklichung an der Unterfläche des Gefängnisses ermöglichte, erscheint aus der Sicht des wohlmeinenden Reformers als subkulturelles Produkt, das der gezielten Resozialisierung im Wege steht.

Der Versuch, dieses Hindernis durch eine Veränderung der Rahmenbedingungen des Vollzugs und der Umgangsformen abzubauen, stößt jedoch nicht auf die Zustimmung der Gefangenen, sondern provoziert Gegenreaktionen und Widerstandsformen. In diesem Konflikt tritt dann eine Machtstruktur zutage, die sich auf das Geschäft einer »Eindruckserweckung« und damit Vergewaltigung der Insassen versteht.

Selbst die Seelsorge ist innerhalb »moderner Behandlung« das ebenfalls institutionalisierte schlechte Gewissen der die Unverletzlichkeit der Person systematisch negierenden und auf Disziplinierung abzielenden Veranstaltung Strafvollzug. Seelsorge definiert sich aus einem theologischen Selbstverständnis, sie findet ihren Mittelpunkt, ihren Ansatz im theologischen Denken. Allerdings, dieses Denken ist auf eigentümliche Weise hermetisch. Es steht in Gefahr, die spezielle Gewalt von Behandlungsproblemen zu übersehen.

In allem zeigt sich die spezifisch hintergründige Gewalt des

Vollzugsapparates. Die Bediensteten im Justizvollzug können nur deshalb sich selbst entfremden, weil sie etwas ausüben, was sie entfremden kann, nämlich ihren Beruf als Justizpsychologe, Justizsozialarbeiter, Justizpsychiater, der aus einer staatlich gut verkauften »Institutionenaufrüstung« hervorgegangen ist. Das Gebiet, auf dem sie vergewaltigt werden können, ist ihre Existenzgrundlage.

Ich habe kaum einen »Kriminellen« kennengelernt, der sich eines Tages für diese eigenartige »Karriere« entschieden hat, sondern die meisten sind aus den existierenden Strukturen herausgeschmissen worden, aus Familien, aus Schulen, aus Konfirmandenunterrichten und wurden in eine Konfrontation gestellt mit Eltern, mit Kaufhäusern und mit einer Konsumgesellschaft. In der im schlimmsten Fall auf diese Konfrontation folgenden »Nichtauseinandersetzung« in einem Gefängnis wird dann versucht, sozusagen wie in einer Art »Menschen-TÜV« eine globale Behandlung bei jenen durchzuführen, die dieser Institution überantwortet sind: allein, verlassen und isoliert. Es gibt keine Elternvertretung, die Arbeit des üblichen Beirates ist oft eher bescheiden und der vereinzelte Seelsorger ist weniger als ein Tropfen auf viele heiße Steine. Dadurch entsteht bei den Gefangenen eine subtile Aggressivität, die sich in dem Moment entlädt, wenn sie wieder auf freiem Fuß sind, wenn sie keinen Sozialarbeiter mehr vor sich, keinen Psychologen mehr im Nacken, dafür aber ungleich mehr Probleme als vor ihrer Inhaftierung haben. Im traditionellen Vollzug genügte es zur Sicherung eines einigermaßen tragbaren Überlebens, sich an die formell definierten Vorschriften zu halten und die informell geltenden Spielregeln nicht zu verletzen. Nachdem sie zum »Therapieflicken vergewohltätigt« (Insassenjargon) worden sind, verlieren sie ihre Überlebensfähigkeit.

Die Gewalt der »Nichtauseinandersetzung« wird dem Gefangenen noch viel eindeutiger bewußt: beispielsweise in dem Zurverfügungstellen einer Cafeteria, mittels derer Normalität von Lebensverhältnissen suggeriert werden soll; einer Mensa, in der sich viele nicht zu essen getrauen; einem Kiosk, in dem nur wenige einkaufen können; einer Freistunde, in der nur wenige Gefangene anzutreffen sind; einem Wohngruppenbetreuer, der auf die Mitarbeit eines durchsetzungsstarken Gefangenen angewiesen ist ... Trotzdem kommt es bei den Gefangenen oft zu einer obskuren positiven Überhöhung des sozialen Lebens im Gefängnis. Daß es unter den Gefangenen noch relativ friedlich zugeht, hat meines Erachtens etwas mit diesem merkwürdigen Auseinandersetzungsniveau zu tun. Sie reden wie manche Kriegsteilnehmer vom Krieg: sie wollen da nicht mehr zurück, haben viel Gewalt erlebt, aber sie haben etwas erlebt. Die – wenn auch kaputte – Intensität der Beziehungen, die sie im Gefängnis entwickeln konnten, läßt sich in Freiheit für die meisten nicht aufrechterhalten. Der von Richtern so viel beklagte Rückfall entpuppt sich nicht selten als eine Sehnsucht nach Zwischenlagerung. Die Entlassenen produzieren einen »Zwischenfall«, damit man sich wieder mit ihnen beschäftigt. Unter der geordneten Oberfläche des Behandlungsvollzuges schlummert die verborgene und, wie ich es immer wieder bei Rückkehrern erlebt habe, sehr traurige Ahnung, daß es einfach zu viele Entmündigungsprozesse gegeben hat, daß es »draußen« nicht institutionell-gewaltsam geordnet ist.

VI

Ich habe es häufig erlebt, daß Gefangene auf eine mir nur schwer nachvollziehbare Weise, durch einen merkwürdigen Rückgriff auf die Ressource »Zuwendung durch andere Gefangene«, ihre Probleme im Gefängnisalltag bewältigen. Es ist deshalb auch gewalttätig, daß die existierenden Selbsthilfeformen unter den Gefangenen pauschal als »Subkultur« disqualifiziert werden. Subkulturelle Praktiken, wie etwa das Tätowieren, haben für die Aufrechterhaltung und Stabilisierung der Gefangenenidentität eine wichtige Bedeutung. Werden solche Praktiken mit Gewalt entwertet oder unmöglich gemacht, so entstehen gefährliche Leerräume, die, wenn sie nicht durch andere Inhalte aufgefüllt werden, bei den Insassen zu schweren Krisen führen können.

Der Versuch, dieses System dadurch zu verbessern, daß man eine Gefängnisleitung durch eine andere Gefängnisleitung austauscht oder daß man versucht, ein Gefängnis menschlicher oder gewaltloser zu machen, ist nicht nur vollkommen unrealistisch, sondern vor allem unzureichend. Es geht nämlich schon längst nicht mehr um das Problem irgendeines humanistischen Programms, sondern es geht um das Problem, ob ein Leben in der »normalen« Gesellschaft noch möglich ist. Das moderne Gefängnis ist wirklich nur eine Fassade, nur ein Bestandteil einer Welt des Scheins mit verschiedensten Therapieeinrichtungen. Die verlogene

Welt einer Konsumgesellschaft wird systematisch im Gefängnis nachgebaut, eine einzige »Normalitäts-Simulationsmaschine«. Das »Prinzip der Lebensnähe« nennt sich das in den Konzepten verschiedener Vollzugsanstalten. Die Gewalt- und Machtausübung fließt aber durch die ganze Machtstruktur eines Gefängnisses wie Blut in den Adern. Dieses System läßt sich nicht ändern. Viel eher aber kann eine Veränderung der eigenen Identität herauskommen. Die neue Resozialisierungsrhetorik erschwert es den Gefangenen zunächst, die klaren Fronten zwischen sich und der Institution aufrechtzuerhalten. Obwohl sie nie die partnerschaftlichen Beziehungen, die der Resozialisierungsvollzug in der Theorie fordert, mit den Bediensteten eingehen können, steht dieser Anspruch ihnen gegenüber. Es wird ihnen als Unfähigkeit zugerechnet, wenn es ihnen aus der Sicht des Personals nicht gelingt, den richtigen Umgangsstil von Offenheit und Vertrauen zu zeigen. Damit verliert die Unterdrückung ihre sichtbare Form. Der Zwang, dem die Gefangenen ausgesetzt sind, hat sich dahingehend gewandelt, daß er ein Zwang zur Kooperation geworden ist: Sei kooperativ, und wenn es dir nicht gelingt, so ist es deine Schuld. Die Psyche eines Gefangenen wird scheinbar nicht mehr zum Objekt der Intervention gemacht, sie wird ihm vielmehr zurückgegeben zur angeblich eigenverantwortlichen Pflege und autonomen Gestaltung seines Innenlebens. Nicht mehr Anpassung, sondern ›Kreativität‹, nicht mehr Disziplinierung, sondern ›Autonomie‹, nicht mehr Unterordnung sondern ›Eigenverantwortlichkeit‹ sind dann plötzlich gefordert.

VII

Ich will zum Schluß sagen, worum es mir geht. Es erscheint mir wichtig, die gewaltige »Zwischenlagerung« von Gewaltproblemen zu durchschauen und persönlich abzulegen. Ich glaube, es entsteht in immer stärkerer Weise so etwas wie eine Spaltung der Gesellschaft in professionell Behandelnde und in eine soziale Umgebung, die nicht mehr in der Lage ist oder bleibt, mit ihren sozialen Problemen fertig zu werden. Diese Problematik hat Auswirkungen im Umgang mit Behinderten, alten Menschen und sozial Schwachen. Mit der Entwicklung und Gestaltung des Resozialisierungsgedankens ist so etwas wie eine neue Elite entstanden, die sich als Problemlöser für die Belange der Gesamtgemeinschaft verstehen darf. Diese neue Elite, ein von mir so benannter Wortadel, muß dann folgerichtig ihre Rolle in der Übertragung und Geltendmachung der vermeintlichen Werte der Gesamtgesellschaft auf eine im Grunde nicht interessierte, vielleicht auch stärker unbedarfte Klientel sehen. Eine wie auch immer geartete Herrschaft dieses Wortadels über die Klienten kann somit gar nicht vermieden werden. Diese Herrschaft drückt sich auch im Vokabular, das Klienten für die Techniken des Wortadels bereithalten, aus. Psychologen und Sozialarbeiter werden folgerichtig auch von den Bediensteten im Justizvollzug nicht selten als »Besserwisser« und »Kopfgesteuerte« betitelt.

In dieser institutionalisierten Ausnahmeposition des Zwischenlagers Gefängnis spiegelt sich das allgemeine Unverhältnis der Gesellschaft zu Teilen ihrer eigenen Bevölkerung. Gerade an der immer stärker werdenden Tendenz zu Sonderinstitutionen kann man den Versuch ablesen, die Wirklichkeit – wenigstens in ihrem Aspekt des eigentlich sozialen Problems – zu ignorieren. Besondere Institutionen werden leicht zum Alibi, das gerade ermöglichen soll, daß die Probleme dabei nicht angesprochen werden. In diesem Zusammenhang sprechen die Ergebnisse der »Gewaltkommission« für sich. Ich verlange zumindest so etwas wie eine rekonstruktiv angelegte Rückschau der eigenen Institutionalisierung. Es ist einfach vermessen, mit der Attitüde des erhobenen Zeigefingers auf vermeidbare oder vorhersehbare Fehler hinzuweisen und die »Schwachstellen« im theoretischen Konzept traditioneller Sozialisationsfelder wie Familie und Schule quasi objektivistisch zu diagnostizieren. Gerade die infolge dieser »Kommissionselitisierung« entwickelten Vorschläge werden dann wieder eine Beteiligung der vorher nicht Gehörten suggerieren und eine Hochrüstung von Bestehendem garantieren.

VIII

Unsere Gesellschaft sieht so selbstsicher aus. Sie scheint zu wissen, was sie sagt und tut. Deshalb muß man ihr einfach vertrauen, deshalb kommen so viele Menschen aus dem Ostblock. Alles glänzt bei uns und ist poliert. Unsere Angebote wirken unwiderstehlich. Wir aber finden zu unserer Gesellschaft nur, wenn wir auf dem schmerzhaften Weg der Selbsterkenntnis unseren kleinen und großen Lebenslügen in Sachen Staatsgewalt ins Auge sehen und sie nicht mehr therapeutisch bemänteln. Das bedeutet in der Folge, daß es darum gehen muß, möglichst viele Erfahrungen von Aussteigern aus dem System Gefängnis miteinander zu verbinden. Der »schwere Dienst« im Gefängnis bildet in seiner moralischen Überhöhung Berührungsängste ab: Man stellt den Randgruppen Sozialarbeiter, Psychologen und Seelsorger zur Seite, um genau dadurch Distanz zu ihnen zu halten. Deshalb können Versuche, soziale Barrieren abzubauen, nicht einfach auf Integration als klassische Schablone zurückgreifen, da es ja gerade das Spezifikum dieser Zwischenlagerung ist, integrative Maßnahmen als Mittel der Abgrenzung und Kontrolle einzusetzen. Das traditionelle Angebot des persönlichen Zuspruchs ist von der Staatsgewalt als Mittel zum Zweck der Zwischenlagerungskontrolle okkupiert worden.

Es gibt meines Erachtens in dieser Situation nur zwei Möglichkeiten. Entweder wird das Gefängnissystem seine Zwischenlagerungselemente immer weiterentwickeln und sich somit unaufhaltsam einer absoluten Manipulierung nähern. Oder aber die Gesellschaft wird so unabhängig und souverän, daß sie sich langsam, aber sicher immer stärker mit dem gesellschaftlichen Phänomen von Kriminalität und Gewalt auseinandersetzen kann, da sich hier immer deutlicher die realen gesellschaftlichen Spannungen widerspiegeln.

IX

Ich arbeite heute, nach meiner Zeit als Seelsorger in der Jugendanstalt Hameln, an Partnerschaftsprojekten. Das gibt mir viel, weil ich die Formen meiner Seelsorge freier definieren und mehr »von unten« lernen kann als im Strafvollzug. Nur eines ist gleichgeblieben: Die Behinderten, mit denen ich viel zu tun habe, sind gar nicht so sehr behindert – eher schon fühlen sie sich in ihrer Lebensentwicklung »ge-hindert«, und die Nichtbehinderten, die vermeintlich Nichtbehinderten, die sind gar nicht so »nichtbehindert« – eher schon fühlen sie sich als in ihrer Lebensentwicklung »Verhinderte«. Es macht mich jedenfalls nachdenklich, wenn die einfachste Kontaktbereitschaft von vermeintlich Gesunden zu Gehinderten nur noch von Sozialarbeitern und Institutionen erwartet wird.

In der DDR hat man es in den vergangenen Jahren, wenn man auffällig wurde, mit der »Stasi« zu tun bekommen. Bei uns werden die neuen Bürger es vielleicht mit einem »Street-worker« zu tun bekommen, der aber um so mehr das leisten soll, was die Gesellschaft nicht mehr zu leisten bereit ist. Wir betrügen zuerst und zunächst uns selbst, und deswegen sind unsere Lügen nicht einmal für uns selbst leicht zu durchschauen. Denn wir überzeugen uns selbst, daß unsere Lüge Wahrheit ist. Und dann können unsere Politiker strahlend und aufrecht vor die Mikrofone der Presse treten und erklären, daß alles in Ordnung ist – und sie glauben es.

Klaus Dörner
Staatlicher Gewaltverzicht mindert Bürger-Gewalt
Am Beispiel der Psychiatrie-Abrüstung

Seit etwa 20 Jahren haben wir auch in der BRD eine Psychiatrie-Reform – wesentlich angeschoben durch die antiautoritäre Bewegung der 68er Jahre. Diese Reform ist auch bei uns vor allem ein innenpolitischer Abrüstungsprozeß. Das bisherige Ergebnis ist verblüffend: Obwohl die Zahl der Menschen mit psychischen Störungen und Behinderungen gleichgeblieben ist, hat die jetzt schon beträchtliche Demontage des psychiatrischen Waffenarsenals das Ausmaß der diesen Bürgern zugeschriebenen Gemeingefährlichkeit oder Spezialgefährlichkeit mit Sicherheit nicht vergrößert, möglicherweise verringert. Hier einige Indikatoren für die Abrüstung staatlicher Gewalt mit psychiatrischen Mitteln, die nur deshalb nicht exakter ausfallen kann, weil es bis heute keine bundesweite Psychiatrie-Statistik gibt, da kein Bundesministerium dies für wichtig genug hält: Seit 1968 hat sich die Zahl der Betten in den psychiatrischen Landeskrankenhäusern bei fast gleichbleibender Einwohnerzahl halbiert; ebenfalls fast halbiert hat sich die Verweildauer bei einer stationären Aufnahme; die Rate der Zwangseinweisungen, die früher die Regel waren, sinkt Jahr für Jahr, so daß nach den Psychiatrie-Gesetzen der Länder inzwischen in den verschiedenen Krankenhäusern nur noch 20 %, 10 %, 5 % oder 2 % der Patienten aufgenommen werden; statt der früher üblichen Entmündigungen finden heute im Regelfall nur noch wenige einschneidende Pflegschaften statt; aber auch die Einweisungen auf vormundschaftlicher oder pflegschaftlicher Basis verringern sich in jedem Jahr; und obwohl – wie schon gesagt – die großen anonymen Landeskrankenhäuser als »Anstalten« immer kleiner und überschaubarer werden, werden sie darüber hinaus zunehmend durch kleine und für die Nutzer viel normalere psychiatrische Abteilungen an Allgemeinkrankenhäusern ersetzt, deren Zahl jetzt schon wesentlich größer ist als die Zahl der Landeskrankenhäuser. Um die Veränderung noch deutlicher zu machen, konstruieren wir den statistischen Normalfall: Wenn im Jahr 1955 jemand mit einer längerfristigen psychischen Störung in ein Krankenhaus kam, so wurde er vielleicht zwei- oder dreimal entlassen, bei der nächsten Aufnahme jedoch als »lebenslänglich« etikettiert und – mit einer »Personalakte« ausgestattet – auf Dauer im Krankenhaus »eingestellt«. Heute würde derselbe längerfristig psychisch gestörte Bürger – bei gleichbleibender Gesamtzahl – bei krisenhaften Zuspitzungen seiner Störung über viele Jahre verteilt etwa fünf- bis achtmal stationär aufgenommen, jedoch nach durchschnittlich sechs Wochen wieder entlassen, würde also trotz seiner längerfristigen psychischen Störung sein Leben im wesentlichen in seiner oder einer Wohnung in seiner Heimatgemeinde leben können und würde schwerpunktmäßig ambulant hinsichtlich seiner Grundbedürfnisse des Wohnens, des Arbeitens und der Freizeit betreut werden. Ich weiß zwar, daß dies noch nicht überall so ist und daß auch der von mir beschriebene Zustand sich noch wesentlich bessern und normalisieren läßt; hier kommt es mir aber auf den Unterschied des heutigen Vorgehens im Vergleich zu der wesentlich größeren staatlichen Gewalttätigkeit in der Zeit vor 30 Jahren an.

Daher stellt sich jetzt folgende schwerwiegende Frage, die von gesamtgesellschaftlicher Bedeutung ist: Gerade im Hinblick darauf, daß wir auf eine 150jährige Geschichte ständig zunehmender staatlicher Gewalt gegenüber psychisch gestörten oder störbaren Bürgern zurückblicken, ist einmal danach zu fragen, wie ein Rückzug und Verzicht staatlicher Gewalt innerhalb von nur 20 Jahren ein gleich gutes oder besseres Ergebnis hinsichtlich des diesen Bürgern zugeschriebenen Gewaltpotentials ermöglicht hat. Zum anderen ist zu fragen, über welche Veränderungen der Wahrnehmung und des Umgangs dies für alle Seiten günstige Ergebnis zustandekommen konnte.

Um diese für das Verhältnis von staatlicher und bürgerlicher Gewalt heute hochaktuelle Frage beantworten zu können, ist es zunächst erforderlich, die Geschichte der letzten 150 bis 200 Jahre hinsichtlich des Umgangs mit psychisch störbaren Bürgern zu rekonstruieren. Hierbei müssen wir auf den Zustand vor der Industrialisierung, also mindestens ins 18. Jahrhundert, zurückgehen. In der damaligen Zeit waren die überwiegend landwirtschaftlich und handwerklich organisierten Haushalte dadurch gekennzeichnet, daß eine ziemlich große Zahl Menschen (»Großfamilie«) *gleichzeitig* und *gleichräumlich* a) gearbeitet, d. h. gemeinsam Gegenstände der Natur bearbeitet haben, b) sich gegenseitig soziale

Hilfen und Kontrollen gewährt haben, da in solchen Haushalten stets ein verwirrter Großvater, eine wahnhafte unverheiratete Tante und ein geistig behindertes Kind dazugehören konnten, und c) familiär – im heutigen Sinne des Wortes – miteinander umgegangen sind. Trotz dieser Einheit produktiver, sozialer und familiärer Tätigkeit war dies selbstverständlich keine Idylle; denn diese Selbsthilfegemeinschaften waren mangels anderer Institutionen auch Selbstjustizgemeinschaften, was im Einzelfall auch bedeuten konnte, daß ein völlig unerträglich gewordenes Mitglied dieses Haushaltes Hausverbot erhalten, in einem Keller gefesselt werden oder notfalls auch umgebracht werden konnte. Freilich waren dies seltene Ausnahmereaktionen. In diese etwa für tausend Jahre im wesentlichen stabile soziale Landschaft schlug trotz einer seit dem 16. Jahrhundert zu erkennenden Labilisierung die Industrialisierung wie eine soziale Atombombe ein, wie ein Urknall, dessen Auswirkungen wir heute noch mitvollziehen. Die Gesamtgesellschaft zerfiel – heute noch gültig – in drei Systeme: das Wirtschaftssystem, das Sozialsystem und das Familiensystem. Das Wirtschaftssystem entwickelte sich im Sinne eines flächendeckenden Netzes an von den Wohnungen getrennten Räumen (Fabriken, Büros), in die im Interesse höherer Produktivität und Effektivität nur noch solche Menschen Zutritt hatten, die marktwirtschaftlich nach Selektion und Konkurrenz hinreichend Leistungsfähigkeit und Berechenbarkeit versprachen. In diesem Sinne hatte man hier im Vergleich zu früher asozial zu sein. Um dies zu ermöglichen, entwickelte sich immer schärfer getrennt vom Wirtschaftssystem das Sozialsystem, um die leistungsfähigen Bürger von sozialen Aufgaben zu entlasten. Das Sozialsystem entfaltete sich als flächendeckendes Netz von Altenheimen, Waisenhäusern, Kindergärten, Arbeitshäusern, Obdachlosenasylen, Gefängnissen, Einrichtungen für geistig Behinderte und Irrenhäusern. Das Familiensystem entwickelte sich zu einem flächendeckenden Netz von immer kleineren und für immer weniger Menschen ausreichenden Wohnungen, in denen die Menschen zur Reproduktion ihrer Arbeitskraft sowohl von produktiven als auch von sozialen Leistungen entlastet waren, und genau dadurch immer privater eine Kultur des Psychischen – bis zum »Psychoterror« – entfalten konnten. Ich habe diesen Prozeß genauer in meinem Buch *Tödliches Mitleid* (Gütersloh: Verlag Jakob von Hoddis, 1989) beschrieben.

Es war der Staat, der im Sinne seiner Friedenssicherungspflicht diese Differenzierung förderte und die Systeme gegeneinander schützte. Dies tat er insbesondere im Interesse der Herstellung einer immer größeren Effektivität des Wirtschaftssystems. Während daher die Menschen im Wirtschaftssystem immer wirtschaftlicher wurden, an einer Logik der Selektion und einer Ethik der Leistung orientiert, hatten die Menschen, die dem Sozialsystem zugewiesen wurden, nur noch sozial zu sein, waren abgeschnitten von der Möglichkeit, sich durch Arbeiten, also durch gemeinsames Bearbeiten von Gegenständen, als Menschen zu verwirklichen, so daß anthropologisch fragwürdig wurde, ob es sich dabei überhaupt noch um Menschen und nicht vielmehr um Gegenstände der Verwaltung handelte. Dies wird im noch heute geltenden Begriff der »sozialen Frage« deutlich: Es waren und sind bis heute buchstäblich frag-würdige Existenzen. Deshalb blieb die im Sozialsystem entwickelte Ethik der Solidarität, der Gleichheit und Brüderlichkeit in der Regel auf Sonntagsreden beschränkt, während in Wirklichkeit die Logik und Ethik des Wirtschaftssystems das Sozialsystem dominierte und bis heute dominiert.

Die Konsequenzen dieses Umstandes zeigen sich, wenn wir uns nun der Frage zuwenden, wie der Staat mit dem Sozialsystem, also mit den Gruppen der »sozialen Frage« umging, wobei sich die Stilbildungen dieses Umgangs bei den psychisch störbaren Menschen, den Insassen der Irrenanstalten, stets deshalb am schärfsten herauskristallisierten, weil diese Bürger mit ihrer sprichwörtlichen Unberechenbarkeit, stets das exakte Gegenbild des neuen Ideals des berechenbaren, gleichbleibend kalkulierbaren, leistungsfähigen Mitglieds des Wirtschaftssystems darstellten. Die Unberechenbarkeit – obgleich als Freiheit dem Wesen des Menschen überhaupt eigen – macht auch den Kern der den psychisch störbaren Menschen zugeschriebenen Gemeingefährlichkeit aus. Die Fabriken und Büros von ihnen freizuhalten, gehörte fortan zu den vornehmsten Aufgaben des Staates und seiner Organe. Zu diesem Zweck wurden die vormundschaftlichen Regelungen durch Polizei-Zwangsverordnungen ergänzt. Diese Ausfaltungen staatlicher Gewalt wurden jedoch über die nächsten 100 Jahre bis weit ins 20. Jahrhundert hinein durch Bemühungen ergänzt, die betroffenen psychisch störbaren Bürger durch geeignete Maßnahmen, und zwar in immer größerer Beschleunigung und mit immer einschneidenderen Mitteln, zu beeinflussen, um sie nach Möglichkeit ebenfalls in leistungsfähige, berechenbare und sozial angepaßte Arbeiter zu verwandeln. In der ersten Hälfte des 19. Jahrhunderts folgte die Psychiatrie – noch unmittelbar der Aufklärung verpflichtet – einem pädagogischen Denkmodell. Jeder psychisch störbare und damit die Industrialisierung störende Bürger sollte zu der ihm innewohnenden Vernunft erzogen werden, wenn auch schon durchaus mit gewalttätigen Mitteln. Als die erhofften Erfolge ausblieben, wurde man ungeduldiger und setzte ab 1850 vermehrt auf ein medizinisches Denkmodell. Es hieß jetzt »Geisteskrankheiten sind Gehirnkrankheiten«. Diese Medizinisierung der Psychiatrie, die im weiteren Sinne auch eine Medizinisierung der sozialen Frage überhaupt einläutete, sollte mit einschneidenderen Mitteln schnellere und billigere Erfolge bringen. Seither gibt es Akutkranke, die hoffnungsvoll sind, und chronisch Kranke, die zu keiner Hoffnung mehr berechtigen und möglichst billig nur noch zu ver-pflegen sind. Als auch jetzt die Erfolge unbefriedigend blieben und die gesellschaftliche Ungeduld noch einmal wuchs, wurden die psychischen Störungen im letzten Drittel des 19. Jahrhunderts zusätzlich zu Erbkrankheiten erklärt. Auch die übrigen Gruppen der sozialen Frage wurden immer mehr durch die Brille eines solchen Denkmodells wahrgenommen. Und weil durch den technologischen Fortschritt immer mehr Bürger als unbrauchbar für die Industrie angesehen und dem Sozialsystem zugeschlagen wurden, halfen Begriffe wie Entartung, Degeneration und Neurasthenie, auch solche nicht eigentlich psychisch kranken Bürger erbmedizinisch zu etikettieren. Teilweise waren dies dieselben Gruppen, die zeitgleich von der Arbeiterbewegung als »Lumpenproletariat« ausgegrenzt wurden. Aus diesen Gründen mußte sich die Kapazität der psychiatrischen Krankenhäuser um diese Zeit verdoppeln, um die diesem System zugewiesenen Menschen aufnehmen zu können. Das Erblichkeitsmodell brachte für die Medizin erweiterte Eingriffsmöglichkeiten: Wenn man die nun als psychisch krank angesehenen Bürger schon nicht heilen konnte, da man die unterstellte Hirnursache noch nicht gefunden hatte, so wollte man sie auf der Basis der ebenfalls unterstellten Erblichkeit unfruchtbar machen und damit ihr Aussterben bewirken. Hierzu diente die über das fortpflanzungsfähige Alter sich erstreckende Unterbringung in durch Geschlechtsachsen getrennte Anstalten einerseits, die eugenische Sterilisierung ab 1890 andererseits. Pionier dieser Bewegung in allen Industriegesellschaften war der um 1900 weltweit berühmteste Psychiater und Sozialreformer, der Schweizer

August Forel. Anhaltend hat er dafür gekämpft, die für den industriellen Fortschritt segensreiche Gewalt des Staates mit medizinischen Mitteln bis in den Körper der »minderwertigen« Bürger einschneidend hineinzutreiben. »Wir bezwecken keineswegs, eine neue menschliche Rasse, einen Übermenschen zu schaffen, sondern die defekten Untermenschen allmählich ... durch willkürliche Sterilität der Träger schlechter Keime zu beseitigen, und dafür bessere, soziale, gesündere und glücklichere Menschen zu einer immer größeren Vermehrung zu veranlassen« (zit. in: *Tödliches Mitleid*, S. 32). Somit brachte er die damals schon allenthalben ausgeprägte Mentalität auf den Punkt. Niemand – gleich welcher politischen Richtung und gleich welcher Kirchenzugehörigkeit – fand um 1900 noch etwas dabei, minderwertige von vollwertigen Menschen zu unterscheiden und von Untermenschen zu sprechen. Die Logik und Ethik des Wirtschaftssystems einschließlich der Prinzipien der Selektion und Konkurrenz beherrschte die gesamte Gesellschaft, die sich freilich mit einem instrumentellen Vernunftbegriff auch noch der Aufklärung verpflichtet fühlte und mit Hilfe solcher Maßnahmen wie der Sterilisation eine leidensfreie Gesellschaft aus nur noch guten, sozialen, gesunden und glücklichen Menschen als unmittelbar erreichbar vorstellte. Spätestens jetzt, um 1900, werden zwei Interpretationen unabweisbar. Einmal – nach rückwärts gewandt – zeigte sich, daß die Entwicklung des Sozialsystems mit einem flächendeckenden Netz von Einrichtungen für Minderwertige oder Untermenschen in Analogie zur äußeren Kolonisierung der nicht industrialisierten Welt als innenpolitische Kolonisierung zu verstehen ist, wobei die außen- und innenpolitischen Untermenschen entweder zu veredeln oder – als Sachen – zu »beseitigen« waren. Zum anderen – und nach vorn ins 20. Jahrhundert gerichtet – zeigt etwa das Zitat von Forel, daß die Nationalsozialisten auf einer gut etablierten Denktradition aufbauen konnten, zu der sie nichts hinzuerfinden mußten; sie mußten sie nur rücksichtslos umsetzen, was sie von den übrigen industriellen Kolonialgesellschaften unterschied. In den letzten Jahren ist daher auch die anfangs von den Historikern der BRD nur ungern zur Kenntnis genommene Hypothese entwickelt worden, daß die innenpolitische Kernabsicht der Nationalsozialisten in der »Endlösung der sozialen Frage« bestand, und zwar in dem Sinne, daß sie der Welt beweisen wollten, daß eine Gesellschaft, die sich nur total genug jeglichen sozialen Ballastes entledige, wirtschaftlich und militärisch unschlagbar sei, wie dies ebenfalls in dem schon erwähnten *Tödliches Mitleid* näher ausgeführt ist. Nachdem diese innenpolitische Seite staatlicher Gewalt in der Zeit des Nationalsozialismus aus guten Gründen bis heute erfolgreich verdrängt gewesen ist, ist es nicht verwunderlich, daß die das Sozialsystem dominierende Logik und Ethik des Wirtschaftssystems sich auch in der Nachkriegszeit als weiterhin wirksam erwiesen hat. Ein Beispiel: Im Unterschied zu den rassisch, religiös-weltanschaulich und politisch Verfolgten der NS-Zeit wurden die verfolgten Gruppen der sozialen Frage systematisch nicht als NS-Verfolgte anerkannt und blieben aus der Entschädigung ausgeklammert. Diese Willkür staatlicher Entscheidung der BRD konnte sich in den 50er und 60er Jahren durchsetzen und an alte Traditionen anknüpfen, weil sie sich in Übereinstimmung mit den in Frage kommenden gesellschaftlichen Kräften befand. Erst seit sich dies in den 80er Jahren geändert hat, und seit es eine massive Bewegung zugunsten der bisher ausgegrenzten NS-Opfer gab, werden diese staatlichen Entscheidungen in den letzten Jahren korrigiert – für die Mehrzahl dieser NS-Verfolgten zu spät.

Wir haben es also mit einer fast 200jährigen Geschichte zunehmender Aufrüstung der staatlichen Gewalt in der Psychiatrie und damit zunehmender Ausgrenzung und Kolonisierung der psychisch störbaren und störenden Bürger zu tun. Auf diesem Hintergrund ist die eingangs beschriebene Umkehr dieser Tendenz seit Ende der 60er Jahre dieses Jahrhunderts in Richtung auf De-Institutionalierung und Entkolonisierung um so eindrucksvoller. Möglich war dies nur aufgrund eines tiefgreifenden Wandels der Denkmodelle der psychiatrisch Tätigen seit den 60er Jahren. Wenn ich jetzt abschließend die Grundzüge dieses veränderten Denkens beschreibe, wird es den Leser, der mir bis hierher hat folgen können, nicht mehr wundern, daß es sich ausgerechnet um diejenigen Grundzüge handelt, die das Gutachten der Gewaltkommission der Bundesregierung nahezu systematisch ausblendet, was kein Zufall sein kann:

1. Während die frühere Psychiatrie vom einzelnen Individuum ausging und eine Besonderheit, auch etwa eine Gewalthandlung, als Defekt ausschließlich am Individuum festmachte, wissen wir heute, daß schon anthropologisch der Mensch nie in der Einzahl vorkommt, vielmehr das Verstehen oder Erklären auch nur einer einzigen Handlung voraussetzt, daß wir vom Vorhandensein meh-

rerer kooperierender Menschen ausgehen. Das ist die primäre Gegebenheit. Zu einem autark bindungslosen Individuum komme ich nur sekundär auf dem Wege einer künstlichen und technischen Abstraktion.

2. Aus demselben Grund ist die klassische Psychopathologie heute wissenschaftlich unhaltbar. Ich komme zu ihr nur durch Ausblendung der Gesamtwirklichkeit. Wenn schon, dann habe ich regelmäßig zu einer gedachten Psycho-Pathologie ihre komplementäre Sozial-Pathologie hinzuzudenken.

3. Psychiatrisches Denken und Handeln ist zwar nicht vollständig, jedoch grundsätzlich zu entmedizinisieren. Die Analogien, die der Körpermedizin als Technik entlehnt sind, sind wissenschaftstheoretisch falsch und ethisch unerlaubt. Es ist daher schon unzulässig, überhaupt von Pathologie oder Nosologie zu sprechen. Zwischen Menschen kann Wahrnehmen nicht Diagnostizieren und Handeln nicht Therapieren bedeuten.

4. Gewalthandlungen und Aggressionen – psychiatrisch oder nicht – haben immer mit der besonderen Verletzbarkeit von Menschen, mit Isolation und Angst zu tun. Allerdings nicht mit der Angst selbst; denn Angst ist das kostbarste Sinnesorgan jedes Lebewesens, weil sie unklare, allgemeine und diffuse Gefahren und Bedrohungen signalisiert, insbesondere im zwischenmenschlichen Bereich. Erst wenn man nicht auf seine Angst hört, was sie mir mitteilen will, sondern wenn man seine Angst abwehrt, bekämpft, zu überwinden versucht, verdrängt, steigert man sie zur Angst vor der Angst, so daß sie sich u. a. in Gewalthandlungen entladen muß.

5. Ökologische Denkansätze haben uns gelehrt, grundsätzlich vom Haushalt eines Menschen auszugehen als Summe der ihn ausmachenden Beziehungen zwischen Menschen und ihren materiellen Bedingungen. Daraus ergibt sich, daß es logisch nicht nur falsch, sondern auch unmöglich sowie ethisch verboten ist, einen Menschen ändern zu wollen. Ändern beschreibt die typische Tätigkeit zwischen einem Menschen und einer Sache, aber nie die Tätigkeit zwischen Menschen. Statt dessen habe ich nur zwei Möglichkeiten: Einmal kann ich mich ändern und vergrößere dadurch die Chance, daß auch der andere sich ändert. Zum anderen habe ich die Möglichkeit, das Drumherum, den Kontext eines Menschen so zu beeinflussen, daß er zu seinen eigenen Möglichkeiten zurückfindet und Wege sieht, die ihm vorher unsichtbar waren. Dabei wird es sich regelmäßig um die drei Grundbedürfnisse des Men-

schen handeln, um das Verhalten der für ihn wesentlichen Anderen, um das für ihn bekömmliche Wohnen und um Arbeiten, also um die Möglichkeit, sich durch gemeinschaftliches Bearbeiten von Sachen als Mensch zu vergegenständlichen und zu verwirklichen.

6. Schließlich hat sich für uns psychiatrisch Tätige das Prinzip der Sektorisierung im Sinne einer strengen Kommunalisierung bewährt. Das bedeutet, daß ein Mensch die Befriedigung seiner Grundbedürfnisse nicht in einer Institution und nicht irgendwo braucht, sondern dort, wo er lebt, wo für ihn Heimat ist, wo er am ehesten seine Zugehörigkeit hat, und diese deshalb auch dort kultivieren will. Hier kommt es dann nur noch auf die Zahl und die Art der Schultern an, um eine für einen Menschen unerträglich scheinende Situation so erträglich und damit solidarisch zu machen, daß auch er dann wieder aktiv handeln, anderen seine Schulter bieten und kommunal gestalten kann.

Ich vermute, daß die Gewaltkommission der Bundesregierung zu vollständigeren und praktischeren Vorschlägen gekommen wäre, wenn sie nicht derart systematisch die Logik und Ethik des Wirtschaftssystems ausgeklammert hätte, und wenn sie statt dessen die hier beschriebenen Grundzüge beherzigt hätte. Sie hätte dann freilich nicht nur vorschlagen dürfen, den Umweltschutz in unsere Verfassung aufzunehmen, sondern auch das Recht auf Arbeit – und zwar für alle, gerade auch für die, die nach den heutigen technologischen und normativen Standards hartnäckig als unqualifizierbar gelten müssen. Auch wenn die Gewaltkommission noch so geschickt versucht, um sie herumzureden, und die Tatsache der Unmöglichkeit ihrer Qualifizierung zu leugnen, es hat keinen Sinn, sie zu verdrängen, in der heutigen Situation sind sie unqualifizierbar. Sie sind unsere »Untermenschen« von heute. Nicht sie sind zu qualifizieren, sondern das Wirtschaftssystem ist für sie zu qualifizieren; denn sie haben dasselbe Recht und denselben Wunsch wie alle anderen Menschen, sich durch gemeinschaftliches Bearbeiten von Sachen als Menschen zu verwirklichen. Wir psychiatrisch Tätigen haben in unserem Bereich gezeigt, daß dies möglich ist. Es ist auch möglich, dies zu verallgemeinern.

Dorothee Sölle
Frieden, Justiz und Gewalt

Prolog

Die hier abgedruckte Verteidigungsrede vor einem deutschen Gericht stellt einen praktischen Beitrag zur Diskussion der Gewaltfrage dar, der einige theoretische Anfragen impliziert. Hintergrund der Prozesse gegen Menschen, die an Sitzblockaden teilgenommen haben, ist eines der zentralen gesellschaftlichen Gewaltfelder, das der »Gewaltkommission« freilich nicht in die Augen fällt, nämlich der Militarismus.

Die Militarisierung unseres Landes läßt sich am Giftgaslager in der Pfalz exemplarisch ablesen. Militarisiert ist hier nicht nur der enteignete Boden, oder die Luft in den Gebieten, die dem Tieffluglerror ausgesetzt sind, militarisiert, das heißt vom militaristischen Denken beherrscht sind auch all die staatlichen Behörden, die sich – jahrzehntelang fraglos – dem Geist, der Logik und der Praxis des Militärdenkens unterwarfen. Bekanntlich wurden Informationen über das in der Pfalz gelagerte Giftgas als Gerüchte oder als aus Radio Moskau stammende Propaganda abgetan; ich bin versucht, von einer Militarisierung sogar der Wahrnehmungsfähigkeit zu sprechen, die ziviles Hören und Sehen, Fühlen und Denken erheblich einschränkt.

Auch die »Gewaltkommission« nimmt an dieser einschränkenden Minderung des Bewußtseins, dieser »Denkvermeidung« (s. Text) teil, indem sie auf die reale und blutigste Gewalt, die von den Inhabern des Gewaltmonopols historisch ausgegangen ist und gegenwärtig weiter angedroht wird, nicht eingeht. Dieser Reduktionismus hat Methode: Wird erst die Hauptgewalt verschwiegen, wird die Einübung junger Männer in die Gewalt als normal angesehen, werden die Verbrechen der »Mordindustrie«, wie Bertha von Suttner in klarem Deutsch sagte, als Geschäftsgebaren des freien Unternehmertums dargestellt, so mag man über Gewalt in Familie, Stadion und Schule unbeschwert reden. Was an unseren Verhältnissen gewaltförmig ist, Gewalt anzieht, verherrlicht, bezahlt und anbetet, das wird als heilige Kuh behandelt.

Diese grundsätzliche methodische Reduktion der juristisch Reflektierenden ist auch Grundlage einer praktischen Erfahrung, die in den letzten Jahren von etwa 10000 Bürgerinnen und Bürgern in der BRD gemacht wurde, die sich zu zivilem Ungehorsam entschlossen haben, weil sie die moralische Unmöglichkeit begriffen, das Verbrechen der Rüstung noch länger zu dulden. Diese Minderheiten des Gewissens, wie sie auch in den USA zu Zehntausenden vor den Nuclear Testsides, wo Atombomben getestet werden, sitzen, stellen einen wesentlichen Beitrag zur Gewaltdiskussion dar, weil sie aus der Spirale der Gewalt ausbrechen. Sie beteiligen sich nicht – durch Akklamation oder Schweigen – an der herrschenden Gewalt, und sie verzichten zugleich auf Gegengewalt. Sie nennen die herrschende Gewalt der Planung, Produktion und Testung von Massenvernichtungsmitteln nicht Odnung oder Rechtsstaatlichkeit, sondern Unordnung, Verherrlichung der Gewalt und geistige Verwirrung. »Wir haben es beim Pentagon«, sagte der amerikanische Jesuit Daniel Berrigan, »mit geistig Behinderten zu tun, die die normale menschliche Kommunikation nicht verstehen. Darum verwenden wir symbolische Sprache und schütten unser Blut auf Akten und auf die weißen Säulen des Tempels der Gewalt.« Dieser Ausbruch aus der Spirale von staatlich sanktionierter Gewalt, Gegengewalt von unten und erneuerter repressiver Gewalt stellt eines der großen Mittel der Veränderung dar, wie wir sie in den letzten Monaten in der unblutigen Revolution der DDR erlebt haben.

Ganz anders in der BRD. In den Vorschlägen der Gewaltkommission wird die Staatsgewalt mit ihrer Fähigkeit zu angeordnetem, legalisiertem Verbrechen ignoriert, und die Versuche zur Durchbrechung der Spirale werden kriminalisiert; nach dem Vorbild des Hamburger Kessels wird nach den Vorstellungen der Gewaltkommission Bürgerfreiheit weiter repressiv beschnitten. Und die Gewaltfreien dürfen so waffenlos sein, wie nur möglich, so gewaltlos in ihren Methoden, wie es die großen bürgerrechtlichen Bewegungen von Gandhi bis King waren, sie werden hierzulande als gewalttätig kriminalisiert. Der Staat wacht nicht nur über sein unbestrittenes Gewaltmonopol, er maßt sich auch an, das Definitionsmonopol zu besitzen. Was Gewalt ist, so erklärt er, bestimme ich, genauso wie ich definiere, was keine Gewalt ist, z. B. Gift, Tiefflugterror, Manöver usw.

Damit wird der mögliche Dialog zwischen den Opfern staatlicher, militärischer oder industrieller Gewalt, beziehungsweise ihren Repräsentanten, wenn es sich um die Ungeborenen handelt, unmöglich gemacht. Die Behörden, die genau ihrer Aufgabe, die Bürger vor Gewalt zu schützen, nicht nachkommen, reglementieren einen möglichen Dialog durch die grundlegende Ausblendung. Die Frage, woher denn Innovation moralisch-politischer Art kommen soll, wird durch einen traditionalistischen Blick zurück larmoyant zwar, aber immerhin – gestellt. Eine ernsthafte Auseinandersetzung mit den realen Kräften der Innovation und ihrer in der Tat radikalen Absage an die Gewalt in ihren verschiedenen Gestalten findet aber nicht statt – es sei denn vor Gericht!

Plädoyer
In eigener Sache vor dem Amtsgericht in Pirmasens am 18. August 1989

Hohes Gericht,
liebe Freundinnen und Freunde des Friedens,
vor einigen Tagen las ich in der Zeitung, daß die Untersuchungen zu der Katastrophe von Ramstein nunmehr abgeschlossen sind. Wie rasch geht das doch! Wie glatt werden die, die am Projekt des Todes arbeiten, entlastet und entschuldigt, wie leicht fällt es dem Staat, mit Geld und hehren Worten vergessen zu machen, was den Opfern angetan worden ist – und wie langsam und mühselig müssen wir uns durch die Mühlen einer staatsfrommen Justiz quälen: Mutlangen und Ramstein, Brokdorf und Wackersdorf, und nun Fischbach. Es dauert Jahre, es kostet viel Arbeit, es ist nicht elegant wie die schneidigen Kampfflugzeuge, es bringt keinen Ruhm, am Boden zu hocken, weggetragen zu werden, verleumdet und abgeschreckt, verfolgt und kriminalisiert zu werden. Warum gibt sich die Justiz dazu her, unschuldige, demokratisch denkende und gewaltfrei handelnde Menschen zu gefährlichen, verwerflich handelnden Gewalttätern zu machen, während doch die wirklichen Gefahren, der reale Terror, die große Gewaltmaschine von derselben Justiz niemals angezeigt oder verklagt wird? Warum kriminalisieren Sie und, Hohes Gericht, wer nötigt Sie eigentlich?

Ich will vier Gründe benennen, aus denen heraus der zivile Ungehorsam, der zugleich Gehorsam gegen Gott ist, entsteht, und ich versuche zu erklären, warum ich am 27. Juni 1988 vor dem Tor 1 des US-Giftgasdepots in Fischbach saß. Meine Gründe sind:
– der Respekt vor dem Völkerrecht

– das Lernen aus der deutschen Geschichte
– der historisch neue Versuch einer Tradition der Bürger-Freiheit
– die Anknüpfung an die religiöse Tradition gewaltfreien Widerstands.

Ich will dann auf den Paragraphen 240 objektiv und subjektiv eingehen.

Der Respekt vor dem Völkerrecht

Die Mißachtung des Völkerrechts und der internationalen Vereinbarungen durch die Regierung unseres Landes ist an wenigen Punkten so eindeutig wie in der Frage der chemischen Waffen. Das Genfer-Protokoll 1925, das auch die Bundesregierung vorbehaltlos unterzeichnet hat, verbietet ihre Verwendung. Die aus den Nürnberger Prozessen gegen militärische und politische Naziführer folgenden Rechtsprinzipien verbieten schon die Vorbereitung des Massenmords an Zivilisten. Daß unser Land die Hoheitsrechte an die USA abgetreten hat, bedeutet indirekt eine Billigung des Verbrechens der Vorbereitung: die Lagerung der Massenvernichtungsmittel, ihr geplanter sogenannter Zweiteinsatz und ihr ebenfalls geplanter Ersatz durch bessere und weniger kontrollierbare binäre chemische Waffen scheinen das Bundesverfassungsgericht nicht zu interessieren.

Das Giftgaslager in Fischbach ist das größte Arsenal chemischer Waffen der Nato außerhalb der USA. Einige hundert Tonnen Nervengas lagern dort, und von diesem geruch- und farblosen Stoff namens Sarin genügt ein kaum sichtbarer Tropfen auf der gesunden Haut, um die Vergiftungen, die wir aus Versuchen in den Konzentrationslagern kennen, hervorzurufen: laufende Nase, Atemnot, verschwommene Sicht, zeitweise Blindheit, Verdrehen der Augen, Speichelfluß, starkes Schwitzen, Übelkeit, Erbrechen, Krämpfe, unkontrollierter Stuhlgang und Urin, Zuckungen, Kopfschmerzen, Schläfrigkeit, Koma, Atemstillstand, Tod. Jahrelang haben Landesregierung und Militärbehörden behauptet, das Gerücht vom Giftgaslager sei haltlos und stamme aus Radio Moskau. Heute versichern sie, daß die Waffen in Kürze aus dem Land geschafft werden sollen; daß sie hier lagern, und zwar genug, um die Menschheit zu vernichten, wird nicht mehr bestritten.

Die Geschichte der Auseinandersetzung um die chemischen

Waffen enthält eine Reihe interessanter rechtlicher Details. Vor zwanzig Jahren, 1969, hielten die Amerikaner ihre Produktion von chemischen Waffen an, angeblich, weil sie »gegen das Gewissen der Menschheit verstoßen«. Präsident Nixon verfügte diesen Stopp, nachdem bei einem Unfall 6000 Schafe vergiftet worden waren. Die rechtlichen Konsequenzen dieses Stopps waren für die Bürger der USA erfreulich. Das Gesetz verpflichtet dort das Militär, alle Lagerungsstätten von Giftgas öffentlich bekanntzumachen, alle Transportaktionen der betroffenen Bevölkerung mitzuteilen und alle Unfälle mit Giftgas zu veröffentlichen. Aber dieses Recht gilt nur in den Vereinigten Staaten; in den Gebieten, die nicht der US-Rechtsprechung unterliegen, gilt die strikte Geheimhaltung auf amerikanischer Seite. Auf der deutschen Seite gilt dagegen gespielte Ahnungslosigkeit und gekonnte Desinformation, wie man Regierungslügen heute nennt. Vor allem aber gilt die Rechtlosigkeit der Bevölkerung: Wir haben noch nicht einmal das Recht auf Information über das, was in unserem Land lagert. Die Amerikaner haben in ihrem eigenen Land etwas mehr Demokratie erkämpft, als sie in den Satellitenstaaten zuzulassen bereit sind.

So rotten seit 1969 die für Europa vorgesehenen Massenvernichtungsmittel in Fischbach vor sich hin. Gibt es Lecks? Wie weit ist die Korrosion der Behälter fortgeschritten? Wir dürfen es nicht erfahren. Ohne die Friedensbewegung und ohne die Art von Aufklärung, die wir durch bloßes Sitzen betreiben, wüßten auch heute viele Menschen in der Westpfalz gerade so viel, wie ihre Herren ihnen zugestehen. Gegen die Rechtlosigkeit der Bevölkerung anzugehen, ist eines der Ziele unserer Aktionen. Im Dezember 1983 haben die Vereinten Nationen eine Resolution verabschiedet, in der neben der Neuproduktion auch die Lagerung von chemischen Waffen auf fremdem Territorium verurteilt wurde. Die USA stimmte gegen dieses Signal des Friedens, und die Bundesrepublik enthielt sich der Stimme. Daß die westdeutsche Regierung den Spielraum internationaler Organisationen nicht ausnutzt im Interesse der Menschen in der Pfalz und in Europa, ist ein Grund mehr für uns, die Regierung auf ihre Verpflichtung, Schaden von der Bevölkerung abzuwehren, hinzuweisen. Oder brauchen wir erst einen Giftgasunfall, wie er in Japan 1969 stattfand? Damals gelang es der japanischen Regierung, die USA zu veranlassen, ihre C-Waffenbestände aus Okinawa abzuziehen. Warum ist das bei uns nicht möglich?, fragt man sich, und ich frage das Hohe Gericht, warum es sich zum Erfüllungsgehilfen einer völkerrechtswidrigen Politik macht.

Das Lernen aus der deutschen Geschichte

Ich komme zum zweiten Punkt, dem Lernen aus der deutschen Geschichte. Ich will auf ihn eingehen, weil ich den Eindruck habe, daß die Justiz eine Taktik der Denkvermeidung entwickelt hat, indem sie die Fernziele als unerheblich für die Wahrheitsfindung erklärt. Dieses Verfahren muß das Gericht in Selbstwidersprüche verwickeln. Wir haben ja nicht nur einige Fernziele vor Augen, sondern auch eine gewisse Fern-Vergangenheit im Kopf. Ohne sie stünden jedenfalls die Älteren unter uns nicht hier. Wir sind alle nicht als verwerfliche Gewalttäter geboren! Ich zum Beispiel bin die Tochter eines bekannten Juristen, der später der erste Präsident des Bundesarbeitsgerichts in Kassel war. Wenn ich mir klarmache, was meine Eltern mir in Sachen Recht und Gerechtigkeit mitgegeben haben, so möchte ich zwei Dinge nennen: Einmal ein deutliches Rechtsbewußtsein, ein ausgebildetes Rechtsgefühl, ein Wissen davon, daß Recht Recht bleiben muß, auch wenn es gegen die eigenen Interessen geht. Zum anderen die Fähigkeit zur Kritik, gegenüber den Lehrern, den Beamten, der Bürokratie – und auch den Eltern selber gegenüber. Ich bin in einer Zeit furchtbarer Rechtszerstörung aufgewachsen, die auch – und das war uns Kindern sehr bewußt – mit Hilfe des Justizapparates, mit Hilfe von Unrechtsgesetzen, die formal rechtmäßig waren, betrieben wurde. Meine Eltern hatten viele jüdische Freunde, und es war uns Kindern offenkundig, daß vor unseren Augen Unrecht geschah durch formal rechtmäßiges Regierungshandeln, durch korrekte fleißige Beamte, ja durch Gesetze, die die Staatsmacht stützten und gegen die einfachsten Rechtsgrundsätze, etwa die Gleichheit aller Menschen, verstießen. Wenn ich mir einen kleinen rechtshistorischen Rückblick erlauben darf, so möchte ich Sie daran erinnern, daß im vorigen Jahrhundert das Problem, daß der Staat Unrecht tun kann, bis 1848 offen auch von Richtern diskutiert wurde. Viele Richter waren Mitglieder der Paulskirchenversammlung, und ein Ziel der Verfassung, an der sie arbeiteten, war die Begrenzung und Beseitigung staatlichen Unrechts. Nach 1848 wurde den Juristen diese Diskussion durch die Obrigkeit erschwert, ja abgeschnitten.

Die liberale Tradition meines Elternhauses hat mich sensibel gemacht gegen obrigkeitsstaatliches Denken, sie hat meinen Blick für staatlich verordnetes Unrecht, also auch für das Verbrechen der Rüstung, geschärft. So ist z. B. der Ausdruck »verwerflich« ein Begriff, den ich auf fahrlässige Rüstungsbefürworter anwenden möchte. Für mich und die meisten meiner Freunde wäre es verwerflich, angesichts der systematischen und profitträchtigen Bedrohung der Menschheit nichts zu tun. Dieses Verständnis stammt aus den Erfahrungen meiner Schüler- und Studentenzeit, in der ich intensiv mit der wichtigsten Frage meiner Generation beschäftigt war, die hieß: »Wie konnte das geschehen?« Die schlimmste Antwort, die wir auf diese Frage bekamen, lautete: »Wir haben es nicht gewußt.« Genau gegen diese Lüge ist die westdeutsche Friedensbewegung angetreten. Einer ihrer schönsten Sätze lautet: »Diesmal kann keiner sagen, er habe es nicht gewußt.« Ein sehr deutscher Satz, der so nur in unserem Land gesagt werden kann. Wir haben schon einmal geschwiegen, schon einmal beide Augen geschlossen und beide Ohren verstopft. Ich spreche nicht über die überzeugten Nazis, die Europa in ihren Krieg stürzten, sondern über die Millionen anständiger Familienväter und Hausfrauen, die es geschehen ließen und meinten, man könne nichts dagegen tun. Diese schweigende Mehrheit haben wir in der Friedensbewegung immer mehr auf unsere Seite gebracht und damit die Unfähigkeit zu trauern, die so lange ein Charakteristikum vieler Bürgerinnen und Bürger dieses Landes war, ein Stück weit überwunden. Könnte es nicht sein, meine Herren Richter und Staatsanwalt, daß es eine juristische Unfähigkeit zu trauern gibt, die es Ihnen erlaubt, die sogenannten Fernziele ebenso wie die Erinnerung zu verleugnen und sich in eine myopische, eine prinzipiell kurzsichtige Betrachtungsweise einzuüben?

Der historisch neue Versuch einer Tradition der Bürger-Freiheit

Wir erleben heute, und damit komme ich zu meinem dritten Punkt, die Entstehung einer neuen Kultur des Friedens. Es findet ein historisch noch nie in unserem Land dagewesener Versuch statt, an die Stelle der Unterwerfung unter staatliches Unrecht eine Tradition der Freiheit zu setzen. Diese neue Kultur wächst in und mit den Konflikten, und sie toleriert die mittäterhafte Unterwerfung unter das Verbrechen, wie der Weltrat der Kirchen die Aufrüstung zu Recht nennt (Vancouver 1983), nicht mehr. Ein Stück dieser Kultur habe ich in den letzten Tagen erlebt, als ich viele Reden meiner Mitblockiererinnen und Mitblockierer las. Diese Reden sind erstaunlich in ihrer Vielfalt, ihrem Reichtum, ihrer Intelligenz. Sie drücken auf höchst individuelle Weise das Allgemeine aus und nehmen so am Projekt des Lebens teil, auch an dem unserer Kinder und Enkel. So verschieden die Menschen in Biographie, Motivation, Argumentation und Stil sind, so zeigt sich hier doch eine neue Qualität, die ich »umzingelte Humanität« nennen will. Wir alle sind weder von Moskau bezahlt noch von einem kollektiven Wahn befallen, noch einer irrationalen Sekte angehörig, sondern, um es mit einem Goethewort zu sagen: »geprägte Form, die lebend sich entwickelt« in den furchtbaren Auseinandersetzungen eines barbarischen Jahrhunderts.

Ich glaube nicht, daß Sie Recht sprechen können, solange sie nicht etwas von diesem Geist einer umzingelten Humanität spüren. Umzingelt sind wir, weil noch die Unterwerfung unter die staatlich sanktionierten Verbrechen als normal angesehen wird. Und doch wächst die Minderheit des Gewissens auf der ganzen Welt. Meine Freunde aus den USA sitzen vor dem Stacheldraht der Nevada Nuclear Testside, wo Atombomben getestet werden – und der Altbürgermeister aus Ludwigswinkel in der Pfalz schickt mir einen Blumenstrauß vor das Tor des Giftgaslagers und schrieb den schönen Satz dazu: »Und warum sollte man nicht Mut aufbringen, wenn es um die Erhaltung der Welt und die Vernichtung der Menschen geht?«

Die Anknüpfung an die religiöse Tradition gewaltfreien Widerstands

Wenn die Unterwerfung unerträglich geworden ist, dann müssen sich die Formen des Handelns ändern. Wir suchen dann einen Weg, der aus dem Kreislauf von Gewalt und Unterwerfung, von Unrecht und seiner Duldung, von Verbrechen und der Komplizenschaft hinausführt. Viele Menschen verwechseln immer noch Gewaltfreiheit mit Unterwerfung, mit Passivität, mit dem die Seele tötenden »Man kann ja doch nichts machen«. Aber in Wirklichkeit ist gewaltfreie Aktion gerade die Antwort auf die Situation des erstarrenden Kaninchens vor der Schlange. Sie ist geduldig und doch provozierend, sie ist regelverletzend und doch legitim, sie ist sanft und doch entschieden, kämpferisch und doch um Verständnis werbend. Sie ist die tiefste Absage an Gewalt, die sich denken läßt, weil sie auch die andere Hälfte der Gewalt, nämlich die Unterwerfung unter sie, verwirft. Mahatma Ghandi hat einmal über sich selber in der Zeit, ehe er zur Gewaltfreiheit kam, einen nachdenklichen Satz gesagt. »Als Feigling hielt ich mich an die Gewalt.« Das ist die normale Situation in einer von Gewalt so durchtränkten Gesellschaft wie der unseren, wo selbst der Boden, selbst die Luft von Gewalt durchseucht sind. Als Feiglinge halten wir uns an die Gewalt als das Mittel, Konflikte zu lösen, und wir unterwerfen uns ihr. Wir denken, daß nur Gewalt uns schützen kann, die Prügelgewalt, die Strafgewalt, die Militärgewalt, die chemische Gewalt.

Der gewaltfreie Widerstand bricht mit diesem Denken, und er drückt seinen Protest nicht nur durch Worte und Erklärungen aus, sondern zugleich durch symbolisches Handeln. Die Propheten der Bibel gehören in diese Tradition, ich denke an Jeremia, der sich auf öffentlichem Platz ein Joch auflegt, um auf die kommende Niederlage seines Volkes provokativ – heute würden wir sagen: verkehrsbehindernd – hinzuweisen (Jer. 28). Oder an das provozierende Verhalten Jesu, der das wichtigste religiöse und rechtspolitische Gesetz seiner Welt, die Sabbatbestimmungen, übertrat. Ich denke an Martin Luther King, der angesichts einer rassistischen Übermacht den gewaltfreien Widerstand praktizierte. Die militaristische Übermacht in unserem Land ist nicht weniger schlimm als die der weißen Rassisten, und wir haben gerade in dieser Frage viel von der amerikanischen Demokratie zu lernen.

Eine der tiefsten Überzeugungen der gewaltfreien Protestleute gegen den Tod ist der Glaube an die Veränderbarkeit auch der Gegner, das heißt der Militaristen und der Menschen, die sich ihnen noch unterwerfen. Um ohne Waffen und beschützt von keiner anderen Macht als der unserer Argumente kämpfen zu können, brauchen wir eine Hoffnung, die sich nicht mit der platten Diesseitigkeit des »Kriege hat es immer gegeben« abspeisen läßt. Es ist die Hoffnung darauf, daß die Todessucht und der Machtrausch nicht das letzte sind, was die Menschen beseelt, sondern daß die Kraft des Lebens auch im politischen Gegner steckt und befreit werden kann. Es ist eine Hoffnung, die sich nicht durch Niederlagen abschrecken läßt, das haben wir alle 1983 bei der Stationierung erlebt. Der Wunsch, in einem friedensfähigen Land zu leben, wird durch die Kriminalisierung gewaltfreien Handelns nur verbreitet.

Daß junge Menschen heute ins Gefängnis gehen um des Friedens willen, ist ein Hoffnungszeichen für unser Land. Die gewaltfreie Bewegung wird nicht verschwinden durch Einschüchterung und Kriminalisierung; sie wird erst verschwinden, wenn ihre Ursache, nämlich die brutale Gewalt des Menschheitsverbrechens, an dem sich unsere Regierung beteiligt, verschwindet. Wir können verurteilt werden, aber Sie können uns nicht zum Schweigen bringen, so wenig Sie die Sonne verhaften können; sie scheint.

Der Paragraph 240

Ich bin angeklagt, »gemeinschaftlich versucht zu haben, andere rechtswidrig mit Gewalt zu einer Handlung, Duldung oder Unterlassung zu nötigen«. Der § 240 steht für eine lange Geschichte der Repression, ich halte ihn für untauglich, um mit dem Problem gewaltfreier Demonstrationen umzugehen. Falls der Ausdruck »verwerflich« sich auf die ethischen Anschauungen der Mehrheit bezieht, so wird unser Handeln bekanntlich von einer Mehrheit der Bevölkerung anders angesehen als von der herrschenden Justiz. Einen interessanten Kommentar zur Unterscheidung von sogenannten Fernzielen bietet der bekannte Jurist Professor Arthur Kaufmann, München. Er diskutiert die Frage, was diese saubere Trennung zum Beispiel für die Täter des 20. Juli 1944 bedeuten könnte. Das Fernziel der Attentäter war die Befreiung des deutschen Volkes von der Naziherrschaft. Kaufmann stellt in diesem Zusammenhang die Frage: »War das für die Rechtswidrigkeit ihres Tuns unbeachtlich?« (*NJW* 88, Heft 41). Wenn diese Frage hier mit nein beantwortet werden muß, so gilt das für uns, die weder Wachmannschaften angreifen noch Verteidigungsminister zu ermorden planen, wohl erst recht. Sollte die Befreiung der Menschen in der Pfalz von chemischen Massenvernichtungsmitteln als unser Fernziel wirklich für die angebliche Rechtswidrigkeit unseres Tuns »unbeachtlich« sein?

Noch benutzt das Gericht den § 240 dazu, Menschen zu kriminalisieren, die im Licht späterer Geschichte Bewunderung und Auszeichnung verdienen. Dieses Gericht hat wiederholt die Gewaltlosigkeit unseres bloßen Sitzens als Gewalt dargestellt und uns Nötigung und verwerfliche Absicht unterstellt.

Lassen Sie mich mit einigen Bemerkungen zu meiner Teilhabe an der gewaltfreien Aktion des Sitzenbleibens schließen. Ich kam am Sonntag, dem 26. Juni 1988, nach Fischbach und erfuhr dort von den ortskundigen Mitgliedern der Friedensbewegung, daß am Montag keine Militärfahrzeuge hinein- und herausfahren würden. Angestellte hätten Urlaub bekommen. Ich hatte keinen Grund, an diesen Informationen zu zweifeln, und ging am Montagmorgen wohlgemut zunächst zum Tor 4, später dann zum Tor 1. Mangels Objekt war ich nicht in der Lage, jemanden beim Hinein- oder Hinausfahren aufzuhalten oder zu nötigen. Ich verstand die Blokkade als eine symbolische Aktion, die dem Bekanntmachen der Wahrheit dient. Ich habe den Tag heiter und unbeschwert erlebt. Natürlich hätte ich blockiert, wenn ich die Gelegenheit dazu gehabt hätte. Aber sie war nicht da. So können Sie, Hohes Gericht, meine Gesinnung verurteilen, mein Denken und meine Gefühle kriminalisieren, nicht aber den Versuch einer Tat. Ich habe nichts versucht, weil es nichts zu versuchen gab. Ich habe kein Militärfahrzeug gesehen und konnte daher auch keinen Versuch machen zu nötigen. Ich plädiere somit auf Freispruch.

Epilog

AMTSGERICHT PIRMASENS
Im Namen des Volkes
URTEIL
In der Strafsache

gegen STEFFENSKY *Dorothee* Marie Mathilde geb. Nipperdey genannt Sölle (Schriftstellername), geb. am 30. 09. 1929 in Köln, verheiratet, wohnhaft Roosenweg 7, 2000 Hamburg 52

wegen gemeinschaftlicher Nötigung

hat das Amtsgericht Pirmasens in der öffentlichen Sitzung vom 18. August 1989,
an der teilgenommen haben:

Richter am Amtsgericht Marscheck
als Richter

Oberstaatsanwalt Dexheimer
als Beamter der Staatsanwaltschaft

Justizsekretär Hofmann
als Urkundsbeamter der Geschäftsstelle

für Recht erkannt:

1. Die Angeklagte wird wegen versuchter Nötigung zu einer Geldstrafe von 10 Tagessätzen verurteilt.
   Der Tagessatz wird auf 70,– DM festgesetzt.
2. Die Angeklagte trägt die Kosten des Verfahrens

– §§ 240 Abs. 1, 2 und 3, 22, 25 Abs. 2 StGB –

Gründe:

... Die Angeklagte hat darüber hinaus ausgeführt, bei der Problematik Giftgas könne keiner sagen, er habe es nicht gewußt. Nach der formalen Rechtmäßigkeit der Gesetze im Dritten Reich und der danach einsetzenden Aufklärung könne diesmal keiner so etwas sagen. Die Justiz habe eine Taktik der Denkvermeidung entwickelt. Sie halte wegen materiellen Verstoßes gegen das Völkerrecht und des Verstoßes gegen die Hoheitsrechte der Bundesrepublik diesen gewaltfreien Widerstand für legitim.

Dies ist nicht überzeugend.

Durch das Bilden einer »Menschenmauer« wird Gewalt im Sinne von § 240 StGB ausgeübt. Dieser Begriff bedeutet eine auf die Freiheit der Willensbetätigung oder -entschließung gerichtete körperliche oder körperlich empfundene Zwangseinwirkung, wobei es nicht notwendig ist, daß der Täter selbst einen erheblichen Kraftaufwand einsetzt.

Bei Blockaden der vorliegenden Art entfaltet die Handlung ihre Zwangseinwirkung dadurch, daß der betroffene Verkehrsteilnehmer an der Weiterfahrt gehindert wird, da er niemand anfahren, verletzen oder gar töten will. Dieser Zwang, sich dem Willen des Täters unterordnen zu müssen, warten oder umkehren zu müssen, wird als körperliche Einwirkung empfunden, die die freie Willensbetätigung beeinträchtigt.

Die Handlung war auch rechtswidrig.

Bei der Bewertung der Zweck–Mittel-Relation sind die sogenannten Fernziele unbeachtlich, vgl. BGH, *NJW* 88, 1739. Darüber hinaus wäre auch das Fernziel der Einflußnahme auf Gerichtsentscheidungen nicht zu akzeptieren, da Gerichte unabhängig sein müssen und nur Recht und Gesetz unterworfen sind. Keinesfalls kann es hingenommen werden, daß unbeteiligte Verkehrsteilnehmer in ihrer Bewegungsfreiheit beschränkt werden, um Gerichte zu anderen Entscheidungen zu bringen.

Auch bei Würdigung der unmittelbaren »Nahziele« ist von einem erhöhten Grad der sittlichen Mißbilligung auszugehen. Gemäß dem Vorsatz sollte für eine längere Zeitspanne jeglicher Fahrzeugverkehr verhindert werden, wobei die einzelnen Demonstranten durch die gemeinsame Aktion sich jeweils auch die Tatbeiträge der anderen zu Nutze machten, so daß die ständige Anwesenheit und das Sitzen des Einzelnen auf der Straße nicht notwendig waren.

Zur Nötigung hatte die Angeklagte auch unmittelbar angesetzt, als sie sich auf die Fahrbahn setzte. Alle von Seiten eines Täters notwendige Handlungen waren erbracht, weitere waren nicht erforderlich. Auch nach der Vorstellung der Demonstranten war alles getan, um die Aus- und Einfahrt zu verhindern. Ob Vollendung eintritt war nur noch davon abhängig, ob ein Autofahrer kommt oder nicht.

Die Einlassung der Angeklagten, sie habe nicht mit der Möglichkeit von Verkehr gerechnet, ist widerlegt. Es muß nach der Gesamtwürdigung ihrer Angaben davon ausgegangen werden, daß sie mit der Möglichkeit von Kraftfahrzeugverkehr gerechnet hat.

Sie ist deshalb zu bestrafen. . . .

gez.: Marscheck
Richter am Amtsgericht

Zu den Autoren

Peter-Alexis Albrecht ist Professor für Kriminologie und Strafrecht an der Universität Bielefeld

Otto Backes ist Professor für Strafrecht und Strafprozeßrecht an der Universität Bielefeld

Ulrich Baltzer ist Vorsitzender Richter einer Schwurgerichtskammer am Landgericht in Frankfurt

Isabel Basterra ist Übersetzerin und Dolmetscherin für die spanische Sprache in Düsseldorf und arbeitet in der Kommunalpolitik

Klaus Dörner ist Professor für Psychiatrie und Leitender Direktor der Westfälischen Klinik für Psychiatrie, Psychosomatik und Neurologie in Gütersloh

Hans-Peter Dürr ist Professor für Physik und Direktor des Max-Planck-Instituts für Physik und Astrophysik in München

Jürgen Habermas ist Professor für Philosophie und Soziologie an der Johann Wolfgang Goethe-Universität in Frankfurt am Main

Winfried Hassemer ist Professor für Rechtstheorie, Rechtssoziologie und Strafrecht an der Johann Wolfgang Goethe-Universität in Frankfurt am Main

Wilhelm Heitmeyer ist Privatdozent für Pädagogik an der Universität Bielefeld

Hans Janknecht ist Generalstaatsanwalt von Bremen

Ralph Jessen ist wissenschaftlicher Mitarbeiter am Fachbereich Geschichtswissenschaften der Freien Universität Berlin

Hakki Keskin ist Professor für Politik und Wirtschaftswissenschaften im Fachbereich Sozialpädagogik der Fachhochschule Hamburg

Jürgen Kocka ist Professor für Geschichte am Fachbereich Geschichtswissenschaften der Freien Universität Berlin

Rudolf Lüdemann war Anstaltspfarrer in der Jugendanstalt Hameln und arbeitet heute mit Körperbehinderten

Wolf-Dieter Narr ist Professor für Politologie an der Freien Universität Berlin

Horst-Eberhard Richter ist Professor für Psychosomatik und Direktor des Zentrums für psychosomatische Medizin am Klinikum der Justus-Liebig-Universität in Gießen

Fritz Sack ist Professor für Soziologie und leitet das Aufbau- und Kontaktstudium Kriminologie an der Universität Hamburg

Dorothee Sölle ist Professorin für Theologie am Union Theological Seminary in New York (N. Y.) und arbeitet als Schriftstellerin in Hamburg

Michael Voß ist Soziologe und wissenschaftlicher Mitarbeiter an der Fakultät für Rechtswissenschaft der Universität Bielefeld

Reinhart Wolff arbeitet als Familien- und Kindertherapeut und ist Professor an der Fachhochschule für Sozialarbeit und Sozialpädagogik in Berlin

Politik- und Rechtswissenschaft in der edition suhrkamp

Abendroth, Wolfgang: Die Aktualität der Arbeiterbewegung. Beiträge zu ihrer Theorie und Geschichte. Herausgegeben von Joachim Perels. es 1310

Adam, Heribert / Kogila Moodley: Südafrika ohne Apartheid? es 1369

Alter, Peter: Nationalismus. NHB. es 1250

Anatomie des politischen Skandals. Herausgegeben von Rolf Ebbighausen und Sighard Neckel. es 1548

Angriff auf das Herz des Staates. 2 Bde. es 1490/1491

Autonome Gesellschaft und libertäre Demokratie. Herausgegeben von Ulrich Rödel. es 1573

Baumgarten, Helga: Geschichte Palästinas. es 1616

Beck, Ulrich: Gegengifte. Die organisierte Unverantwortlichkeit. es 1468

Benard, Cheryl / Zal Khalilzad: Gott in Teheran. Irans Islamische Republik. es 1327

Blasius, Dirk: Geschichte der politischen Kriminalität in Deutschland 1800-1980. Eine Studie zu Justiz und Staatsverbrechen. NHB. es 1242

Brignioli, Héctor Pérez: Mittelamerika. Aus dem Spanischen von Willi Zurbrüggen. es 1449

Brünneck, Alexander von: Politische Justiz gegen Kommunisten in der Bundesrepublik Deutschland 1949-1968. Vorwort von Erhard Denninger. es 944

Bude, Heinz: Deutsche Karrieren. es 1448

Der bürgerliche Rechtsstaat. Herausgegeben von Mehdi Tohidupur. es 901

Dazwischen. Ostmitteleuropäische Reflexionen. Herausgegeben von Frank Herterich und Christian Semler. es 1560

Dubiel, Helmut: Was ist Neokonservatismus? es 1313

Esser, Josef / Wolfgang Fach / Werner Väth: Krisenregulierung. Zur politischen Durchsetzung ökonomischer Zwänge. es 1176

Esser, Josef / Gilbert Ziebura: Europa im Niedergang? es 1431

Euchner, Walter: Egoismus und Gemeinwohl. Studien zur Geschichte der bürgerlichen Philosophie. es 614

Fortschritte der Naturzerstörung. Herausgegeben von Rolf Peter Sieferle. es 1489

Freiheitssicherung durch Datenschutz. Herausgegeben von Harald Hohmann. es 1420

Fundamentalismus in der Welt. Herausgegeben von Thomas Meyer. es 1526

Die Gleichzeitigkeit des Ungleichzeitigen. Studien zur Geschichte Italiens. Herausgegeben und aus dem Italienischen übersetzt von Eva Maek-Gérard. es 991

311/1/6.90

Politik- und Rechtswissenschaft in der edition suhrkamp

Grimm, Dieter: Deutsche Verfassungsgeschichte 1776-1866. NHB. es 1271

Grundrechte als Fundament der Demokratie. Herausgegeben von Joachim Perels. es 951

Günther, Horst: Versuche, europäisch zu denken. Deutschland und Frankreich. es 1621

Guérin, Daniel: Anarchismus. Begriff und Praxis. Aus dem Französischen übersetzt von H. H. Hildebrandt und Eva Demski. es 240

Guilhaumou, Jacques: Sprache und Politik in der Französischen Revolution. Aus dem Französischen von Kathrina Menke. Mit einem Vorwort von Brigitte Schlieben-Lange und Rolf Reichardt. es 1519

Guldimann, Tim: Moral und Herrschaft in der Sowjetunion. Erlebnis und Theorie. es 1240

Habermas, Jürgen: Eine Art Schadensabwicklung. Kleine Politische Schriften VI. es 1453

– Legitimationsprobleme im Spätkapitalismus. es 623

– Die nachholende Revolution. Kleine politische Schriften VII. es 1663

– Die Neue Unübersichtlichkeit. Kleine Politische Schriften V. es 1321

Hanf, Theodor: Libanon. es 1476

Heimann, Eduard: Soziale Theorie des Kapitalismus. Theorie der Sozialpolitik. Mit einem Vorwort von Bernhard Badura. es 1052

Hennig, Eike: Bürgerliche Gesellschaft und Faschismus in Deutschland. Ein Forschungsbericht. es 875

– »Die Republikaner« zwischen Protest und Regierung. es 1605

Hentschel, Volker: Geschichte der deutschen Sozialpolitik 1880-1980. Soziale Sicherung und kollektives Arbeitsrecht. NHB. es 1247

Hobsbawm, Eric J. / Giorgio Napolitano: Auf dem Weg zum ›historischen Kompromiß‹. Ein Gespräch über Entwicklung und Programmatik der KPI. Aus dem Italienischen übersetzt von Sophie G. Alf. es 851

Im Schatten des Siegers: JAPAN. Vier Bände in Kassette. Herausgegeben von Ulrich Menzel. es 1495-1498

Jackson, Gabriel: Annäherung an Spanien. 1898-1975. Aus dem Englischen von Hildegard Janssen und Hartmut Bernauer. es 1108

Jugend und Kriminalität. Kriminologische Beiträge zur kriminalpolitischen Diskussion. Herausgegeben von Horst Schüler-Springorum. es 1201

Kantowsky, Detlef: Indien. Gesellschaft und Entwicklung. es 1424

Kirchheimer, Otto: Funktionen des Staats und der Verfassung. Zehn Analysen. es 548

311/2/6.90

Politik- und Rechtswissenschaft in der edition suhrkamp

Kirchheimer, Otto: Politik und Verfassung. es 95
– Politische Herrschaft. Fünf Beiträge zur Lehre vom Staat. es 220
– Von der Weimarer Republik zum Faschismus: Die Auflösung der demokratischen Rechtsordnung. Herausgegeben von Wolfgang Luthardt. es 821
Kluxen, Kurt: Geschichte und Problematik des Parlamentarismus. NHB. es 1243
Knieper, Rolf: Weltmarkt, Wirtschaftsrecht und Nationalstaat. es 828
Konrád, György: Antipolitik. Mitteleuropäische Meditationen. Aus dem Ungarischen von Hans-Henning Paetzke. es 1293
– Stimmungsbericht. Aus dem Ungarischen von Hans-Henning Paetzke. es 1394
Konservatismus in der Strukturkrise. Herausgegeben von Thomas Kreuder und Hanno Loewy. es 1330
Krippendorff, Ekkehart: Politische Interpretationen. Shakespeare, Stendhal, Balzac, Wagner, Hašek, Kafka, Kraus. es 1576
– Staat und Krieg. Die historische Logik politischer Vernunft. es 1305
– »Wie die Großen mit den Menschen spielen.« Goethes Politik. es 1486
Der lange Marsch durch die Krise. Aus dem Italienischen übersetzt, herausgegeben und eingeleitet von Burkhart Kroeber. es 823
Langewiesche, Dieter: Deutscher Liberalismus. NHB. es 1286
Mäding, Klaus: Strafrecht und Massenerziehung in der Volksrepublik China. es 978
Maeffert, Uwe: Bruchstellen. Eine Prozeßgeschichte. es 1387
Menzel, Ulrich / Dieter Senghaas: Europas Entwicklung und die Dritte Welt. Eine Bestandsaufnahme. es 1393
Moser, Tilmann: Verstehen, Urteilen, Verurteilen. Psychoanalytische Gruppendynamik mit Jurastudenten. es 880
Nachdenken über China. Herausgegeben von Ulrich Menzel. es 1602
Negt, Oskar: Keine Demokratie ohne Sozialismus. Über den Zusammenhang von Politik, Geschichte und Moral. es 812
Neumann, Franz L.: Wirtschaft, Staat, Demokratie. Aufsätze 1930-1954. Herausgegeben von Alfons Söllner. Die Übersetzung der in diesem Band enthaltenen englisch geschriebenen Aufsätze haben Sabine Gwinner und Alfons Söllner besorgt. es 892
Offe, Claus: Berufsbildungsreform. Eine Fallstudie über Reformpolitik. es 761
– Strukturprobleme des kapitalistischen Staates. Aufsätze zur Politischen Soziologie. es 549
Paetzke, Hans-Henning: Andersdenkende in Ungarn. es 1379

311/3/6.90

Politik- und Rechtswissenschaft in der edition suhrkamp

Paetzke, Hans-Henning: – Ungarn: Ein System wird zu Grabe getragen. Vom kommunistischen Widerstand zur Republik Ungarn. es 1620

Perspektiven der Perestroika. Herausgegeben von Jurij N. Afanasjew und Klaus Segbers. es 1629

Piven, Frances Fox / Richard A. Cloward: Aufstand der Armen. Aus dem Amerikanischen von Ulf Damann und Peter Tergeist. es 1184

Politik der Armut und Die Spaltung des Sozialstaats. Herausgegeben von Stephan Leibfried und Florian Tennstedt. es 1233

Populismus und Aufklärung. Herausgegeben von Helmut Dubiel. es 1376

Preuß, Ulrich K.: Legalität und Pluralismus. Beiträge zum Verfassungsrecht der Bundesrepublik Deutschland. es 626

Rechtsalltag von Frauen. Herausgegeben von Ute Gerhard und Jutta Limbach. es 1423

Ribeiro, Darcy: Unterentwicklung, Kultur und Zivilisation. Ungewöhnliche Versuche. Aus dem Portugiesischen von Manfred Wöhlcke. es 1018

Rodinson, Maxime: Die Araber. Aus dem Französischen von Ursula Assaf-Nowak und Maurice Saliba. es 1051

Rödel, Ulrich / Helmut Dubiel / Günter Frankenberg: Die demokratische Frage. es 1572

Rohe, Karl: Wahlen und Wählertraditionen in Deutschland. Kulturelle Grundlagen deutscher Parteien und Parteiensysteme im 19. und 20. Jahrhundert. es 1544

Rossanda, Rossana: Über die Dialektik von Kontinuität und Bruch. Zur Kritik revolutionärer Erfahrungen – Italien, Frankreich, Sowjetunion, Polen, China, Chile. Ins Deutsche übersetzt von Burkhart Kroeber. es 687

Rüpke, Giselher: Schwangerschaftsabbruch und Grundgesetz. Eine Antwort auf das in der Entscheidung des Bundesverfassungsgerichts vom 25. 2. 1975 ungelöste Verfassungsproblem. Nachwort von Peter Schneider. es 815

Saage, Richard: Rückkehr zum starken Staat? Studien über Konservatismus, Faschismus und Demokratie. es 1133

Senghaas, Dieter: Europa 2000. Ein Friedensplan. es 1662

– Konfliktformationen im internationalen System. es 1509

– Von Europa lernen. Entwicklungsgeschichtliche Betrachtungen. es 1134

– Die Zukunft Europas. Probleme der Friedensgestaltung. es 1339

Solidargemeinschaft und Klassenkampf. Politische Konzeptionen der Sozialdemokratie zwischen den Weltkriegen. Herausgegeben von Richard Saage. es 1363

311/4/6.90

Politik- und Rechtswissenschaft in der edition suhrkamp

Soziale Sicherheit und soziale Disziplinierung. Beiträge zu einer historischen Theorie der Sozialpolitik. Herausgegeben von Christoph Sachße und Florian Tennstedt. es 1323

Der Spanische Bürgerkrieg. Eine Bestandsaufnahme fünfzig Jahre danach. Manuel Tunñón de Lara, Julio Aróstegui, Ángel Viñas, Gabriel Cardona, Joseph M. Bricall. es 1401

Strukturwandel der Sozialpolitik. Herausgegeben von Georg Vobruba. es 1569

Subjektivität. Der vergessene Faktor internationaler Konflikte. Friedensanalysen Bd. 24. Redaktion: Reiner Steinweg und Christian Wellmann. es 1617

Taktische Kernwaffen. Die fragmentierte Abschreckung. Herausgegeben von Philippe Blanchard, Reinhart Koselleck und Ludwig Streit. es 1195

Todorov, Tzvetan: Die Eroberung Amerikas. Das Problem des Anderen. Aus dem Französischen von Wilfried Böhringer. es 1213

Ullmann, Hans-Peter: Interessenverbände in Deutschland. NHB. es 1283

V-Leute. Die Falle im Rechtsstaat. Herausgegeben von Klaus Lüderssen. es 1222

Verfassung, Verfassungsgerichtsbarkeit, Politik. Zur verfassungsrechtlichen und politischen Stellung und Funktion des Bundesverfassungsgerichts. Herausgegeben von Mehdi Tohidipur. es 822

Vobruba, Georg: Politik mit dem Wohlfahrtsstaat. Mit einem Vorwort von Claus Offe. es 1181

Wehler, Hans-Ulrich: Grundzüge der amerikanischen Außenpolitik 1750-1900. Von den englischen Küstenkolonien zur amerikanischen Weltmacht. NHB. es 1254

Wie sicher ist die soziale Sicherung? Herausgegeben von Barbara Riedmüller und Marianne Rodenstein. es 1568

Wippermann, Wolfgang: Europäischer Faschismus im Vergleich 1922-1982. NHB. es 1245

Wolff, Robert Paul / Barrington Moore / Herbert Marcuse: Kritik der reinen Toleranz. Übersetzt von Alfred Schmidt. es 181

Wunder, Bernd: Geschichte der Bürokratie in Deutschland. NHB. es 1281

Ziviler Ungehorsam im Rechtsstaat. Herausgegeben von Peter Glotz. es 1214

Zurückforderung der Zukunft. Macht und Opposition in den nachrevolutionären Gesellschaften. Beiträge von Rossana Rossanda u. a. Aus dem Italienischen übersetzt von Max Looser. es 962

311/5/6.90